鸠摩罗什传

龚斌 著

图书在版编目（CIP）数据

鸠摩罗什传/龚斌著．—上海：上海古籍出版社，
2013.8（2023.7重印）
ISBN 978-7-5325-6844-4

Ⅰ．①鸠… Ⅱ．①龚… Ⅲ．①鸠摩罗什（344~413）
—传记 Ⅳ．①B949.92

中国版本图书馆 CIP 数据核字（2013）第 105492 号

鸠摩罗什传

龚　斌　著

上海古籍出版社出版发行

（上海市闵行区号景路159弄1-5号A座5F　邮政编码 201101）
（1）网址：www.guji.com.cn
（2）E-mail：gujil@guji.com.cn
（3）易文网网址：www.ewen.co

商务印书馆上海印刷有限公司印制
开本 787×1092　1/18　印张 18　插页 2　字数 281,000
2013 年 8 月第 1 版　2023 年 7 月第 11 次印刷
印数：16,751-18,850
ISBN 978-7-5325-6844-4
B·820　定价：64.00 元

如有质量问题，请与承印公司联系

图片目录

目　录

序一　论"文学的历史"

龚斌兄：

见字如晤！

我首先要说两点：

一、相当长的时期以来，我对写序已生出心理的乃至生理的不良反应。每每一篇序刚刚寄出，心想终于又可以潜回自己的写作计划和状态之中了，而接一份快件、一次电话或一条短信，又有什么人要求写序了——是朋友的某君或不认识的；朋友的要求往往接近着命令。不认识的，近于请求。对于朋友的命令，我实难说不。对陌生人的请求，十之八九，那个"不"也是说不大出口的。结果，就只有独自叹息。

兄唉，我写序已快写伤了。

终日俗事缠身，并有种种亲情忧虑，需心系之，教师责任也是万万不可敷衍塞责的——若还顾及个人写作，便很累。再背上写序的义务，超累。

你也知道的，目前正是大学里最忙的日子；别忘了我还有严重的颈椎病！若我出现在你面前，你定会惊讶——我已瘦得脱形了。

但——为你写序，我却答应得多么爽快！万分高兴似的。

缘何？

因为龚斌这个名字，在我内心里是极可敬的。

1974 年我入复旦后，不久便记住你的名字了。

老师们私下里常叮嘱我：千万要吸取龚斌的教训啊！

他们话，有痛心的惋惜，有爱莫能助，更有对我的爱护——怕我忽一日成了龚斌第二。

翁老师私下里曾对我说过：我们创作专业已经失去了一个龚斌，如果接着再失去一个梁晓声，那我们老师会是种什么心情？"工宣队"也每在大会小会上提到你的名字——自然是作为"反面教员"而提到的。

由是，你在我内心里很高大。

在当年，谁若进了上海市市委写作班子，该是何等的趾高气扬？

而你龚斌，虽被"招纳"，却"招"而不"安"，正由于思想上与彼们终日"短兵相接"，于是厌恶、鄙视、耻于为伍，并在同学面前借李白的名句以表傲然难污的心声——"安能摧眉折腰事权贵，使我不得开心颜！"

由复旦中文系才子而逐成"劳动改造"的你，当年是我心中未死的莱蒙托夫。

"文革"后，我在我那篇《从复旦到北影》中，写到了你，也写到了我对你的敬意。

这就是为什么，在杭州我们意外相见，我特别兴奋的原因。

这也就是为什么，我今天要用一整天时间，认真读你的书稿，写这篇序的原因。

二、昨夜与你通话后，是打算写一篇中规中矩的序的。及看罢《后记》，决定以书信体来写此序。觉得，不以书信体写，难直抒感想。

三、关于宗教文化，我一向是这么认为的——它是对人类影响最悠久也最广泛的文化现象。是人类文化的"奇点"，就像宇宙爆炸产生了时间概念那样。最初的宗教文化的胚胎几乎与最初的文字同时产生，晚也晚不到哪儿去。它又是人文文化的"奇点"，正是宗教，使人类思考这样的存在母题——人既生而为人，应与禽兽有哪些区别？当然，以现代了的人类的思想来审视宗教文化尤其是古代宗教文化，其糟粕是肯定存在的；但其精华，奠定了后世人文文化的思想基础。

四、某些宗教有排它性甚至暴力排它性，宗教史上的血腥时期读来亦同样令人惊心动魄,无法接受。相比而言,佛教却是极为包容的。佛教史上几乎没发生过暴力排它事件。

佛教教义虽深广,但却又最能以寻常心亲近之。

我难成宗教徒,乃因跳脱不出无神论的思维定式,但我对宗教文化对人类文明所起到的重要作用,一向衷心崇敬——你的书稿已经告诉我,在此点上我们是相同的。你的《后记》又告诉我,在浮躁、焦虑的当下,你的思想与精神宁愿回到古代去,拥抱包括鸠摩罗什在内的特"精神化"的亦即心灵高远无杂质的人物。

而我,老实说,曾在梦里真的数次出家过。

五、那么,终于该谈到你的文稿了。

你选择鸠摩罗什作为传主,如你在《后记》中所言,事实上是源于对当代知识分子使命的一种叩问,寄托。

你对此书的自我要求,或言是一种写作方法,我也认同。我想,你实际上是希望此书与学院派的所谓"学者书"拉开一定的距离。那类"学者书",你肯定是驾轻就熟的。当了几十年教授了,都退休了,按学院派框架,写一部"学者书"有何难哉?

但,"学者书",往往只在所谓学者中得见。高僧大德尤其明白——他们的使命是要将佛法对人类社会的正能量布向最广泛的人间,最好是直抵众生的心里;你呢,希望此书最好能在较多的一般知识分子中引起关注及阅读兴趣(否则你对当代中国知识分子之使命的叩问、寄托又附着于何处呢),所以你为自己确定了"文学的历史化,历史的文学化"的方向。

你的良苦用心,我深为感动。

史与文学的关系,我是这样认为的——迄今为止,人类的世界存在着两类史:一曰严格意义上的史。这样的史是排斥文学性的。如《史记》,因为有了文学的成分,究竟算史还是算文学,逐产生歧义。二曰史外之史。巴尔扎克说:"小说是人类社会的秘史。"

谁也不能推翻他的话的正确性——当然是指好的小说,而非"戏说"的那类。

小说都可视为"秘史",《史记》自然当得起"文学化的历史"。传记更是当之无愧。

其实,一个关于史的真相乃是——人类只有严格意义的史是根本不够的。那就几乎等于只有在读历史学家的著作时才有史,于是导致大多数人对史敬而远之或一知半解。人类社会同样需要一切"文学化的历史"。只有将"文学化的历史"与严格意义的史相结合,史的概念才更具体、周详、全面。后人才能从史中知道,从前产生过怎样的人物,他们做过怎样一些事——以及,他们作为人类中曾经的一员,在心性上最可能是怎样的人?

这后一方面,严格的史力有所不逮。

而"文学化的历史",却能胜任愉快。

纠正严格的史的种种谬误,这无疑首先应该是史学家们的使命。

而将纠正了谬误记载的史变成为"文学化的历史",则要靠你这样的人来写《鸠摩罗什传》这样的书了。

"历史的文学化,文学的历史化"——我认为你的初衷是实现了的。

六、最后,我要与你就中国当代知识分子文化担当使命这一话题交流如下:

你知道我是一直希望自己不放弃你所言的使命感的。故我曾被讥为唐·吉诃德。现在,这么讥我的人少了,我自己则开始以唐·吉诃德自嘲了;不,有时直接就是自讽。

我越来越明白——对于人类的社会,经济发展不是万能的;但我也越来越明白,文化作用同样不是万能的。

对于人类社会的良性发展——迄今为止,世界上还没有一剂万应灵丹。好比一个人若要健康,就不能偏食。五谷杂粮,诸蔬诸果的营养都应予以重视。

说到底,文化乃某谷某粮,某蔬某果而已。

它虽不是万能的,但是缺失了是万万不能的——在这两点之间,中国当代文化知识分子,有所秉持而不陷于文化至上主义的误区,非是件容易的事。

亲爱的朋友,我们虽都老了,意愿都还未泯,让我们一起在不容易的境况之下,发那么一点儿微光吧!

哪怕微到萤火虫似的,终究也还是点儿光,对吗?

你看,你去江西放松了,一转身成了桑丘;我却为你的书稿,接连两天在读在写,又作了一番唐·吉诃德。

真不公平,就此打住。

祝夏安!

晓　声

2013年6月26日于北京

序二 学术的真实性 文学的可读性

近十几年来,国学热在神州大地兴起,民族文化的建设,越来越受到重视。就最重要的社会教化体系而言,自汉魏以降,华夏文化逐渐形成儒、释、道三家鼎立的格局,所谓国学、传统文化,其主要内容,可以说即是儒释道三家之学。三家之中,儒、道二家,乃源远流长的本土文化,释(佛)家,则是外来的印度文化。儒释道三家多元共轭的结构,说明中国传统文化并非封闭单一,自古以来便有接纳吸收外来优秀文化、兼容并蓄的宽广胸怀。

自后汉以来,佛教应请来到东土,经过约三百年的缓慢传播,至东晋,达到兴盛。当时的中国,南北分裂,北方"五胡乱华",战乱频仍,民生涂炭,社会苦难极其深重,人们强烈的宗教需求及学术思想上百家争鸣的局面,形成佛教弘传的大好时机。于是有佛图澄、鸠摩罗什、觉贤等西域、印度高僧先后来华传教,法显等汉僧远赴西天求法,将中印佛教文化的交流推向高潮。

在中印佛教文化交流中,贡献最大、影响最深远者,当数鸠摩罗什大师。他本是印度人和西域人混血所生的天才,其先祖为印度婆罗门种姓,世袭国相,父鸠摩罗炎虔信佛教,将嗣相位时辞避出家为比丘,他不畏艰险翻越葱岭,来到西域,被当时西域诸国中最强大的佛教国家龟兹(今新疆南疆库车一带)礼聘为国师,国王强迫嫁以王妹,乃生罗什,聪颖异常,七岁随母出家,开始学习小乘说一切有部经论,九岁至十二岁随母赴罽宾(今克什米尔一带)留学,从三藏法师佛陀耶舍学法,得以通达五明诸论和各种方术,阴阳历算,莫不穷究。又从莎车名僧须利耶苏摩参学,从小乘转向大乘,成为博通大小乘三藏的大法师,十几岁即升座讲经说法,辩才无碍,声名大著,远及长安。罗什奉母亲嘱托,志在赴中原弘法,中原僧俗也渴望这位西域高僧降临,奏请秦主苻坚迎请鸠摩罗什。苻坚乃派大将吕光率兵七万远征龟兹,嘱他攻破龟兹后速将鸠摩罗什送往长安。但吕光破龟兹后,苻坚伐东晋兵败身亡,吕光乃据凉州(今甘肃武威)自立为王,胁迫鸠摩罗什留居凉州十七年。直到后秦主姚兴派兵灭凉,才将期盼已久的鸠摩罗什迎请至长安。

在长安的十二年中,在虔信佛教、颇通佛法的国主姚兴护持下,鸠摩罗什终于实现了他弘法东土的大愿,译经讲学,培育僧才,功绩卓著。他对中国佛教的巨大贡献,主要表现在三个方面。

第一,翻译经典。这是罗什在华主要从事的工作。在姚兴的支持下,在长安逍遥园西明阁组建起有五百多人参加的译场,在罗什主持下,翻译出大量佛典,总数达三十五部,近三百卷,重要者有《摩诃般若经》(“大品经”)、《法华经》、《维摩经》、《大智度论》、《中论》、《百论》、《十二门论》、《成实论》、《十诵律》等。罗什的翻译,极其严谨,再三锤炼,一改以往朴拙的直译及以华语“格义”因而多少失真的作法,力求既不失原意而又保存梵文原本的语趣,所谓“曲从方言,趣不乖本”,创造出一种典雅而又通俗的意译法,信、达、雅兼备,读起来有华语与外来语文调和之美,如本书中所评价:

> 在中国佛经翻译史上,鸠摩罗什的出现具有划时代的意义,标志着佛经翻译的完全成熟,开创出一个全新的境界,后人难以为继。罗什的译作通俗、简洁、流畅,具有吟唱韵味和文学美感,达到了翻译文学的顶峰。

罗什所译佛经,多为后世传诵,影响极其深远。直到今天,汉传佛教界日常念诵的《金刚经》、《阿弥陀经》二经,及《维摩经》、《法华经》等,皆为罗什译本。前二经后来虽然被唐玄奘法师重译,但读诵者很少。罗什的翻译,在中国文学史上也有很高地位,对中国散文影响巨大。

第二,培养僧才。罗什德高望重、声名远播,天下归仰,当时义学沙门云集长安,多趋于他的门下,弟子号称三千。他译经时常随即敷讲,参加译场的诸助手也便成了他的弟子,杰出者有“四杰”、“八俊”、“十哲”之称,其中竺道生、僧肇、道融、慧观、慧严、僧睿、昙影、道恒等,皆称入室,慧解超群,声名昭著，为自佛教入华以来佛学水平最高的义学高僧。僧肇的《肇论》四篇，辞意俱美，被公认为华僧论著中之"无上精品"，在中国佛学史和哲学史上有极高地位。竺道生则留下"生公说法，顽石点头"的千古佳话，在经典未到之前便有了符合经典的悟解。

第三，系统、准确地传输了大乘般若、中观学。在罗什以前，佛教在中土虽然传播了三百年，但由于传译失真、典籍未备及思维方法之不同等原因，中土佛教界对佛教义理特别是般若、中观学"空"义的把握，并不是完全准确，往往用本土固有的思维方式和哲学观念去理解佛学。东晋般若学"六家七宗"，对般若原义的理解多数未及要害，"偏而不即"。罗什东来，通过重译《大品》、《金刚》、《小品》等般若经，新译龙树、提婆诸论，并通过讲解答问，将印度般若、中观学的本义准确全面地传入中土，使中土佛教义学水平大大提高，进入一个新阶段，以后三论宗、天台宗的成立，可以说由罗什奠定了基础，是罗什学的进一步发展。

从中国传统文化的角度看，罗什的贡献不仅在传播印度佛学真髓，大大提高了中国人的佛学水平，而且在引进新的思维方式，促进了中国人的理性思维，丰富、提升了中国传统文化。罗什引进的般若中观学，当时即予魏晋玄学以极大的刺激，后来又通过禅宗，施其影响于宋明儒学及宋元道教，渗透于整个中国文化，成为传统文化肌体不可分割的组成部分。

鸠摩罗什不仅对中印文化交流、中国文化的建设贡献巨大，而且是位人格高尚、智慧渊深、经历极具传奇性、有文学天才的高僧，传纪称他为人"神情朗彻，傲岸出群"，"笃性仁厚，泛爱为心，虚己善诱，终日无倦"，甚具人格魅力，可敬可佩。虽为德高望重的高僧、佛教领袖，却又有血有肉有情，被迫两次破不淫戒；虽然戒行有缺，却又智慧超人，多次显现前知等神异。他的事迹，彪炳千古，流芳百世。今天我们读诵《金刚经》、《弥陀经》、《维摩经》、《法华经》等经典时，不能不感念这位译经大师，想象他深目高鼻、智慧仁厚的慈容，他永远活在他所翻译的经典中。

这本《鸠摩罗什传》，以可靠史传为据写成，忠实地描述了鸠摩罗什一生的经历，既具有学术的真实性，又具有传纪文学的可读性，给佛教圈内外的广大读者提供了触摸鸠摩罗什这位文化名人、伟大高僧的方便，对弘扬佛教文化、中国传统文化，有其现实意义，故乐为之序。

陈　兵

2013 年 6 月于四川大学竹林村

第一章　智子降于龟兹

舍利怀妊，以其子故，母亦聪明，大能议论。其弟拘
郗罗，与姊谈论，每屈不如；知所怀子，必大智慧，未生如
是，何况出生？

——《大智度论·释初品舍利佛因缘》第十六

距今一千六百多年前，时当四世纪四十年代初，七月的一天，葱岭的一座雪峰下出现了二个渺小的黑点。渐渐地，黑点成了两个青年男子。

这是主仆两人。主人名叫鸠摩炎，二十五六岁样子，天竺人，国相达多之子。达多倜傥不群，名重天竺。鸠摩炎聪明，品行端正。达多非常喜欢这个儿子，觉得自己年龄大了，决定把相位传给鸠摩炎。可是儿子拒绝了。他不要相位，要出家为比丘。

达多不止一次审视儿子，心想：儿子要出家，是一时冲动呢，还是深思熟虑的决定？

"父亲，儿愿为比丘，这是儿多年的愿望，您不会不理解我。"儿子也不止一次向父亲表白。

达多当然理解儿子。天竺是诞生释迦牟尼佛的伟大国度，佛涅槃以来已经八九百年，佛光照遍了五天竺，甚至远及罽宾、犍陀罗、大月氏、大夏、安息、康居，以及葱岭之东的于阗、疏勒、龟兹。如今天竺国王笃信佛法，供养僧众，城中寺塔无数。儿子欲出家为比丘，是再正常不过的事。佛本来就是净饭王太子，拒绝王位，修道悟道成佛。儿子辞荣出家，不正是追随佛走过的道路吗？

达多不愧倜傥不群，识见自非寻常，问儿子打算在何处修道。鸠摩炎回

答:"我欲东度葱岭,往龟兹弘道。"

达多的心微微一震:"你知道吗,葱岭自古难度,险情不断,不知有多少人葬身雪峰险壑。"

"儿子明白。没有坚忍意志,不能弘扬大法。儿子不畏苦难,何况,佛会保佑我呢。"

达多一挥手:"走吧!愿你早得果报。"

⋯⋯

这时,鸠摩炎与仆人卸下了肩上的背囊,坐在上面休息。刚才还是寒风凛冽,硬得就像刀子,割得脸发痛,一会儿却见到太阳了,高挂在西边的群峰之上,把天空和裸露的山梁涂成血红色。而远处的雪峰重重叠叠,没有边际。

仆人突然惊奇地叫起来:"公子,快看!葱!葱!"

果然,前面不远处的山坡上长着许多绿色的植物,高可及膝,叶片展开,叶梢上开放着紫色的球状花。更远的山坡上,也有这种植物。鸠摩炎的眼睛发亮,贪婪地看着无数紫色的花,觉得悬崖峭壁也变得温柔可爱起来。当休息之后继续跋涉时,脚步轻松不少,心中一片光明。

经过将近一个月的翻越,终于度过葱岭,来到莎车国。从莎车往西北方向走五百多里,进入疏勒国。然后折向东北,经温宿国,最后抵达龟兹。

鸠摩炎把龟兹作为目的地,是有充分理由的。

龟兹,位于葱岭之东、塔里木盆地北边,是地理位置十分重要,国力非常强盛的国家。自汉武帝时代张骞开通西域之后,西域三十六国中,龟兹具有举足轻重的地位。汉章帝建初五年(80),班超欲平西域,上疏请兵,陈述力破龟兹的重要意义:"平通汉道,若得龟兹,则西域未服者百分之一耳。"(《后汉书》卷四七《班超传》)龟兹服,则西域服;西域服,则断匈奴右臂。当然,这是世俗政权从政治、军事上的考虑,把降服龟兹当作称霸西域的关键。

古代龟兹,是大自然赐予中华民族的瑰宝。她是天山南麓、塔里木盆地北边的一块面积广阔的绿洲,犹如价值无比的绿宝石。她北枕巍峨的天山,那山白雪皑皑,连绵千里。发源于雪山的塔里木河,滚滚而来,奔腾不息。

高山、大河、森林、草原、牛羊、骏马、骆驼……壮美又神奇的土地,养育着勤劳而聪明的龟兹人民。

南疆的草原

　　龟兹的迷人,更在于她的独特文化。汉魏时期,龟兹是丝绸之路北道上最重要的国家,是连接东西方的交通枢纽。大月氏、安息、康居,以及印度诸国若要前往中原,必须取道龟兹。它位于亚洲腹地,距离最近的海洋都要在二千公里之上。但它又是真正的海洋,是百川汇流其中的文化大海洋。东方汉文化的理性,地中海希腊文化的神性,南方天竺佛教文化的哲思,北方匈奴草原文化的彪悍,在这里相互渗透交融。东西方的商人、僧侣、旅行家、行吟诗人、画家、雕塑家、魔术师、能工巧匠,在这里川流不息,创造出灿烂无比的龟兹文化。在数千年的历史地图上,再没有比中古时期的龟兹更令世人神往,也更令后人遐想。

　　鸠摩炎冒险东度葱岭,是龟兹魅力无穷的最新例证。

　　鸠摩炎主仆两人历尽艰辛,终于来到龟兹国都延城郊外。往北眺望,宏伟的延城横卧在北方的地平线上,背景是由西往东起伏迤逦的群山,峰峦泛出白光。远眺郊外的大地,一块块绿洲上散落着许多褐黄色的农舍,白色的羊群、棕色的马群,铺于广袤的绿野。时而有一队队的骆驼,满载各种形状的货物,往西南方向的大路远去。

当延城城墙的墙堞和城垛越来越清晰时,鸠摩炎发现一支队伍迎面过来。那是由几十匹骏马组成的队伍。走近了,马车上跳下一个官员,向鸠摩炎施礼:"请问,贵客是否鸠摩炎?来自天竺国的大德?"

"贫道正是鸠摩炎。请问长官是……"鸠摩炎回答,目光落在几辆豪华的马车上。

官员说:"我王亲来迎接大德。"

鸠摩炎大惊:龟兹王何以知我来龟兹?

"请。"官员引着鸠摩炎走到马车跟前。鸠摩炎合掌唱赞道:"国王陛下,天竺国鸠摩炎拜见陛下。祝陛下万寿无疆,龟兹国人民富足安康!"

龟兹王白纯见鸠摩炎青春焕发,风华正茂,显得很高兴:"欢迎大德。"随即吩咐侍臣回宫。

原来,鸠摩炎父亲达多在儿子动身往龟兹的同时,不动声色地向天竺国王禀告儿子出家之事及前往龟兹弘法的志向,天竺国王即派使者先于鸠摩炎东度葱岭,请龟兹王白纯为鸠摩炎弘法开方便之门。龟兹王接见天竺使者,了解到鸠摩炎智慧出众,品行端正,大喜,遂亲自出城迎请鸠摩炎为国师,协助弘扬佛教。

事实证明,鸠摩炎不避艰险来到龟兹弘法的决定非常正确。龟兹王白纯请其为国师,真是天遂人愿,得其所哉。

龟兹,这时正为佛教的灿烂光华朗照。

让我们简略叙述佛教东传的历史,回顾龟兹何时成了西域佛教的重镇。

公元前五世纪末,印度北部净饭王的太子悉达多创立佛教,后尊称为释迦牟尼佛。佛灭度后二百年,当纪元前三世纪中叶,古代印度摩竭陀国孔雀王朝的第三任君主频头婆罗王的儿子阿育王继位。阿育王皈依佛教,凭籍强大的经济、政治、军事实力,大力弘扬佛教。时有目犍连子帝须者,为孔雀王朝国师,为阿育王创立种种关于佛教的规定、设施,在华氏城举行"第三次结集",①调和佛教内部派别之争,大弘佛法。佛教从此开始由印度向外传播,印度西北部的犍陀罗(今阿富汗喀布尔一带)、罽宾(今克什米尔)、狮子国(今锡兰)、大夏等地均皈依佛教,并东及今日之缅甸、马来西亚。佛教遂成世界性的宗教。

公元一世纪中叶,大月氏建立贵霜王朝。月氏本是生活在祁连山、敦煌之间的种族。公元二世纪初,当汉文帝时,月氏被匈奴击败,西迁至伊犁河流域。后再败于乌孙,度过葱岭,夺取希腊人的旧领地而建国,进据迦湿弥罗,遂为印度共主。贵霜王朝至迦腻色迦王时,进入全盛时期。迦腻色迦王主持第四次结集,②于时葱岭内外诸国,全都笼罩在贵霜王朝的政治、军事版图之内。佛教文化借助政治、军事势力,由此走向兴盛。

佛教传入西域,可能早在公元前二世纪时。塔里木盆地周围的国家于阗、疏勒、龟兹均是当时佛教的重镇。《梁书·刘之遴传》说,之遴好古爱奇,在荆州聚古器数十百种,后将四种古器献给东宫,其中有一只外国澡罐,上有铭文:"元封二年,龟兹国献。"元封为汉武帝年号,元封二年即前106年。澡罐是僧侣的洗濯用具,这表明至迟在公元前二世纪末,龟兹国已经皈依佛教,这才有可能向汉朝进献澡罐。进而也可推知,佛教传入龟兹的时间,必定更早于汉元封二年。

龟兹佛教自传入之后,经过五六百年的发展,至三四世纪空前繁荣。整个延城,成了美轮美奂、遍地香华的佛土。

这时,鸠摩炎坐在龟兹王迎接他的马车上,从外城经中城至内城,三座城门两边的城墙上,都雕刻着半浮雕的佛像。进入内城后,只见通往皇宫的大路两旁,数不清的寺庙。每家每户门口,供奉着大大小小的佛像。每个十字路口,都建有佛塔。圆形的塔基,逐级而上,高者十余丈,低者数丈。每级

---

① 第三次结集:佛灭后二百三十六年由阿育王支持在华氏城举行,以目犍连子帝须为上座,召集一千比丘,诵出"法藏",即对《阿含经》重新会诵整理,最后定型,目犍连子帝须撰《论事》,批判当时外道的各种邪说,史称第三次集结。佛灭后,诸弟子相会,为防止异见邪说,诵佛陀之说法,举各自所闻确实者,结合集成之,谓之"结集"。

② 第四次结集:据《大唐西域记》,迦腻色迦王听从尊者比丘的建议,在迦湿弥罗召集五百罗汉,以世友为上座,论释三藏,以赤铜为牒,镂刻经文,石函箴封,建塔藏于其中。

塔的周围,有许多小佛龛,供奉姿态各异的佛像。高一点的佛塔,佛像贴着金箔,塔顶披挂色彩艳丽的宝幡,在风中飘动。鸠摩炎的眼前全是看不完的金碧辉煌,而浓郁的檀香弥漫全城。繁华中显现庄严,庄严中感觉神圣,神圣终归于虔诚。"真是奇异的佛国!我们天竺国的王舍城也不过如此。"鸠摩炎于目不暇接中,啧啧赞叹延城,赞叹龟兹,赞叹佛光所照之广远。

龟兹王白纯十分尊敬和信任鸠摩炎。

国师的职责是协助国王制定各种管理寺院及佛教活动的法规。他来往于皇宫与各大寺庙之间,考察、检查寺庙的修建、佛像的装饰、僧侣守戒的情况,同时也解释大小乘经律的异同。他的聪明才智和端正品行,获得广泛赞誉。

有一天,白纯请鸠摩炎观看御苑中由狮子国赠送的两只狮子。御苑很大,里面有孔雀园、象园、狮子园。狮子园四周筑有高大的土垣,墙体厚达一米多,高约三米,周长有一百多米。园中央垒起高台,台周边的松树、桦树郁郁葱葱。狮子园东边一侧,垒一座假山,遍植花草。登假山俯视,狮子园一目了然。

那天,皇室人员、近臣都来看狮子。鸠摩炎跟在后面,登上假山,与众人饶有兴味地看狮子撕食一只山羊。忽然,听到白纯招呼自己:"国师,请过来片刻。"

鸠摩炎走到白纯面前,看到龟兹王身边还有一个年轻的女子。

"国师,认识一下,这是本王的妹妹耆婆。"

鸠摩炎目光停留在耆婆身上:一个二十岁左右的漂亮女子,容貌如明月,微微的笑靥,安详又妩媚。

"能认识王妹,真是幸会。"鸠摩炎随即转过目光,朝向白纯,"这对狮子很精神。过一段时间,贫道央求家父奏请天竺国王,赠两只大象给贵国。"

"能让大象翻越葱岭吗?"耆婆怀疑。

白纯笑起来:"事在人为,何患不成。"

……

看御苑的狮子之后不久，鸠摩炎碰上了一桩非常烦心、特别苦恼的事：白纯居然要把妹妹嫁给他。天哪！怎么会碰上这种事！当初自己丢舍天竺国相的荣位，坚持出家为比丘，就是为了修行悟道，像释迦牟尼佛一样，远离俗世的形器之痛苦——无论财富、权势、美色，皆是痛苦，皆是空无。度葱岭而东来龟兹，岂非是远离尘垢、断灭痛苦，为求得正果吗？若还俗娶妻，首先是犯了比丘不可娶妻、不近女色的戒律。在律藏中，佛都告诫比丘割去"三毒"：贪欲、嫉欲、愚痴。我若还俗娶妻，不是贪欲和愚痴吗……

然而，白纯执意要将王妹嫁给他。世俗，经常迫使宗教就范。

鸠摩炎当然不答应。白纯多次劝导：佛经不是也允许比丘还俗吗？再说，在家居士一样可以修道悟道。维摩诘不是居士吗？他义理高深，佛的所有弟子，岂不是一个个自知不及，不敢与他辩论吗？你做维摩诘有何不可？况且，娶妻并不妨碍做国师，一样能弘扬佛法。诸事无碍，不必再推托了。

鸠摩炎仍然多方推托，说是天下在俗的俊男多有，为何看中一个剃度出家的比丘？难道王妹偏偏喜欢以比丘为夫？真是怪事！

白纯轻松起来："国师不必多虑，也不必再找理由拒绝。耆婆识悟明敏，罕有其比，她相中的人，必定是世间的好男子。国师正是她相中的郎君，不要再辜负她的爱慕之心。拒绝真心爱你的姑娘，也是一种罪过。"

"这……"鸠摩炎叹了口气。耆婆看中自己，看中一个外国比丘，实在太出人意料了。要么离开龟兹，要么答应。还有第三条路可走吗？看来，现在要离开龟兹也不容易……

原来，耆婆刚满二十岁，鲜艳如草原上的太阳花。她记性、悟性特好，过目不忘，一闻则诵。平时读佛经，日诵百偈，解悟常人难及。最令人称奇的一件事是，耆婆五岁时，后背右上部生出一块红色的胎记，中间颜色浅，周边颜色深，大小如龟兹的小银币，整个胎记像一块温润的红宝石。曾请一个罽宾高僧看过，高僧对老龟兹王说，王女这块赤色的胎记，百万人中仅有一例，那是会诞育智子的标记。假如赤麾中间的颜色变得与边上的颜色一样红时，就意味着她真正的丈夫已经来到身边。和那个男子结婚，会生出智力超凡的天才。记住这些！守护这个漂亮聪明的女孩，别轻易给她选择丈夫！

老龟兹王临终前一年,把白纯兄妹召到跟前,要他们记住罽宾高僧当年的话,注意耆婆背后赤黡的变化,等待未来出现的那个男子,以保证龟兹国诞生一个百世不遇的超级天才。这决不是无足轻重的小事,赤黡与龟兹国的强盛和恒久有关。你们兄妹俩千万不可疏忽!切记!切记!

耆婆到了应该择偶出嫁的年龄,周边诸国得知龟兹国有一个美丽聪明的公主,纷纷行娉。尤其最近二年,各国娉问的使者不绝于道,甚至葱岭以西的月氏、安息、康居等国,也带着马匹和各种珍宝远道来此。白纯一概婉言谢绝,耆婆置若罔闻。因为赤黡一如其旧。

终于,罽宾高僧的预言应验了。

自半年之前,鸠摩炎来到龟兹后,耆婆隐隐觉得后背上的赤黡有异样的感觉:非痛,亦非痒。总之,以前无感觉,现在若有感觉。耆婆叫侍女来看,问侍女赤黡中间与边上的颜色有何差别。侍女说,没什么差别,全是红红的,像一块好看的红宝石哩。

耆婆立时记起罽宾高僧的话:那个男子已经出现,而且就在龟兹。她把赤黡发生的变化告诉白纯,白纯判定那个男子就是鸠摩炎。他是如此聪明,品德无懈可击。王妹嫁给这个男子,必生智子无疑。为此,白纯安排妹妹与鸠摩炎在御苑的狮子园见面。耆婆一见鸠摩炎,眼睛一亮,一股强烈的温柔充满了全身心。心里肯定地说:他才是我的丈夫,真正的丈夫!

鸠摩炎注定无可逃避。对于龟兹王室而言,他是久盼而终于出现的珍宝,岂可得而复失!

鸠摩炎意志坚定,龟兹王的意志更加坚定。权力强迫信仰屈服,信仰往往溃败。

除了服从,鸠摩炎无路可走。"世尊啊,我犯戒了,当堕阿鼻地狱!"鸠摩炎痛苦得无以名状。

耆婆成了鸠摩炎的妻子。鸠摩炎则还俗了,变成在家修道的居士;不过,他仍管着有关佛教的事务。

没多久,耆婆怀孕了。

耆婆经常同鸠摩炎一起读佛经。她觉得自怀孕以后,解悟佛经的能力成倍增长。以前每天读诵三四百偈,现在达到六七百偈。耆婆暗诵《长阿含经》中世尊为诸比丘所说的偈言:"诸依地山谷,隐藏见可畏。身著纯白衣,洁净污垢秽。天人闻此已,皆归于梵天。今我称其名,次第无错谬……"鸠摩炎见妻子背诵如流,自叹不如。

《长阿含经》《中阿含经》《杂阿含经》共一百三十卷,包含的佛经将至二千部,一百多万余言,耆婆居然用两个多月的时间全部读完,而且解悟无疑义。鸠摩炎吃惊之余,称自己已无资格指导妻子。

耆婆决定出宫,到雀离大寺去。那里有不少道法精深的高僧。没有高僧指点迷津,不可能解悟更高深的佛经奥义。

雀离大寺闻名遐迩,在西域佛教史上占有重要的地位。西域东去弘法的高僧,中土西行求法的大德,多数会落脚于此。这是一座著名的佛教伽蓝,是辩论、探讨佛教哲学的法坛,东西方佛教信徒向往的圣地。

雀离大寺位于延城之北约四十里的地方。雀离塔格山南麓,库车河奔腾而过。河西岸是起伏不平的土岗,雀离大寺就建在土岗之上。层层叠叠的建筑,涂上金箔的佛堂和佛塔,似乎突然之间在土岗上铺张开来,气势宏伟,动人心魄。那本是褐色的土岗,变成犹如巨大的以金黄色为主调的绸缎,由南至北覆盖着大地。清澈的库车河流过,分割开这幅绸缎,又把它们连在一起。河两边的单独,组成灵动的整体,在宁静中显出流动,庄严中显出活泼。在已知的西域寺庙建筑中,再没有比龟兹的雀离大寺更壮丽、神奇、恢弘。

西雀离大寺南北长达六七百米,东西宽二百米。大寺周边的围墙由碎石和泥土板筑而成,厚约一米,高过人头。从南大门进去,佛堂一层层往北延伸,有不知何处是尽头的感觉。佛堂中的佛像形制各异,装饰精美,让人惊叹非人力所为,乃是神造的艺术。佛像前的长明灯照着供奉的香华,还有那些衣衫整洁、肃心诵经的僧人。西雀离大寺从南至北有三座佛塔,塔身皆是方形,由土坯垒砌。南塔、中塔为五级,北塔是四级,高十米以上,下面涂白色颜料,在阳光下发出耀眼的光芒。北塔的北面和南部,有佛窟环绕,窟

雀离大寺遗址

中绘着佛本生的故事、因缘故事,还有佛说法的壁画。

东雀离大寺与西雀离大寺隔河相对,规模略小。东大寺也有三座佛塔,形制也较西大寺为小。两寺六座佛塔,矗立在河两边的土岗上,若从雀离塔格山俯瞰,彼此呼应,高低错落,加上通体白色,真像六枝出水的白莲花,成为雀离大寺最显眼的标志性建筑。

梁僧祐《出三藏记集》卷十一《比丘尼戒本所出本末序》说:"北山寺名致隶蓝,五十僧。"致隶蓝即雀离大寺的同名异译。规模如此恢宏的东西大寺,仅有五十僧,恐怕不可信。

耆婆是当今王妹,又是国师之妻,自然有侍从和马车送至雀离大寺。当时管辖雀离大寺的是龟兹高僧佛图舌弥。这是一位精通小乘佛教、持戒甚严的得道高僧,声名远播异国。舌弥管辖雀离大寺外,还管辖达慕蓝、剑慕王新蓝、温宿王蓝。以上四寺是比丘寺院。尚有属于比丘尼寺庙的阿丽蓝、输若干蓝。耆婆拜见佛图舌弥,并送给寺院数量可观的粳米、酥油、面粉、葡萄干等食品,以供养舌弥管辖的几个寺院。

耆婆从舌弥修道,原因主要是舌弥擅长小乘佛教的戒律。他创建了几个尼寺,开了西域尼寺的风气之先。葱岭以东的诸国贵族妇女和许多比丘尼,都来龟兹听舌弥讲戒律。舌弥用比丘尼五百戒本要求王侯妇女及比丘尼守戒,解释比丘尼戒的要义是:止息淫荡之心,不在禁止美貌,只要无情于外情,则不必计较外貌的修饰不修饰。如果无心于珠玉,何必把珠玉藏起来——止欲也是如此。归结起来,内心的纯正是止欲的关键。

一天,舌弥在阿丽蓝说《增壹阿含经·比丘尼品》:

> 我声闻中第一比丘尼,久出家学,国王所敬,所谓大爱道瞿昙弥比丘尼是。智慧聪明,所谓谶摩比丘尼是。神足第一,感致诸神,所谓优钵华色比丘尼是。行头陀法,十一限碍,所谓机梨舍瞿昙弥比丘尼是。天眼第一,所照无碍,所谓奢拘梨比丘尼是。坐禅入定,意不分散,所谓奢摩比丘尼是……诸根寂静,恒若一心,所谓光明比丘尼是。衣服齐整,常如法教,所谓禅头比丘尼是。能杂种论,亦无疑滞,所谓檀多比丘尼是……

舌弥说毕以上五十比丘尼品,问下面听经的耆婆:

"耆婆,五十比丘尼品,你得其几品?"

耆婆面容微赧:"舌弥大师,弟子所得无几,当日夜精进,勤勉不怠。"

舌弥莞尔一笑:"耆婆过谦了。"他目光扫过众妇女及众比丘尼,称赞耆婆:"王妹耆婆,怀孕在身,然修道刻苦,诸根寂静,奉持戒律,得四辩才,深探理源,无所疑滞。虽不是比丘尼,但庶几我声闻中第一比丘尼。诸位佛弟子,能不努力乎?"

舌弥的称赞并不为过。耆婆天天准备斋饭,请高僧讲经,勤勉修道,他人莫及。特别是她超群的悟性和对疑难问题穷其深致的执著,众比丘尼大为赞叹。

更让人惊奇和佩服的是,突然有一天耆婆自通天竺语。僧传中的这一记载,使耆婆更富传奇色彩,却未免叫人生疑。其实,只要理解天竺佛教对西域的巨大影响,耆婆自通天竺语完全可能。据法显《佛国记》说,"俗人及沙门尽行天竺法","国国言语不同,然出家人皆习天竺书、天竺语"。几个世纪以来,天竺的弘法僧人以及商人络绎不绝来到龟兹,作为东西文明交汇点的龟兹国都延城,是西域国际性的大都市。龟兹人对天竺语当非常熟悉,会讲天竺语的也决不在少数。而且,耆婆的丈夫鸠摩炎就是天竺人。在家里,鸠摩炎不会不讲天竺语。那么,有一天耆婆自通天竺语,恰似水到渠成,是自然不过的事。

在耆婆怀孕六个月的时候,来到雀离大寺听罗汉达摩瞿沙说《舍利佛毗昙》。这是很难懂的一部小乘佛教经典。耆婆听得很认真,达摩瞿沙注意到讲到经中一些深奥的地方时,耆婆会发出会心的微笑。

达摩瞿沙讲完一卷,从高座上下来,走到耆婆身边,看了一眼她的大肚子,十分肯定地说:"你必定怀着聪明绝顶的儿子!"

"为什么? 瞿沙大师,何以知道我必怀智子?"耆婆问。

"刚才不是讲到舍利弗吗? 舍利弗在母胎时,他母亲是何等聪明啊! 聪明的王妹,你怀的孩子,也必定像舍利弗,是第一智者。"达摩瞿沙又祝福耆婆:"但愿母身安稳。"

耆婆掩饰不住兴奋,右手下意识地护着隆起的腹部。

为了听懂达摩瞿沙的话,有必要说说舍利弗的故事。

舍利弗是释迦牟尼佛的十大弟子之一,又作舍利弗多、舍利子、舍利弗多罗。舍利是他母亲的名字,弗或弗多,义为儿子。舍利女的儿子,故名舍利弗、舍利子。舍利弗之母名舍利,舍利之义有多种说法。一说舍利是鸟名,译为鸲鹆、百灵鸟等。一说母亲的眼睛如鸟。一说母亲的才辩如百灵鸟。舍利怀智子的故事,见于《大智度论》卷十一:摩伽陀国王舍城中有一女名舍利,舍利怀孕,梦见一人身披甲胄,手执金刚,摧破诸山,而在大山边立。舍利醒后,将梦中情景告知丈夫提舍。提舍说:汝当生男,摧伏所有的议论师,唯不胜一人,当作弟子。舍利因怀孕之故,聪明异常,大能辩论。舍利之弟拘郗罗每次与姊辩论,总落下风,因此知舍利所怀儿子必定是大智慧。舍利生子七日后,众人以其舍利所生,一致取名为舍利弗。时人贵重其母,于众女人中聪明第一,以此因缘,故称其子为舍利弗。佛说:"舍利弗于一切弟子中智慧第一。"至于提舍说舍利弗唯不胜一人,一人,自然指佛。

自从罗汉达摩瞿沙说舍利弗在胎之征后,耆婆照常天天设供请斋听法。

但多了一份期待：盼望如舍利弗一样有大智慧的儿子，如期来到人间。

不辜负耆婆和龟兹王室的期望，公元 344 年春光明媚的日子里，龟兹王宫降生了一个智子，如舍利弗一样的超级天才。无人不喜欢刚来到世间的男孩：宽广的额头，挺拔的鼻梁，大眼睛，大耳朵，略尖的下巴，薄薄的嘴唇，形长手长。多么漂亮！让人吃惊的是，出生第七天之后，男孩的黑亮的眼睛竟然能东张西望。耆婆对着他低声唱歌，男孩的眼睛看着母亲，好像在谛听。耆婆深情地亲着儿子，激动地说个不停："舍利弗，真是舍利弗！我的宝贝舍利弗啊！"父亲鸠摩炎见妻子一直舍利弗舍利弗，终于忍不住笑起来："不能总叫舍利弗。还是叫他鸠摩罗什吧。"

鸠摩罗什，一个不世出的智者。是天竺和龟兹两个文明古国的婚姻结晶，还是佛的旨意？抑或是耆婆神秘赤黁的完全不可知的结果？

他降生到美丽富饶的龟兹，究竟意味着什么？是龟兹的荣耀？是福祉？还是战争的导火索？

第二章　随母出家

婆罗门言:"世尊,我今闻法已得正见,今当皈依佛法僧宝,惟愿大慈听我出家。"尔时世尊告憍陈如:"汝当为是闇提首那。"剃其须发听其出家。

——《大般涅槃经》卷第三十五

罗什真是个不可思议的孩子。耆婆怀他时,神悟超解。生下罗什后,耆婆身上又发生了奇异的变化:以前说过的话大都记不起来。难道耆婆像个盛物的瓶子?身怀罗什,瓶中如藏宝物;生下罗什,如瓶中出物,空空如也?否则,为什么耆婆遗忘前言呢?

最让人奇怪的是,耆婆自生罗什后,背后那块红宝石般的胎记消失得无影无踪。这怪现象还是鸠摩炎发现的,"耆婆,耆婆,你背后的赤黶怎么不见了呢?"丈夫一脸迷惑。

"真有此事?快拿两枚铜镜来!"耆婆吩咐道。

侍女拿来两枚精致的铜镜——当年汉朝的班超送给从前龟兹王的珍贵礼物。丈夫站在后面手持一枚铜镜照出妻子的后背,妻子看着手中的另一枚铜镜。两枚铜镜交相映,镜中耆婆的后背很清晰。看来看去,哪有原先的赤黶?

"奇怪!"耆婆也是一脸迷惑,把铜镜放在一边,闭上了眼睛。过了一会,她自言自语:"我明白了,赤黶仅仅是为罗什的出生而存在。既然罗什已经出生,赤黶也就完成了使命,没有再存在的必要。佛经说有为法有三相:生、住、灭。赤黶之生、之住、之灭,皆因缘起故,全与罗什有关啊。"

经妻子一说,鸠摩炎也放下了手中的镜子,若有所悟,又若有未悟:"因中有果,果中有因。赤髭之生、住、灭三相,皆因罗什故。即或我自天竺至龟兹,与耆婆结为夫妇,和合而生罗什,亦是因缘故。那么,智子罗什降生,又得何果呢?"

罗什出生三年之后,鸠摩炎和耆婆似乎都隐约感觉到了儿子降生的结果:龟兹皇宫多了一个年龄最小的佛教徒。

小罗什几乎着迷与佛教有关的一切事物。

龟兹皇宫,本来就和佛寺差不多。宫殿的墙壁上,绘有许多色彩鲜艳的壁画:长袖飘舞的飞天,凌虚蹑影。佛割下身上的肉,施舍给饥饿的老虎。一个王太子的周围,全是漂亮的女人,有一个赤裸上身,手托乳房,含情脉脉。释迦牟尼佛侧卧于双树下,众弟子站立在旁……殿中的大石柱,刻着无数罗汉、菩萨的雕像。宫中还有装饰精美的佛堂,供奉大大小小的佛像。佛堂的旁边是讲经堂,设有高座。龟兹王常请葱岭内外的高僧,登上高座说法讲经。

罗什从降生第一天起,就沐浴在普照的佛光中。耆婆经常拉着罗什的小手,在宫中的壁画和雕像前留连忘返。耆婆指点着,解答儿子提出的各种各样的问题。诸如佛割身上的肉痛不痛?佛究竟离开我们多远?佛涅槃后在哪里?我的前世是什么?是大象,是老虎?还是孔雀……罗什提出的问题,有的很不容易回答。

是的,孩童的好奇心往往能最快地达到真理的边缘。成年人自以为是,其实一知半解,或者不懂装懂,或者不懂永远不想懂。孩童率真地说出来,让成年人惊诧并自叹弗如。何况,罗什不是平凡的孩子,是罕见的天才,他提出的问题当然不好回答。

罗什经常听母亲诵经。还在母胎中的时候,罗什已经听母亲诵经,听高僧讲经了。罗汉达摩瞿沙受龟兹王邀请进宫说法,耆婆带着罗什谛听。达摩瞿沙讲《摩诃僧祇律》。这是印度大众部所传的戒律[1],分比丘戒法和比丘尼戒法两大部分。达摩瞿沙讲到比丘尼戒法中的一节——

① 大众部:梵文 Mahasanghika 的意译,音译"摩诃僧祇部"。佛教部派之一。佛灭后众弟子在王舍城外灵鹫山七叶窟内外结集经典,在窟内结集的,名上座部,在窟外结集的,名大众部。

　　有阐陀母比丘尼知识广博，能治病，拿着根药、叶药、果药，到王家、大臣家、居士家治病。因能治病之故，大得供养。诸比丘尼呵责道："此非出家法，此是医师耳。"诸比丘尼将此事告诉佛之姨母大爱道，大爱道往白世尊。世尊悉召诸比丘尼来，制订戒律："若比丘尼作医师活命，波夜提。"[①]意思说，比丘尼不可作医师以生存，若是，则犯波夜提罪。

　　世尊既制戒不得作医师活命，有人呼阐陀母治病。比丘尼说："世尊制戒，不听人请其治病者。"来人说："若不可治病，则授我医方。"阐陀母即授与俗人外道医方。诸比丘又呵责："只诵医方此非出家法。"于是诸比丘尼将此事告知大爱道，大爱道白世尊。世尊制订戒律："若比丘尼授俗人外道医方者，波夜提。"……

　　达摩瞿沙说法毕，由高座下。

　　罗什拉着母亲的手迎上去，"大师，大师，阐陀母比丘尼为人治病，何以世尊制戒比丘尼作医师活命者波夜提？"

　　达摩瞿沙回答："因阐陀母比丘尼治病大得供养故。"

　　"那供养应该从何而来？"罗什再问。

　　"供养应由比丘尼乞食而来，由施主广种福田施舍而来。"

　　"假若阐陀母比丘尼不作医师治病，只是授人俗人外道医方，为何也犯波夜提？"

　　"亦因大得供养故。"

　　罗什眨巴着明亮的眼睛，略作思索，"要是比丘尼先声明不受供养，仅为治病救人呢？佛以慈悲为怀，若人病痛不已，央求阐陀母治病，阐陀母难道不治病，也不授与医方吗？"

　　"这……"达摩瞿沙竟一时语塞。

　　耆婆把儿子拉向身边："不可造次。"

　　达摩瞿沙莞尔一笑："无碍，无碍。真是智子啊！"他摸摸罗什的头，"二十年后，此子必登金狮子座。谓余不信，拭目以待。"

---

① 　波夜提：又作"波逸提"，为堕罪之一种。犯此罪者，当堕八寒八热地狱。

龟兹王宫中，发生了一件不大不小的内部纠纷：耆婆欲出家，鸠摩炎不答应。

耆婆想要出家，是受龟兹佛教大盛的文化环境的影响。当时的龟兹，是塔里木盆地之北的绿洲诸国中佛教最盛的地方。几乎全民信仰佛教，出家者不计其数。如前所述，高僧佛陀舌弥统辖的尼寺，在西域佛教史上开了风气之先，葱岭内外的王族妇女，不论远近，日日在此设供请斋听法。耆婆便是王族贵女中信仰佛法的典型。处在如此浓厚的宗教氛围中，耆婆由在家的居士欲变为出家的比丘尼，应该很容易理解。

但鸠摩炎不理解。当初自己辞荣出家，历尽险阻来此龟兹，请为国师，以为可以实现弘法大愿，实在想不到龟兹王苦苦逼与王妹为夫妇。犯下戒律，出家的比丘无奈还俗，使我终生愧对如来。耆婆既然与我结婚生子，就不该出家。既然要出家，当初就不该与我结婚。早知今日，何必当初？如今我与一比丘尼为妻，一比丘尼与一还俗的比丘为夫。事情颠倒荒诞，一至于此！

鸠摩炎坚决不同意耆婆出家，理由太充分了。耆婆确实也找不出理由反驳丈夫。她觉得自己当初看中鸠摩炎，逼远来的天竺比丘结婚还俗，致使他的弘法理想毁于一旦。责任在己，所以耆婆常自责："罪过，罪过。"

又过了一年，耆婆生了第二个孩子，取名弗沙提婆。

鸠摩炎很觉欣慰，以为从此家里太平，不会再起风波。

秋天初至。龟兹绿洲迎来了收获的季节。耕耘了几千年的沃土，阳光对它特别偏爱，而天山群峰汇聚下来的雪水，慷慨地滋润着它。库车河、渭干河两岸的葡萄已经熟透，绿的、紫的、奶黄的，透明温润如颜色各异的宝石，沉甸甸地挂满了葡萄架。稻穗开始灌浆，棉花早已结铃，大豆荚慢慢地变成褐色。湛蓝的天空下，远方的山坡上一群马儿悠闲地啃着草地。

从延城的北门驶出三辆马车，一看车马的华美装饰，就知道是王室的车子。每辆车由两匹马拉着，前头一辆车上有三个人，男仆模样。中间一辆坐着耆婆和六岁的罗什。后面的车子上是三个女仆。

罗什问："母亲,先到哪儿?"

"你说呢,罗什。"

"先去雀离大寺,再去克孜尔石窟,回来再到山坡上骑马。"

"雀离大寺不是去过多次了吗?"

"可还没看够呢。我真想住在那儿。"

"你还小,轮不上你住雀离大寺。"耆婆吩咐前面,"往雀离大寺。"

三辆马车向北飞驰,一路画出几条车辙。约一个小时,东雀离大寺映入眼帘。

进入寺院,只见佛堂门楣和窗棂上贴着的金箔,到处闪着耀眼的光芒。佛堂里的几个比丘衣衫整洁,吟诵佛经不辍。

在第二座佛塔前面的佛堂中,罗什终于看到了母亲讲过多次的玉石。这是大寺中最珍贵的古物,据传一百多年前建造雀离大寺时,天竺国王派使者送给龟兹的。这是一块产于于阗的宝石,长宽皆二尺余,色泽黄中带白,状如海蛤。玉石的无价在于上面有释迦牟尼佛的足迹,长一尺八寸,宽八寸。那天适逢斋日,玉石发出柔和的光,照亮了佛堂的暗处。

罗什跪在玉石前面,先是双手合十,然后用他的小手掌丈量玉石上佛的足迹,末了低下头,脸贴在石上。一个男仆走过,惊奇玉石上佛的足迹之大,似乎有怀疑的意思。罗什说,佛示凡人以种种相好,足迹当然可大可小,没什么好怀疑的。

游完东雀离大寺,三辆马车又往西北走。一个小时以后,来到克孜尔石窟。石窟位于渭干河河谷的北岸,河水滋润着山前的土地,形成一大片绿洲。杨柳、榆、桦染上了秋天的色彩,遮蔽了中午的强烈阳光,时时有习习凉风吹来。石窟高悬在40多米高的悬崖上,错落有致,犹如蜂房。有十几个石窟,是前代开凿的。现在正开凿新石窟,五六十个工人在山崖上走来走去。山脚下有一座很大的寺庙,规模不如雀离大寺,但同样金碧辉煌。

一条由碎石铺成的小路,从悬崖上挂下来。耆婆他们拾级而上,来到石窟的跟前。人们开始欢呼:

"王妹来了!"

克孜尔千佛洞

"小罗什来了！"

在龟兹，耆婆生智子的故事几乎无人不晓。耆婆是虔诚的佛教徒，几乎走遍了国中的伽蓝，也曾来过石窟附近的大寺。所以，建筑工人都认识耆婆。

新石窟正做内部装饰。石窟面积大，分前后两室。前室中间有一根石柱，柱的正面自上而下开一排佛龛，内中塑置佛像。柱的左右壁是壁画。后室左右壁画画佛涅槃和焚棺图。土台上塑一尊卧佛，卧于二棵菩提树下。

当耆婆牵着罗什的手走进石窟时，看到前室右壁的壁画还未完成。两个画工手里拿着画笔，一个立在梯子上，一个站在下面，正在画佛说法的场面：佛结跏趺坐于莲花座上，两手作说法印，许多弟子和各色侍从环绕在佛的周围。

画工见耆婆一行进来，停住了画笔，忙着和她招呼。过了一会，当耆婆从后室出来时，两个画工恭敬地站在她的前面，说出他们的一项请求。显然这是两人刚刚商量的结果：

"尊敬的、善良的耆婆，龟兹国美丽的、聪明的王妹，请允许我们把您作为佛的侍从画在壁画里。"

"还有聪明的罗什,也让我们把他画在佛的旁边。"

"真的,他多像舍利弗啊!佛一定会非常喜欢。"

听了画工的主意,母子俩高兴极了。罗什甚至兴奋得叫起来:"先画我。"

"好的,和你母亲同时画。"

一个画耆婆,一个画罗什。大约一个时辰后,母子俩的形象出现在世尊说法图中。耆婆是个年轻的美丽女子,头戴宝冠,耳上挂着金耳环,脸庞丰满,鼻子高挺,虔诚融化在微笑中。整个面容,好像沐浴在温暖的阳光下,显得生动而快乐。耆婆的两只手腕上戴了玉镯,裸露的圆圆的手臂白嫩、丰润,双手捧着一支茎很长的红莲花。罗什被画在佛的另一边。一个五六岁的小男孩,大大的黑眼睛,挺拔的鼻梁,端正的脸,上身赤露,手中托着花盘,在快乐地仰望佛。

龟兹石窟壁画

母子俩看着自己就在佛的旁边,宗教的热情立刻弥满全身。耆婆对儿子说:"佛一直在我心里,以后会永远在我心里。你说对吗?"

"对,母亲,我天天在听佛说法呢。佛也天天能看到我。"

　　临走，耆婆让男仆取来马车上所有的龟兹币，送给石窟，以供开凿之用。

　　离开克孜尔石窟，沿着库车河返回延城。

　　偏西的太阳照着东面的山岗，有一段路几乎看不到人影。走到一个山口，看到一个残破的古堡矗立在蓝天下，荒凉孤独得简直刺眼。罗什说要去看古堡，于是两个男仆带着耆婆母子朝远处走去。走到古堡前，呈现在眼前的是两段相连的残破城垣。城垣的连接处，是一座高高的碉楼，很可能是三百年前东方的汉朝留下的建筑，经历了战争和岁月的破坏，早已成为无用的废物。罗什在古堡前找来找去，唯一的收获是一枚汉朝的五铢钱。耆婆则在二三十米外发现了几具尸骨，纵横凌乱，发出惨白的光。

克孜尔尕哈烽燧

　　耆婆看着这些尸骨,不禁心头一震,目光久久地停留在上面。佛所说的"四圣谛",[①]在这里得到真实的验证。苦、集、灭、道,是伟大的佛悟出的社会人生的真相,是获得解脱的途径。这几具尸骨在未为尸骨前是什么人?战士?将军?商人?还是贵妇人?不论是皇帝还是平民,智者还是蠢人,生老病死无可逃避,最终皆显露本相——空。由生至死,每一阶段都伴随苦难。人生,其实是一部苦难史。佛探究人生苦难的原因,最主要的一点是贪欲。这几具尸骨为什么留在古堡附近,或许就是贪欲的结果。断灭人生的苦难,唯一的办法就是修持,从而得到精神的解脱,所谓涅槃。

　　耆婆由古堡的尸骨想到佛说的四圣谛,自然也想到释迦牟尼成佛的经历。这位古印度北部迦毗罗卫国的王太子,十四岁时曾出游,先后遇见老人、病人和死尸,由此悟出人生是生老病死的一条长链,其中,苦谛是人生的真相。释迦牟尼洞察人生的苦难真相以及苦难的本源之后,毅然抛弃太子所有的荣华富贵,剃发出家,坚持修行,最终找到了进入无上正等正觉的道路。

　　释迦牟尼彻悟人生的苦难而得道,我耆婆是佛弟子,早有出家之志,今日遇见荒野尸骨,若再不幡然醒悟,存身于世俗,难道还要受"爱别离苦"等等苦难吗?若如此,岂不太愚茫痴顽……耆婆在荒野见尸骨而深思的情景,就像释迦牟尼在菩提树下悟道。

　　深思苦本,厌离形器,是出家人之所以出家的最最经典的原因。佛说法度人出家,最常见的法门就是示以人生苦难的真相——苦谛。例如晋法炬、法立译《法句譬喻经》,经文叙有个淫女莲华姿容美丽,国中无双。莲华想做比丘尼出家,但在水中看见自己容貌美丽,心生悔意。佛知道后,化作绝世佳人,与莲华相遇,携手共还。夜里,绝世佳人枕着莲华的腿膝而眠。谁料佳人命绝,"肿胀臭烂,腹溃出虫,齿落发堕,肢体解散"。莲华大惊。大惊之

----

① 四圣谛:又名四真谛,或四谛法,即苦谛、集谛、灭谛、道谛,是原始佛教的中心思想。《涅槃经》十二曰:"苦集灭道,是名四圣谛。"苦谛是说明人生多苦的真理,苦是现实宇宙人生的真相;集谛的集是集起的意思,是说明人生的痛苦是怎样来的真理;灭谛是说明涅槃境界才是多苦的人生最理想最究竟的归宿的真理,因涅槃是常住、安乐、寂静的境界;道谛是说明人要修道才能证得涅槃的真理。

余悟出人生无常,生命短促,美色亦空。人生一切皆不足恃,唯有痛苦而已。莲华由此醒悟,诣佛所学道,以求解脱……

耆婆足不移步,沉思若痴。罗什手里捏着汉朝的五铢钱走过来:"妈妈,你发现了什么,一直呆呆地站在这里?"

"我在看地上的几堆尸骨呢。"

"尸骨有什么好看? 快回去吧!"

"我在想,这几堆尸骨也许是几百年前守卫古堡的战士。当年冲锋陷阵时,跑得像骏马一样快,但最后只剩几根枯骨。他们难道没有感受到人生的痛苦,完全不知有解脱之道吗?"

耆婆好像是回答儿子,又像自言自语。

母亲凝重的神情,使罗什感觉有异,便不再追问。

偏西的太阳挂在远方的山顶上,赤赭色的荒山颜色更深,连几堆白骨,也变得暗淡。古堡荒凉死寂,催促人们赶快离开。

三辆马车,由北往南,向延城奔驰。

龟兹王宫,再起波澜。

耆婆自从游观了雀离大寺和克孜尔石窟过后,出家的意志变得无比坚定。这使鸠摩炎非常不解。他本来以为,因自己的反对和劝说,耆婆三年前欲出家的念头已经消失。两个可爱的孩子需要母亲的抚爱,母亲怎能遁入空门? 这次夫妇间发生争执,鸠摩炎仍有充足的理由反对妻子出家。虽然理由很陈旧,但仍然有力:当初,你耆婆为什么看中我,硬逼一个远来的僧徒还俗? 而且与他结婚生子?

这个理由确实很难辩驳。耆婆回答丈夫:当初未悟四圣谛。再说,释迦牟尼悟道前也曾娶妻生子,后来才毅然离开妻儿,辞荣出家。岂可以昔日之未悟,而非今日之已悟。昨非今是,正是佛所说的正见。

在耆婆的脑海中,一直浮现那天出城游观的场景:东雀离大寺玉石上的佛足迹;石窟壁画上的自我形象;古堡附近的枯骨。所见所思犹如一道道神光,照出了人生的真相,驱除了无明和污垢,照得心地一片光明。她觉得佛就在心中。自己从何而来,往何而去,人生的最终是什么,她已经明了。离开丈夫,果然如佛所说要经受"爱别离苦",但割断爱与别离,心中便不复牵连,不复痛苦,便可断灭欲念,然后追随佛的足迹,出家为比丘尼,通过长期修炼,进入涅槃境界。

不过,耆婆出家的道路注定走得很艰辛。争执数月,鸠摩炎仍然不同意妻子出家。

耆婆决定采取极端手段:绝食。

龟兹王宫顿时陷入不安之中。

耆婆开始不吃不喝,对着佛像念诵《五百比丘尼戒》。第三天,她已无力诵读佛经,丰满的脸庞明显消瘦。侍女围着她团团转,端来食物,又端下食物,不知所措。鸠摩炎百般劝导,耆婆置若罔闻。

到第四天,龟兹王白纯来了。耆婆躺在床上,闭着双眼。侍女向国王报告说,刚才众人百般央求和努力,好不容易往耆婆的嘴里挤进几滴水。我王,快救耆婆啊!

白纯眉头打结,俯身低唤:"耆婆,耆婆,兄来看你了。"

耆婆慢慢睁开眼,嗫嚅着:"落发出家,落发出家……"

白纯安慰道:"先进食,其他皆可计议。"

耆婆又闭上眼:"落发出家,落发出家……"

白纯挺直身子,大声命令侍从:"快去佛堂,叫鸠摩炎过来!"

鸠摩炎匆忙赶过来,不无怜悯地看了耆婆一眼,又紧张地对着国王。

"鸠摩炎,耆婆四天未进食,你看怎么办?"

"国王,不是我不让耆婆出家。若耆婆出家,罗什与弗沙提婆两个孩子谁来照料,谁来教育,何况……"

"何况什么?"白纯打断鸠摩炎。

"何况,何况当年王逼我为耆婆之夫,耆婆主动愿为我妻。"

白纯立刻脸有愠色:"事已至此,何必再提当年?难道让耆婆饿死不成?"说完,拂袖而去。

鸠摩炎走到耆婆的卧床前,看着脸色苍白的妻子:往日的丰肌已经消失,似鲜花枯萎凋零。强烈的悲伤一阵阵袭上心头。他爱妻子,爱孩子,深知出家修道,意味着割舍亲情,一生孤独,美好的家庭随之瓦解。他也理解妻子的理想和信仰。怎么不理解呢?自己当年也为理想和信仰毅然抛弃世俗的一切,远离父母、远离故土,冒着生命危险翻越葱岭。没有坚强的毅力和百折不回的意志,不可能修道成佛。他唯一的遗憾是在龟兹王和耆婆的相逼之下,意志不坚,竟然放弃了理想。他离开天竺之时,实在想不到会有现在这样的结果。因缘和合太不可捉摸了!既然已经相夫教子,就应该顺从丈夫的意志。她现在以绝食手段誓要出家,这与当年逼我犯戒结婚,是不是同样以自己的意志,摧残别人的意志呢?鸠摩炎想到这些,觉得这回再也不屈从他人的意志。于是,他吩咐侍女尽力给耆婆饮水,并随时将情况报告他。

已经是第六天晚上了。侍女气急败坏地跑来报告鸠摩炎:耆婆昏迷过去了!鸠摩炎丢下手中的经卷,急忙来到耆婆的跟前。床上的妻子脸色苍白如纸,一动不动。几个侍女不停呼唤,但耆婆毫无反应。

罗什见父亲进来,对着他喊道:

"快救妈妈!答应她出家啊!为什么不让她出家?你要存心害死妈妈吗?没有慈悲心,要下地狱的!"

鸠摩炎见妻子气若游丝,痛苦得流下了眼泪。"我又输了,又输了!"他在心里说。同时,弯下腰,凑在耆婆的耳边,"耆婆,别这样!我让你出家,让你出家!快进食!"

耆婆终于睁开了眼,看着丈夫,吐出极微弱的声音:"先给我落发,不落发……不进食。"

"给落发,落发。"鸠摩炎手里端着食品,急急吩咐侍从:"快叫理发师,快!"

斩断满头青丝,龟兹王妹耆婆成了比丘尼。

耆婆经过数年的读经听法,懂得了人生的本相,了悟苦谛,得到了安乐和智慧。鸠摩炎则再一次悔责自己的无明和愚痴。一切法皆无自性,世间无有不坏的东西。看似美好的家庭,是因缘和合的产物,也无自性,最后也是空。现在不是解体了吗？不让耆婆出家，难道不是愚痴而生执著、而致造业？造业必受报。我现在受报了。我也应该寻求解脱之道。鸠摩炎如何解脱，史无记载。也许重新披上袈裟，是唯一的解脱之道。

　　耆婆受戒之后，到佛陀舌弥统辖的几所尼寺中听法修道。律藏规定的戒律，多如牛毛。例如《四分尼戒本》，依比丘尼罪的轻重，计有十七僧伽婆尸沙法，①三十尼萨耆波逸提法，②一百七十八波逸提法，八波罗提提舍尼法，③更有几百种"应当学"。例如："非时食者，波逸提。""残宿食噉者，波逸提。""不爱食，及药著口中，除水及杨枝，波逸提。""独与男子露地一处共坐者，波逸提。""往观军阵，除时因缘，波逸提。""有因缘至军中，若二宿、三宿，过者，波逸提。""饮酒者，波逸提。""比丘无病时供给水，以扇扇者，波逸提。""乞生谷者，波逸提。""在生草上大小便，波逸提。"……在世俗看来，简直触处皆碍，动辄得咎。但耆婆很喜欢戒律、禅法，一心修行，毫无懈怠。一举一动，一言一行，皆守比丘尼戒。为时不长，耆婆已得初果——声闻乘四果中的第一预流果，④谓已远离凡夫，初入圣人之流。

　　现在再说聪明的罗什。罗什七岁了。所谓因缘和合，什么土壤长什么果。即或是一颗良种，落在贫瘠的沙砾中，也不会发芽，更不会开花结果。罗什是一颗优异种子，落在龟兹这块佛光照耀的神奇土地上。寺庙林立的延城，与寺庙相仿佛的龟兹王宫，金碧辉煌的雀离大寺，山崖上多如蜂房的佛教石窟，来来往往的高僧大德，耳濡目染的，还有佛塔、佛堂、佛迹、香花、

----

①　僧加婆尸沙：律中罪科之名。译曰僧初残，僧残。此罪为次于波罗夷之重罪。犯之，则必依僧众而行忏悔法，若不行之，则与犯波罗夷罪同。于比丘之资格，入死地者也。

②　尼萨耆波逸提：译曰舍。堕波逸提译曰单提，又云单堕。舍堕有三十戒。盖应以所犯之赃物舍入于僧中，故名舍堕，单堕有九十戒，犯者无应舍入之赃物，但结堕罪，故名单堕。《行事钞》中一曰："波逸提，义翻为堕。"《十诵》云："堕在烧煮覆障地狱故也。"四分僧有百二十种，分取三十，因财事犯，贪慢心强，制舍入僧，故名尼萨耆也。

③　波罗提提舍尼：华言向彼悔。《僧祇律》云："此罪应对众发露忏悔。"是也。

④　声闻乘四果中的第一预流果：二乘或三乘之一，凡是闻佛音声和修四谛法门而悟道的人，总称为声闻乘。声闻乘修四谛法，自凡夫至阿罗汉，论时间，速者三生，迟者六十劫。其修行的方便有七（即七方便），得果有四：预流果、一来果、不还果、阿罗汉果。

法鼓、诵经声、梵呗声……这一切,是罗什生长的无与伦比的肥沃土壤。这颗良种,将会长成怎样的参天大树?

给罗什印象最深的,莫过于母亲誓死出家的坚强意志。人只要坚持信仰,无论什么艰难险阻都能逾越。伟大的佛啊,是照亮黑暗人生的明灯。母亲喜欢禅法而日夜修行,已经得到初果了。我也要追随佛,像母亲那样勇敢前进!

于是,七岁的罗什跟着母亲出家了。

七岁,是出家最小的年龄。这在律藏中有稽可查。《摩诃僧祇律》卷二云:"尔时诸比丘度小儿出家,卧起须人扶持,出入屎尿不净,污僧卧褥。眠起啼唤,为人讥嫌。"一个生活不能自理,甚至大小便都管不住的小儿出家,自然是件麻烦事。于是佛制戒说:"从今日起,太少不应与出家。太少者,若减七岁。若满七岁,不知好恶,皆不应与出家。若满七岁,解知好恶,应与出家。若小儿先已出家,不应驱出。若度出家者,越毗尼罪。"①读此戒律可知,七岁是出家的最小年限。但附有条件,必须知好恶。佛毕竟慈善且通情达理,所制戒律无懈可击。

罗什是早熟的天才,七岁之前,就跟着母亲天天在寺院听高僧讲经说法,甚至能提出很有深度的问题。七岁出家,自然成理。在梁《高僧传》中,幼年出家的高僧比比皆是。昙无谶甚至六岁就拜沙门达摩耶舍为师;法显因三兄皆七八岁而亡,三岁就度为沙弥;昙摩密多七岁出家……这些幼年出家的高僧,才智杰出,禀赋异常,铸造出中国早期佛教的传奇和辉煌。

罗什出家后,从佛图舌弥为师。舌弥授以《阿毗昙经》,日诵千偈,每偈三十二字,千偈凡三万二千言。时而诵唱,时而诵忆,时而高声,时而默记。识其语言,通其义理。

舌弥是龟兹著名的阿含学者,罗什从其学习小乘佛经。《阿毗昙经》即是一部小乘佛教的经论,异名《阿毗昙八犍度论》。阿毗昙者,汉语意为大法。中土北方僧团的领袖释道安《阿毗昙八犍度论序》介绍这部经典的丰

---

① 越毗尼罪:违越毗尼即戒律也,如真言所言越法罪或越三昧耶。毗尼:律藏之梵名。《楞严经》曰:"严净毗尼,弘范三界。"疏曰:"毗尼,此云善治,亦即云律。"

富深邃，以及它的重要性时说："富莫上焉，邃莫加焉。要道无行而不由，可不谓之富乎；至德无妙而不出，可不谓之邃乎。富邃洽备故，故能微显阐幽也。其说智也周，其说根也密，其说禅也悉，其说道也具。周则二八，用各适时；密则二十，迭为宾主。悉则昧净，遍游其门；具则利钝，各别其所以。故为高座者所咨嗟，三藏者所鼓舞也。其身毒来诸沙门，莫不祖述此经，宪章鞞婆沙，咏歌有余味者也。"（僧祐《出三藏记集》卷一〇）可知，《阿毗昙经》是一部重要的小乘佛教的经典，为高僧赞叹，为天竺沙门祖述。

佛图舌弥首授罗什以《阿毗昙经》，原因是此经有提纲挈领的重要性，便于初学佛经者了解佛法的大要。

当罗什仅用几天功夫诵读完《阿毗昙经》后，舌弥开始为最年轻的弟子讲授经义。此经开篇就讲"世间第一法"："云何世间第一法？"答曰："诸心心法次第越次取证，此谓世间第一法。""以何等故言世间第一法？"答曰："如此心心法，诸余世间心心法为上为最，无能及者，故名世间第一法。"还未待舌弥解释，罗什即说："弟子已知，世间第一法谓心法最上，无能及者，乃世间诸法皆由心生。心法能烛照世间一切诸法。心犹如明镜，照见世间万象，万象皆由心所生也。"

舌弥一听，还解释什么呢，自己想讲的罗什都讲了，便说："罗什，你所悟甚深。若有不明，再与本师研讨。"

一部《阿毗昙经》，罗什解来无幽不畅。

舌弥曾听达摩瞿沙讲，罗什这孩子将来当登金狮子座。当时一笑了之，以为小时了了，大未必佳，怎见得几岁的小孩提了几个有趣问题，日后会登金狮子座？如今见罗什日诵千偈，读经即时通解，觉得达摩瞿沙有眼光，不禁自语："此子必登金狮子座。"

第三章　罽宾遇师

佛记罽宾安隐丰乐，国土闲静，离诸妨难，清凉少病，甚可经行。我今应当至彼处也。即便飞空往罽宾国。

——《付法藏因缘传》卷二

罗什九岁时，随母耆婆往罽宾游学问道。

罽宾，中亚古国，曾有过灿烂辉煌的文化，在世界佛教史上占有重要的地位，影响中国佛教非常深远。在罗什的一生中，留学罽宾是他少年时代学问大进的重要阶段。早熟天才的智慧之花，首先开放在罽宾，引起人们的惊艳。因此，重现罽宾的历史，特别是重现罽宾神奇的佛教文化，对于了解罗什，就具有重要的意义。

中国史籍中的罽宾，在佛教的一些典籍中，称迦湿弥罗。[①]它位于今印度次大陆西北，喜马拉雅山之西麓。四面高山峻峭，中部是平原，地形似卵状，东南至西北约 137 公里，宽约 40 公里，面积约四千九百平方公里。

罽宾历史悠久，早在《汉书》中就有记载。这个山区小国完全是"丛林法则"的产物。我们看到，世界民族史是一部弱肉强食的血腥历史。自殷商至两汉漫长的岁月里，北方草原上的强大的匈奴凭籍所向披靡的骑兵，不断向南方、西方进军。西汉文帝时，匈奴的铁蹄踏碎了大月氏的家园。大月氏本来居于敦煌、祁连之间，也是很强大的游牧民族。但匈奴比它更强大。匈奴攻破大月氏，大月氏沿天山北麓，往西迁徙，过大宛，西击大夏。自己的家

---

① 玄奘《大唐西域记》卷三"迦湿弥罗国"下原注："旧曰罽宾，讹也。北印度境。"

园被强者占领,那么就践踏、抢夺弱者的家园。所谓大鱼吃小鱼,小鱼吃虾米。比大月氏弱小的民族塞族成了虾米。塞族本来居于大夏,与大月氏了不相涉,只是因为大月氏被匈奴逐走,无处落脚,只能抢夺塞族的地盘。塞族的家园失去了,四处寻找新的家园。其中有一支往南再往南,越过悬度天险,经历种种困苦,在兴都库什山以南,今天的阿富汗境内建立了罽宾国。①然而,塞族人的脚步停下不久,还在喘息之时,大月氏人的脚步又追上来了。他们夺取罽宾,又长驱直入,尽灭其余小国。至迦腻色迦王时,占领全印度,大月氏遂处于强盛之顶峰,诸国皆称之为贵霜王。

奠定罽宾在世界佛教史上重要地位的,是印度史上两个伟大的王:阿育王和迦腻色迦王。

纪元前三世纪中叶,是印度史上的阿育王时代。阿育王最初为婆罗门教徒,信奉湿婆神,后来目睹战争造成的惨状,转而皈依佛教,到处巡礼佛迹,立纪念碑,建立寺院,派遣僧徒各处传教。佛教从此由中印度传入印度西北境,蔓延及于迦湿弥罗及犍陀罗,②成为世界性的宗教。

在佛教东传的进程中,迦湿弥罗似乎注定要成为佛教的中心。因为佛早有预言——玄奘《大唐西域记》卷三"迦湿弥罗国"引用《国志》说:"昔佛世尊自乌杖那国降伏恶神已,欲还中国,乘空当此国土上,告阿难曰:'我涅槃之后,有末田底迦阿罗汉,当于此地建国安人,弘扬佛法。'"佛的预言,后来由阿难于涅槃前夕嘱咐末田底迦。这在《阿育王传》卷四中有记载:"尊者阿难言:世尊以法付嘱我而入涅槃,我今付嘱汝之佛法而入,汝等当于罽宾国中竖立佛法。佛记我涅槃后,当有摩田提(末田底迦的同音异译)比丘当持佛法在罽宾国。尊者阿难以付嘱摩田提比丘已,踊身虚空作十八变,令诸檀越作喜乐心已。"

至于摩田提比丘在罽宾弘扬佛教的史迹,《大唐西域记》所记简直是神

①　大月氏与罽宾的关系见《汉书》卷九六《西域传》上:"昔匈奴破大月氏,大月氏西君大夏,而塞王南君罽宾。塞种分散,往往为数国。"
②　犍陀罗:或作乾陀罗、健驮罗等。犍陀罗的地域,随时代不同而有变化,但皆与迦湿弥罗相距不远。迦腻色迦王二世时代,犍陀罗为政治中心,佛教臻于极盛。

魔斗法的故事：阿难弟子末田底迦罗汉"得六神通，具八解脱"，来到罽宾后，身坐在大山林中，现"大神变"。他与龙王一番斗法，龙王落居下风。末田底迦罗汉尽得龙王之地，运大神力，建立五百伽蓝，并在各国买来贱人，充当奴役，为伽蓝中的僧众服务。而日本的佛教史研究者羽溪了谛《西域之佛教》一书，则以科学的、理性的叙说，揭示罽宾成为佛国的历史真相。他说：据锡兰所传，末阐提（也是末田底迦的同音异译）之入迦湿弥罗国及犍陀罗国，盖为感化犷悍之野蛮人龙族，以解脱其罪业。龙族王阿罗婆楼被说而皈依佛法，于是夜叉盘荼鬼之妻诃梨帝耶也同其五百弟子，皈依佛法。其后末阐提又说《上座譬喻经》，信奉者八万人，剃度为僧者十万人。《大唐西域记》的记载和锡兰所传，显然都是历史久远的传说，但罽宾于纪元前三世纪中叶皈依佛教，当是无可怀疑的事实。

至纪元前一世纪，罽宾的佛教极为兴盛，成为众望所归的佛教渊薮。重要的标志是迦腻色迦王统治时期在迦湿弥罗的第四次结集。关于迦腻色迦王的年代，众说纷纭，是印度史上的著名难题。据梁启超考证，迦腻色迦王即《后汉书·西域传》所谓"阎膏珍"，疑即"罽宾腻迦"四字的音译，其时代约当纪元前后五十年至八十年，当东汉光武、明帝、章帝时。[①]

第四次结集的始终，《大唐西域记》叙述甚为详细：迦腻色迦王机务之遐，每习佛经，日请一僧入宫说法，但所说不同，以致王深为迷惑。当时有个胁尊者对王说："如来去世，岁月很久远了。弟子分裂为许多部派，各执一端。传道者根据部派的不同经典，各据闻见讲经，相互矛盾。"王听后很感伤，悲叹良久，决定继承和兴隆佛法，详细解释三藏，乃宣布命令，召集贤哲。于是四方云集，英贤毕至。

迦湿弥罗国举行的第四次结集，迦腻色迦王是发起者和组织者，胁尊者是主要顾问。其实结集的主要人物，是佛教史上赫赫有名的世友。[②] 世友

---

① 见梁启超《佛教与西域》，载《佛学研究十八篇》。
② 世友：犍陀罗说一切有部尊者。《俱舍论记》卷二十说："'世是天名，与天逐友，故名世友。父母恋子，恐恶鬼神之所加害，言天逐友。彼不敢损，故以为名焉。梵名筏苏密咀罗Vasumitra，筏苏名世，密咀罗名友。与法救、妙音、觉天，并称为一切有部"四大论师"。著有《异部宗轮论》。

被确定为五百贤圣之首的经过很有戏剧性。迦腻色迦王发布结集的命令之后，来者实在太多。王因之三次下令精简，最后得四百九十九人。正当王与诸罗汉建立伽蓝，结集三藏，欲作《毗婆沙论》时，门外来了世友，穿着由人们丢弃的破布缀成的纳衣。诸罗汉有眼不识泰山，劝世友"尔宜远迹，勿居此也"。这二句话说得直白一点就是，你应该滚得远一点，不要立在此地。世友的回答不卑不亢："我虽不敏，粗达微言，无明至理，颇亦沉研，得其趣矣。"诸罗汉说："你所言若不是如此，应该屏居，尽快证得无学果，[①] 然后再来这里，为时还不晚也。"仍然小看世友，说他尚未证得无学果。世友当即回答："无学圣果，对我来说像吐口水一样方便，志求佛果者，不走小道。我往空中掷此一缕丸，当它还未落到地上时，必当证得无学圣果。"一刹那间就能证得无学圣果，岂非大话连篇？众人一再呵责世友是傲慢、欺诳之人，催促他速证无学圣果。

世友用力将缕丸掷向空中。诸护法天神接住缕丸，恭请世友："方证佛果，次补慈氏，三界特尊，四生所赖。[②] 如何于此欲证小果？"诸罗汉见诸天现形，并称世友为"三界特尊，四生所赖"，无学圣果为"小果"，无不大惊，谢罪、推德，请世友为上座，凡有疑议，以世友裁决为是。当时五百贤圣先后造十万颂《邬波第铄论》，十万颂《毗奈耶毗婆沙论》，十万颂《阿毘达磨毘婆沙论》，凡三十万颂，九百六十万言。迦腻色迦王用紫铜锤成薄片，镂刻经文于上，封于石函中，建塔藏之。又命药叉（夜叉）神守卫国土的四境，禁止异部持此论出。欲求习学，来此受业。

玄奘所记迦腻色迦王的第四次结集，有着浓郁的神佛色彩。尤其是世友成为五百罗汉之首的一段，更是光怪陆离。不过，第四次结集真实不虚，世友的天才不容怀疑，罽宾和犍陀罗早成佛教中心的史实也不容置疑。

据《大唐西域记》，迦腻色迦王殁后，讫利多种族复兴，掌握了迦湿弥罗国政权，斥逐僧众，毁坏佛法。纪元三世纪初，睹货罗国之呬摩呾罗王，闻讫

---

① 无学果，小乘佛教以证四果为圣者。前三果谓之有学，以其尚有可以修习之道，故名。第四果谓无学，因已至圆满，可以止息修习，故名无学。

② 四生：谓胎生、卵生、湿生、化生。

利多族毁坏佛法,招集国中勇士三千人,假扮为商人,把军器隐藏在货物中,进入迦湿弥罗。又在三千勇士中再精选五百人,各怀袖利刃,以珍宝进献讫利多王为名,于座斩其首,将宰辅大臣驱至异域。平定迦湿弥罗后,召集僧徒,兴建伽蓝,佛教由此复兴。

纪元四世纪初,罽宾与葱岭之东的贸易和文化交流日趋频繁,它的佛教中心地位愈益显著。稍前于罗什或与罗什同时,许多罽宾高僧翻越葱岭、越过流沙,往东土弘扬佛法。著名者如僧伽跋澄、僧伽提婆、僧伽罗叉、弗若多罗、卑摩罗叉、佛陀耶舍、佛驮什、求那跋摩、昙摩罗多、师贤等等。与此同时,西域及中土的沙门,往罽宾求经学禅。如西域沙门智山,赴罽宾学禅。西晋永嘉末年来中土,东晋建武元年(317)复还罽宾。[①]龟兹国高僧佛图澄,自称"再到罽宾,受诲名师"。可见赴罽宾不止一次。中土到罽宾的求法僧人有法显、智严、智羽、智远、宝云、僧绍、智猛、法勇等。

环视三四世纪的西域诸国,罽宾是佛光最灿烂的国度。它是迦腻色迦王第四结集的圣地,到处有神奇的佛迹和传说。博学的胁尊者,三界特尊的世友,镂刻在赤铜薄铂上的经文,许多造诣特高的小乘学者……所有这些,都令人神驰遐想。于是我们不难理解,为什么耆婆、罗什要冒着生命危险,翻越葱岭留学罽宾。

纪元352年三月初,一支小小的队伍出了延城的西门,往西南方向出发。二辆马车,前车坐着耆婆和罗什,后车载着货物、食品。前后车上两个御者执着长鞭。马车的前头,两匹马各驮着一个骑士。天气仍然寒冷,路边的树枝光秃秃的,远处山坡上覆盖着还未融化的积雪。队伍里的所有人都穿着皮袄、皮裤,脚上是高统靴,头戴尖尖的皮帽子。

耆婆想带着罗什留学罽宾的计划,事先曾征求过佛图舌弥的意见。舌弥十二分的赞同,以为一个比丘如果不去罽宾,在佛学上不可能有大成就。罽宾是佛教的圣地,佛都说罽宾安隐丰乐,国土闲静,甚至亲自飞往彼处。

---

① 见《比丘尼传》卷一。

罽宾有数不清的佛迹,应该亲自巡礼;罽宾有许许多多高僧,应该亲自去受学。他还以自己留学罽宾的亲身经历,鼓励耆婆和罗什一定要去罽宾,否则会留下终身的遗憾。舌弥特地修书一封,让耆婆带着去见他的师兄——罽宾高僧槃头达多,或者从其受学,或者请其介绍名师。

耆婆本来打算持钵乞食前往罽宾,龟兹王不同意,理由是罽宾遥远,带着九岁的罗什翻越葱岭,实在太艰险。鸠摩炎也极力反对,并以自身东度葱岭的危难,警告路途的险阻出乎想像。白纯派了四个骑士,两辆马车,总共六匹马,以及路上必需的食品、翻越雪山的器具,以策安全。

队伍先是沿着塔里木河向西,尔后循于阗河向南。于阗河两岸人烟稀少,遍地都是沙砾,马车车轮蹍着沙砾,一路颠簸。寒风时而刮过,扬起浑黄的尘土。有几天刮大风,搅起沙砾,打得马儿咴咴直叫,马车只好停下来。

二十五天行路难,终于看见于阗国的城墙了。于阗是西域南道的大国,与龟兹一样,也是古代丝绸之路上的重要驿站。越过帕米尔高原,印度诸国经于阗,再沿塔里木盆地南缘进入中原。如此重要的地理位置,也就决定于阗是各民族文化的交流和碰撞之地。大约在纪元前一世纪,佛教传入于阗。早期佛教的传播因其艰难,往往伴随不可思议的传说。据《宋云行纪》记载,于阗王本来不信佛教,有商人带一比丘名毗卢旃来到于阗,在城南杏树下,向于阗王请罪:“今自作主张带来异国沙门在城南杏树下。”王听闻后大怒,立即去看毗卢旃。毗卢旃对王说:“如来命我来此,令王造覆盆浮图一躯,使王国祚永远兴隆。”于阗王说:“让我见佛,当即从命。”毗卢旃鸣钟告佛,佛立即派弟子罗睺罗变形为佛,在空中现出真容。王五体投地,马上在杏树下造立寺舍,画罗睺罗像。但像忽然又灭。于阗王改作精舍放置罗睺罗像,而覆盆之影常出屋外,见之者无不回头瞻仰。从此,佛教在于阗生根。至三世纪中叶,于阗的佛教已经普及,国人无不信佛。

耆婆决定在于阗休整十天,一是瞻仰寺院,二是补充食品,为翻越葱岭作准备。于阗的佛教氛围,比龟兹更为浓郁。这几天,正值于阗每年举行行像的仪式。从四月一日开始,城里开始洒扫道路,装饰街巷。城门高悬大帷幕,装饰尤其华美。于阗王及夫人、綵女,皆住城楼中。耆婆、罗什他们站在城楼旁边,看到城外行像的队伍一队一队进城。每一队都有一辆四轮像车,高约三丈,披挂着丝绸做的幡盖,如七宝庄严的宫殿。佛像立于车中,两边各有一菩萨,周围诸天侍从。菩萨、诸天都是金银雕莹,悬于空中。当像车离城百步,缓缓而至时,于阗王脱去王冠,换上新衣,赤脚,手持香华,由侍从护卫,出城迎接。到了像车跟前,向佛像头面礼足,散花烧香。佛像进入城门,城楼上的夫人、婇女纷纷撒下花雨。一队队的像车依次而入,装饰各各不同。于阗国有十四座大僧伽蓝,每天有一僧伽蓝行像,从四月一日至十四日毕。

耆婆一行足足看了五六天。罗什目不转睛地看着穷极精巧的像车,争艳斗奇,而人们捧着香,花瓣如雨般地撒向佛像,每张脸上都洋溢着欢乐。罗什也被快乐的人群感染了,问耆婆:

“妈妈,这里行像的日子好像就是喜庆节日。你说说,于阗和龟兹同是行像,有什么不同?”

耆婆回答:“好像不太一样。于阗的行像简直是艺术的展示,和我们龟兹的气氛不一样。”

“对呀。龟兹虔诚恭敬,于阗虽然也恭敬,但更多的是欢乐,行像成了众生的节日。”罗什停顿了一会,自言自语:“佛不是一直希望众生利益安乐吗?”

……

接下来的几天,他们又去观瞻城内城外的著名佛寺。给罗什印象最深的是于阗都城之外七八里的王新寺。此寺建成于约三十年前,历经三位国王。佛殿非常庄严、巍峨,佛塔是标志性建筑,高二十五丈。塔身上下雕镂精美的经文和人物,由金银覆盖,时放神光。塔后是佛堂,佛像庄严妙好。梁、柱、门、窗,都贴上金箔。侧面的僧房,也装饰华美,难可尽述。

十天之后,耆婆一行出了于阗国都,前面是最艰难的行程。向西南方向望去,无数高峰,峻极于天,犹如屏障,由东至西,连绵不断,无边无际。开头几天,山路尚能通行马车。后来,路越来越狭窄,越走越陡。终于马车无法通行，变成累赘。耆婆让两个御者折返龟兹，留下两个骑士拉着马在前头探路。罗什走累了，由马驮着。要是山路太陡，连马也畏难而踌躇不前，罗什就从马背下来，拉着骑士的马鞭前进。已经是四月末了，向阳的山坡和山谷里的积雪开始融化，雪水汇入两山间的峡谷，湍急直下，遇到巨石阻遏，响声如雷。最令人害怕的是高入云霄的山坂，积雪尚未融化，掩盖了路，也掩盖了危险。稍有不慎，路滑失足，必至尸骨无收。

走了二十多天，来到山中小国子合国。休息三天后，又西行四天，进入称之为葱岭的山区。葱岭是通往罽宾、天竺的必经之路。蓝天下刺眼的雪峰，是造物主为隔绝中国和印度，阻碍东西方文明交融的刻意创造。早在《汉书·西域传》里就描述过葱岭的险峻：

　　又历大头痛小头痛之山，赤土、身热之阪，令人身热无色，头痛呕吐，驴畜尽然。又有三池、盘石阪，道陿者尺六七寸，长者径三十里，临峥嵘不测之深，行者骑步相持，绳索相引，二千余里乃到县度。畜队，未半坑谷尽靡碎；人墮，势不得相收。险阻危害，不可胜言。

帕米尔高原

　　不过，大自然造就峻峰深崭，其用意之一乃在考验人们对信仰、理想的追求是否奋不顾身。大凡珍贵稀有之物，包括珍宝、艺术、思想、甚至爱情，都必须历经艰难困苦和不懈的追求才有可能为你占有。因此，正因为必须翻越艰难险阻不可胜言的葱岭，东西方文明的交流才显得难能可贵、惊心动魄、灿烂无比。也正有了葱岭，才造就了历史上许多坚忍不拔的求法者，让他们成为人类意志力的高标，甘愿为信仰献身的榜样，名垂千古。

　　这时，耆婆、罗什和两个骑士费力地爬一座冰雪覆盖的石山。足足用了半天时间，才爬到狭窄的隘口。看对面和左右两边的山峰，白皑皑似巨兽的齿牙。下山时，沿着一条冰川小心翼翼地走，随时都担心发生雪崩。又走了一个多时辰，才走到冰川的下面，眼前出现平缓的狭长地带。他们真累坏了，坐在路旁的巨石上休息。两匹马卸下了驮着的食物和帐篷等用具，在山坡上寻觅新草。忽然，罗什发现马儿不再低头寻觅，仰头，竖耳，鸣叫不已。正疑惑间，狂风从对面的峡谷里呼啸而来，挟带着刺骨的寒气。两个骑士从石头上直跳起来，迎着大风，紧紧抓住缰绳，困难地将马拉拽过来。人马挤拥在一起，手拉着手。转眼之间，大雪狂舞，不辨天地。耆婆解开皮袄的扣子，把罗什紧紧裹住……

　　寒风、大雪、悬崖、深谷、栈道，一个又一个险阻和磨难。

　　终于翻过了葱岭，进入北天竺之境，顺着一条山脊再往西南方前行。岭上的积雪，刺痛了眼睛。又走了十余天，来到辛头河（即印度河）边。站在悬崖上俯看峡谷，水流湍急如箭。望对岸，同样是重峦叠嶂。河面上悬着一条绳索，人和货物由悬索往来两岸。已是黄昏时分，河谷中光线很暗淡，从悬崖边上看那绳索极细极细。辛头河，是古代东西方交通史上令人谈之色变的地名。因为它意味着出乎想像的艰险，甚至与死亡紧紧相连。从悬崖凿石通路，上下七八百级。过河必须先由悬崖下到河边的渡口，再由悬索滑至对岸。

　　在悬崖边，两匹马只能止步。骑士把它们拴在大石头上。四人鱼贯而下，一骑士打头，耆婆、罗什随后，另一骑士断后。打头的骑士朝上喊："罗什，踩稳了，抓住边上的梯子！"石级旁用作扶手的木梯子，从远处看，也像是挂在悬崖上的绳索。

足足花了半个时辰，才从云端高处下到辛头河边。望着那条横卧在河面上的绳索，比碗口还粗。悬索上挂着几只很大的筐子，每只可载十人左右。河谷中的风特别大，悬索不停地晃动。耳边水声澎湃，震响河谷。暮色中，对岸的景物模糊不清，也无法测出两岸之间的距离。

渡口有一群早到的商人。当对岸的大筐子过来后，八个商人坐上了筐子，还剩两个位子。耆婆决定带着罗什渡河，让两个骑士返回，并约定：举火把以报安全。

大筐子离开此岸，往彼岸滑去。暮色笼罩了两岸的峭壁，辛头河成了黑暗的河。无法预料的危险，就藏在黑暗中。罗什只感到大筐子晃动得厉害，下面激流汹涌，轰然似不间断的雷鸣，惊心动魄。

人类百折不挠的意志力可以度越一切险阻。虽然辛头河吞噬了无数生命，但无法吓倒坚定的求法者，也吓不倒逐利的商人。

大筐子抵达对岸后，罗什激动得紧紧抱住了母亲。母子俩兴奋地点燃两支火把，用力挥动着。夜色包围中的火把虽然微不足道，却跳动得非常快乐。它的光芒瞬间抵达彼岸，报告平安，报告希望。留在对岸的两个骑士，随即点亮火把以回应，送上深深的祝福。

过了辛头河往前，地势越来越平缓。向往已久的罽宾快要到了！伟大的迦腻色迦王的国度，第四结集的圣地，五百贤圣大智慧结晶之所！在这里，罗什要细细寻觅佛与古圣先贤的足迹。

罽宾、犍陀罗真是神奇的佛国。罗什刚踏上异国的土地，对什么都感觉新奇。温暖的天气，催生各种奇花异草。田野里一片片的苜蓿，茎叶上开满了黄色的小花，犹似美丽的地毯。常见一群群的大象，还有水牛、头颈间突出一块肉的封牛。到处看到豢养的孔雀，争相展现它们美丽的羽毛。民居和宫室的建筑无不精巧，门柱上大多有雕像。金银铜锡制作的物品，雕镂精美的花纹图案。琥珀制作的饰物，色泽光润的琉璃杯。市面上流通的金银币，正面是国王的头像，背面作骑马形，或者刻着文字，也比葱岭以东诸国的货币精美多了。

犍陀罗出土佛塔石刻

更令罗什着迷的是犍陀罗的寺院。佛堂佛像庄严精美,并且附丽着不少有关佛的传说和神迹。罗什一进寺院,或者是长久驻足,或者是再三追问。驻足于佛像前,深思佛证悟的人生真相;追问于长老前,触摸圣迹的原始本末。

耆婆见罗什如此入迷,遂改变原来的计划,决定不先去找槃头达多,而让罗什游历数月,瞻仰佛寺,感受并了解罽宾、犍陀罗浓郁的佛教文化气息。于是,一个比丘尼带着一个小沙弥,穿着僧衣,手持佛钵,乞食而行。穿越异国的土地,栖身大大小小的寺院,膜拜佛像佛迹,用眼睛、行走和心灵,证悟人生和宇宙的真谛。

在罽宾国都城,他们一一瞻仰了四座高耸的佛塔,看到塔中珍藏的佛舍利,各有一升多,发出五彩光芒。

在都城北面山脚下的寺院里,瞻仰佛牙,长约一寸半,黄白色,并听长老讲述佛牙来历的传说。

在佛牙伽蓝东南五十里左右,瞻仰故伽蓝,形制壮丽。伽蓝左右有几所佛塔,保存着大阿罗汉僧伽跋陀罗的舍利。长老说:山上的猿猴每年采花供养罗汉舍利,神奇至极。

在佛牙伽蓝东十余里处,瞻仰北山崖间的小伽蓝,据说罽宾说一切有部学者索建地罗论师曾在这里作《众事分毗婆沙论》。[1]

在王城西北二百余里处,瞻仰商林伽蓝,布刺拏论师曾在这里作《释毗婆沙论》。

在王城西一百四五十里处,瞻仰大众部伽蓝,佛陀罗论事曾在这里作《大众部集真论》。

在犍陀罗,瞻仰了弥勒菩萨像。此像刻木为之,贴以金箔。据说佛灭后三百年,末田底迦以神通力,将一巧匠上兜率天观察弥勒菩萨长短色貌,前后三上三返,然后才制成此像。像高八丈,足长八尺。自立弥勒菩萨像后,佛教开始传播东方。

在犍陀罗都城外东南八九里处,瞻仰了菩提树。树高百余尺,枝叶扶疏,浓荫满地。传说如来曾在菩提树下南面而坐,告阿难说:"我去世后,当四百年,有王命世,号迦腻色迦,此南不远处起窣堵波,[2]吾身所有骨肉舍利,多集此中。"

在迦腻色迦王建造的大佛塔东南,瞻仰了二座小佛塔,一高三尺,一高五尺,形状一如大佛塔。又有两躯佛像,一高四尺,一高六尺,仿造菩提树下如来跏趺坐像。日光下,金色晃耀。寺里长老说:从前,石基的缝隙中有金

---

[1] 一切有部:佛学流派,略称有部,别名说因部。小乘二十部之一。佛灭后三百年初,自根本之上座部别立者。立有为无为一切诸法之实有,且一一说明其因由为宗,故称说一切有部。《发智》、《六足》等诸论,皆属此宗。《宗轮论述记》:"说一切有者,一切有二:一有为,二无为。有为三世,无为离世。其体皆有,名一切有。因言所以,此部说义皆出所以广分别之,从所立为名。"

[2] 窣堵波:又作窣堵波、索睹波、薮斗婆,旧称薮偷婆、私偷簸、数斗波、锹婆、塔婆、兜婆、塔、浮图等。奉安佛物或经文,又为标帜死者生存者之德,埋舍利、牙、发等,以金石土木筑造,使瞻仰者。《大唐西域记》一曰:"窣堵波,即旧所谓浮图也。又曰偷婆,又曰塔婆,又曰私偷簸,又曰数斗波,皆讹也。"

色大蚂蚁,大者如指,小者如麦,同类相从,啮石壁如雕镂,杂以金沙,久而久之,成此两躯佛像。

……

无数圣迹和传说,点燃受众的激情,坚定其信仰,由此缔造了佛教的辉煌。数月游历,为罗什打开一个全新的世界——一个感性和理性并存、世俗与超俗相融、激情与清净相成的世界。从龟兹西度葱岭、辛头河,三个月中经受的艰难险阻,与在罽宾、犍陀罗的收获相比,算得了什么? 罗什每天处于兴奋状态,兴奋之后又思索所见所闻的意义。

一天下午,耆婆、罗什来到护瑟迦罗寺。这座寺院是三百年前迦腻色迦王建造,为罽宾都城内有名的伽蓝。母子俩走进佛殿,礼拜如来毕,转到后面的讲经堂,见高座上正有法师在讲经,下面几十个僧徒端坐于蒲团上,静静谛听。那法师大约四十岁左右,高鼻深目,精神爽朗,言辞滔滔不绝。两人轻手轻脚进去,站在后面听。法师讲到《杂阿含经》卷二十诃梨聚落长者诣尊者摩诃迦旃延,请教下面一首偈的意义。偈言:

断一切诸流,亦塞其流源。

聚落相习近,牟尼不称叹。

虚空于五欲,永以便还蛮。

世间诤言讼,毕竟不复为。

"尊者摩诃迦旃延,此偈有何义?"

尊者摩诃迦旃延,语长者言:"眼流者,眼识起贪,依眼界欲贪流出,故名为流。耳、鼻、舌、身、意流者,谓意识起贪,依意界贪识流出,故名为流。"

长者复问尊者摩诃迦旃延:"云何名为不流?"

尊者迦旃延语长者言:"谓眼识、眼识所识色依生爱喜,彼若尽、无欲、灭、息、没,是名不流。耳、鼻、舌、身、意、意识、意识所识法依生贪欲,彼若尽、无欲、灭、息、没,是名不流。"

……

约一个时辰，法师讲完，走下高座，来到耆婆跟前，施礼道："请问姊妹，来自何方？"

耆婆合掌答："自龟兹来。适听大师讲经，懵懂顿开。多谢法师！"

法师一听耆婆来自龟兹，便问："姊妹可认识佛图舌弥？"

"认识。"耆婆拉着罗什的手："贫道与小儿，都是舌弥大师的徒弟。请问大师您是？"

"贫道槃头达多，佛图舌弥乃是我师弟也。"

耆婆正要找槃头达多，想不到就在眼前，高兴至极，忙从怀中掏出舌弥给达多的信，"太巧了。达多大师，舌弥师父有信要我转交给您。"

达多接信读毕，喜出望外，"真是缘分！昔日佛图舌弥留学罽宾，贫道与他共修习三藏，屈指算来，分别已有十五年了。山高路远，不通音讯。不知何年能与舌弥师弟重聚。"达多说着，注意到耆婆手里拉着的罗什，俯身问："小师父几岁了？"

"九岁。出家九年了。"罗什笑嘻嘻地回答。

达多诧异："一落地就出家？"

"差不多。沙弥七岁出家，但在娘胎里就听舌弥大师讲经说法了。"

达多不禁笑了，开始打量小沙弥：眉清目秀，上上下下透出聪明相。

随后，耆婆与达多交谈时间甚长，知道他是罽宾王从弟，精于一切有部，遂请求达多收罗什为弟子，声称这也是佛图舌弥的意思。达多欣然同意。

罗什能以槃头达多为师，是件幸事。

一是达多佛学造诣高深，才明博识，独步当时，三藏九部无不精熟。加以量局宽宏，名播诸国，远近师之。罗什后来留学罽宾数年，奠定小乘佛学的深厚基础，与达多的学问关系甚大。二是达多是罽宾王从弟。这种背景对于他的弘法极为有利。一部佛教史始终证明，世俗政治与佛教的兴衰关系十分密切。迦腻色迦王皈依佛教，讫利多王毁灭佛法，是罽宾佛教兴衰的关键。罗什后来得到罽宾王的优渥礼遇，与达多不会毫无关系。

罗什从达多受学《杂藏》、中、长二《阿含》凡四百万言。《杂藏》也是佛灭后的经典结集，^①内容较《三藏》更为庞大。中、长二《阿含》指《中阿含经》、《长阿含经》。阿含是小乘佛经之总名，又译曰"法归"，意为万法归趣于此而无漏之义。又译曰"无比法"，为无类之妙法。《中阿含经》六十卷，共收二百二十二部经，因每部经文篇幅适中，故名。《长阿含经》二十二卷，共收三十部经，因每部经文篇幅较长，故名。

罗什在龟兹时从佛图舌弥学《毗昙》，毗昙之虽为大小乘之通名，而常指小乘萨婆多部之论藏，^②如《发智》、《六足》、《婆沙》、《俱舍》诸论而名毗昙。至罽宾后，槃头达多授以《杂藏》、中、长二《阿含》，这些都是小乘经典。所以，罗什最早修习的是小乘。小乘经典包含了佛说最原始的理论，如四圣谛、十二因缘、五蕴皆空、业成轮回等，是佛学研究的根基。罗什研读这些原始经典，为日后转变为大乘作了扎实的知识储备，奠定了心理基础。

达多精进不懈，从早晨至中午手写千偈，从中午至晚上诵读千偈。罗什非常佩服师父，学问已至渊深之境，仍然勤勉不惰，令许多年轻的沙门自叹不如。罗什在龟兹日诵千偈，时人叹其为神童，但与达多相比，仅及其半。他学师父的样子，上午写偈，下午诵偈。三个月后，也能上午手写千偈，下午诵读千偈。夜里，再将手写的千偈背诵一过。

一天夜里，达多来到罗什的僧房，见酥油灯如豆，罗什面壁，念念有词。达多心中欢喜，问："罗什，夜里诵偈几何？"

罗什转过身，"师父，上月每夜四百偈，此月每夜五百偈。"

"罗什，你修习精进，已胜过我了。"

"不，不，弟子不过死记硬背，不解之处甚多。"

达多说："多写，多讽诵，必能悟解。我试说几偈，看你记功如何？"

"好的。"罗什端然而坐，神态自若。

"'唯梵世诸天，知我梵童子。其余人谓我，祀祠于大神。'此偈出于何

---

① 《杂藏》：《分别功德论》卷一："杂藏者，非一人说。或佛所说，或弟子说，或诸天颂，或说宿缘三阿僧祇菩萨所生。文义非一，多于三藏，故名杂藏。"

② 萨婆多部：小乘二十部之一，即说一切有部，简称有部。佛灭后三百年从上座部分裂出来的重要派别。依据的经是长、中、杂《阿含》，律为《根本说一切有部毗奈耶》、《根本说一切有部毗奈耶杂事》，论为《阿毗昙》。

经？”

“《长阿含经》第五卷第一分《典尊经》第三。”

“‘生灭以不乐，及三种分别。贪著等观察，是名优陀那。’此偈出于何经？”

“《杂阿含经》第三卷。”

“我师今当来，光明非如此。长者一心念，莫怀余异想。”

“《须摩提女经》。”

……

达多连试十偈，罗什不假思索，应口而答。达多暗自称赞，欢喜无量。后生可畏。罗什的惊人记忆力，超出了达多的想像，简直像佛的弟子阿难。佛经中的颂偈，罗什能倒背如流，即或是整部经典，也能背诵无漏无谬。佛灭后最初数百年间，佛说为口口相传，后来才有数次结集，写为定本。僧徒暗诵佛经的功夫，即是佛灭后佛说口口相传的遗风。

当罗什背诵整部经典一字不谬后，达多又问罗什读《阿含经》最主要的心得是什么。罗什以一字回答：“空。”并解释道：“《杂阿含经》第八十卷，世尊告诸比丘：若有比丘作如是说：‘我得空，能起无相、无所有、离慢知见者，此则善说。所以者何？若得空已，能起无相无所有、离慢知见者，斯有是处。’世尊所说甚为明白：色、因、缘，皆无常无相。故佛法归结为一‘空’字。得‘空’义，即能清净，证得涅槃。”

达多额首称是，以为罗什所说，确实祛除迷惑，探骊得珠，称赞罗什是善思者。

由达多的称扬，罽宾王始知国中有个龟兹来的小沙弥，天才杰出。一日，罽宾王召罗什进宫，在法堂里与几个外道辩论。[①]十岁的罗什，神情秀颖，充满自信。达多看着小徒弟，也颇为自得。几个外道则一副不屑的样子，以

---

① 外道：指于佛教外立道者。《资持记》上之一说：“言外道者，不受佛化，别行邪法。”《天台净名疏》一说：“法外妄解，斯称外道。”外道种类很多，《维摩诘涅槃经》等有六师，《唯识论》有十三外道，《瑜伽论》有十六外论师，等等。总而言之，外道有内外二种：内指佛教内部妄解佛法的流派，外指佛教之外的异教徒。

为这黄口小儿,不堪一击。

当时西域"四执"盛行。所谓"四执"指因果关系上的四种执著:一名邪因邪果,谓大自在天能生万物,万物若灭,还归本天。自在天若嗔,四生皆苦;自在天若喜,六道咸乐。二名无因有果,谓推究万物,无所因藉,故称无因。但看种种实相,当知有果。三名有因无果,谓唯有现在,更无后世。四名无因无果,谓既无后世受果,亦无现在之因。

四外道各执一词,振振有词。

罗什问:"即或如论师所说有大自在天,则自在天何以嗔?何以喜?四生之苦与六道之乐,此果乃各自业力所致。善有善报,恶有恶果,与大自在天何干?"

外道论师反驳:"佛说有因必有果。然万物之生,本为无因。如为人,牛为牛,马为马,皆无因而生。"

罗什:"人、牛、马皆为果。人由何而生,牛为何为牛,马何以为马?皆有前因。此因为过去之业力。业力不灭,善者为善道,得以为人。恶者堕恶道,为牛马。"

外道论师:"比如草尽一期,由盛转灭,何来后果?"

罗什:"不。籽为草之果,籽得土、水、光之因缘和合,来年又为草。可知草之为籽,籽之为草,皆是因缘和合,有因有果。不明因缘,则不懂因果。外道不明因缘,故有因果'四执',而致不悟十二因缘。不悟十二因缘,则执著实相,不解诸法刻刻变异。过去之因,是现在之果;现在之果,乃未来之因。生生不息,又息息灭绝。此所谓诸法无常也⋯⋯"

罗什至此滔滔不绝,阐述佛教的基本原理,破外道的"四执"。辩论移时,外道张口结舌,无地自容。罽宾王先前只是听达多称罗什神俊,今日见小沙弥摧伏外道,异常欢喜,对身旁的达多说:"真是了得,小沙弥果然神俊!"又称赞罗什:"从前,龙树菩萨与外道沙门辩论,深解佛理,辩才无碍,外道披靡,若假以时日,说不定是龙树菩萨再世呢!"又吩咐达多:"好生护持此聪明小沙弥!"

罽宾王敬异罗什折伏外道,命令手下每天供养罗什两只腊鹅、粳米、面各三升、酥六升。这是当时给予外国僧人最高的生活待遇。另外,吩咐罗什所在的护瑟迦罗寺派五个比丘、十个沙弥,如弟子一般,洒扫僧房,提供上佳服务。

在佛国罽宾,罗什得以遍观圣迹,又受小乘大师槃头达多的悉心指导,生活礼遇优渥,这一切,使罗什的佛学造诣日益精深。中、长二《阿含经》之外,又诵读《杂阿含经》《增壹阿含经》、小乘九部经,[①]成为罽宾外国僧人中著名的小乘师,声名开始远播他国。

转瞬三年已满,耆婆决定带罗什返回龟兹。

达多十分欢喜这位年轻的高足弟子,多次挽留。罽宾王也舍不得罗什离开,以为如此卓绝的少年天才难遇,走了是罽宾的一大损失。若能留住罗什,必定会让罽宾的佛教更加辉煌。但耆婆、罗什还是要走。耆婆考虑:达多独步当时,罗什以之为师,已得其学问的精髓,应该转益多师,在西域其余诸国寻访高僧和经典。再者,罗什学成之后必须回到龟兹,在故国弘扬佛教。

临别之际,达多送耆婆母子至城外。罗什不免依恋达多、依恋罽宾。达多说:"聚而有离,不是证明诸法无常吗?"罗什回答:"是啊,师父。爱别离苦为人生苦谛之一,依恋师父,说明我还未彻悟苦谛。"

"罗什,回龟兹代为向佛图舌弥致意。"

"是。盼师父他年能聚首龟兹。"

"一定,一定。"

……

---

① 小乘九部经:一修多罗,二祇夜,三和伽罗那,四伽陀,五优陀那,六伊帝目多伽,七阇陀伽,八毗佛略,九阿浮陀达磨。

第四章　游学疏勒

　　时彼聚落有一童子,名那罗陀。彼那罗陀,年渐长
大,至于八岁,其母将付阿私陀仙,令作弟子。时彼童
子,供养恭敬,尊重师事阿私陀仙,尽弟子礼,无暂休息。

——《佛本行集经》卷七

　　耆婆带着十二岁的罗什,离开罽宾,返回龟兹。

　　少年罗什的杰出才智和佛学造诣,已引起西域诸国的关注。沿途有几个国家想以重爵聘用罗什,罗什却一概拒绝。

　　罽宾之北,即为大月氏。大月氏,在古代的中亚是曾经有过长期辉煌的游牧民族,建立过强大的政权,创造了灿烂的文化。这是一个过早消失,保存着许许多多的古代秘密,值得探究的古国。

　　在罗什的时代,如大月氏迦腻色迦王那样的强盛与辉煌已经不再。它的版图缩小到兴都库什山之北的地域。曾经佛光普照的大月氏,到了纪元三四世纪,昔日全民皈依佛教的历史图景,成了邈不可见的回忆。但大月氏毕竟是西域佛教最早的几个重镇之一。在罗什出生之前的三四百年间,大月氏的许多传教者,越过葱岭,不断向东,到达长安、洛阳,甚至远至长江流域。有史可稽的有:三国时期的支娄迦谶、支曜、支谦、支强梁;西晋时期的法护、支法度。

　　在大月氏传教者东来的同时,佛经随之传入。僧祐《出三藏记集》卷二说:"祐检阅三藏,访核遗源,古经现在莫先于《四十二章》。"又牟子《理惑论》谓汉明帝遣使者十二人,至大月氏取佛经四十二章。若《理惑论》所说属实,则东土最早的佛经《四十二章》来自大月氏。支娄迦谶等早期来华的

月支高僧,同时也是译经者。尤其是法护游历西域各国,带回大量梵经,自敦煌至长安,一路传译。这些梵经,很有可能当时流行于大月氏。

耆婆、罗什借道大月氏,当也有观瞻寺院、考察佛经的意图。

我们不知道他们母子俩在大月氏停留多长时期,有过什么活动。唯一可知的是在月氏北山遇见了一个罗汉。罗汉年约五十多岁,双目深陷,注目罗什许久。罗什感觉罗汉的目光冷峻得刺人,便施礼问:"请问大德,小沙弥身上莫非有感觉兴趣之处,值得如此细看?"

罗汉不言语,再上上下下打量了罗什一番,然后对耆婆说:"姊妹,常当守护此小沙弥。若三十五岁不破戒,必当大兴佛法,度无数人,与优波掘多无异;① 若戒不全,无能为也,止可才明俊诣法师而已。"

罗什听罢,一笑了之。耆婆则听得很仔细,不断点头,"大德,我会记住您的话。"这不是客套话,耆婆确实认真对待月氏罗汉的预言,几乎从未忘记。她是乐于禅法的比丘尼,深知受戒或破戒对于僧尼修行的重要意义。然而,如何守护罗什,使他守戒不懈呢? 至于此时的罗什,月氏罗汉的告诫等于耳边风。等他记起罗汉的预言,已是许多年之后的事了。

回国的路同样漫长和艰辛。一个多月后,耆婆、罗什进入疏勒国。② 疏勒是中原通往葱岭的北道的要冲。葱岭以东诸国中,疏勒因地理位置的原因,传入佛教较早。罗什在疏勒做的第一件事是顶戴佛钵。那只钵形体不小,罗什双手捧着,举过头顶,觉得奇怪:为什么这样轻呢? 刚这样想,钵的重量顿时增加,双手再也坚持不住。"好重!" 罗什不觉失声,急忙把钵放下来。耆婆在旁边问何以如此? 罗什答:"儿心有分别,故钵有轻重耳。"意思说,心里想着钵轻,钵就轻;心里想着钵重,钵就重。换句话说,钵之轻重,实际上是心念所致。罗什的顶戴佛钵,实质是证悟佛理。

---

① 优波掘多:又作优婆鞠多,优婆掘多,优波毱多,邬波毱多,优婆毱提,邬波级多,乌波屈多,乌波毱多,优波毱多等。译曰大护,近藏,近护,小护等。《俱舍宝疏》五曰:"邬波毱多,此云近藏,佛涅槃后,一百年出,是阿育王门师。"
② 疏勒:一作沙勒。今新疆喀什地区。

　　罗什在疏勒见到的能轻能重的佛钵,稍后于罗什的雍州沙门智猛,在罽宾也碰到过。智猛见到的佛钵通体紫中带青,青中带红。他以华香供养,又双手举钵,轻松地举过头顶,发愿说:"若钵有感应,能轻能重。"发愿刚毕,佛钵立刻变重,双手捧着的钵重不可支。连忙放到桌上,而这时又觉得钵并不重。(见僧祐《出三藏记集》卷一五)

　　世上是否存在能轻能重的佛钵? 当不难判断。殊可注意的是罗什的感悟,所谓"心有分别,故钵有轻重耳"。佛法以为一切法中,心为先导。心若调伏,一切法悉得调伏。又以为一切诸法,分色心二法,有质碍为色法,无质碍而有缘虑之用,或为缘起诸法之根本者为心法。实质是精神意志先于重于物质实体。罗什顶戴能轻能重的佛钵,从而悟出"心有分别,钵有轻重"的道理,说明他已意识到世间一切法乃心法。物之大小、轻重、形状,皆是心之反映。这已经和大乘佛教的般若(智慧)有点接近了。或许是能轻能重的佛钵证实了佛理,开悟了罗什的智慧,他决定在疏勒停留一年。

　　这年冬天,罗什诵读《阿毗昙心论》。三藏中的毗昙部,谓一切有部,属于小乘经论,以为世间诸法皆实有。罗什七岁出家,一开始就学小乘毗昙部经典。

　　《阿毗昙心论》是毗昙部中的重要著作,为尊者法胜造。这部经典有十品:界品一、行品二、业品三、使品四、贤圣品五、智品六、定品七、契品八、杂品九、论品十。[1] 界品有偈云:"若知诸法相,正觉开慧眼。"意思说,理解世间一切法相,须正觉和慧眼。智品有偈云:"智慧性能了,明观一切有。"意思是心智才能观察、理解世间诸法常有。总之,《阿毗昙心论》的十品,归根结蒂是"显法相以明本",即一切法实有与心为本二者之间的关系——诸法实有,诸法心造。

---

① 关于《阿毗昙心论》的内容,见僧祐《出三藏记集》卷一○慧远《阿毗昙心序》:"始自界品讫于问论,凡二百五十偈,以为要解,号之曰心。……发中之道要有三焉:一谓显法相以明本,二谓定己性于自然,三谓心法之生,必俱游而同感。俱游必同于感,则照数会之相因。已性定于自然,则达至当之有极。法相显于真境,则知迷情之可反。心本明于三观,则睹玄路之可游。"

　　罗什又读毗昙部中的"六足论"。"六足论"指：一舍利弗之《异门足论》，二大目乾连之《法蕴足论》，三大迦多衍那之《施设足论》，四提婆设摩之《识身足论》，五尊者世友之《界身足论》，六尊者世友之《品类足论》。"六足论"即《大智度论》卷二所说的六分阿毗昙，是一切有部的根本论藏。

　　罗什读《心论》，"六足论"，并无老师讲授，却能备达其妙，无所滞碍。他对佛经奥旨的理解力是超群的。

　　罗什拒绝诸国的重爵聘任，闭门禅室，专心致志研习佛典。可是罗什的声名不翼而飞，终究难扫其迹。疏勒国有一沙门名喜见，将罗什之事禀告其王："我王，近闻由罽宾而来的龟兹国小沙弥鸠摩罗什停住我国。这小沙弥于《阿毗昙心论》诸品、《八犍度论》之"六足"，无人传授，备达其妙，实在不可轻视之。"

　　疏勒王一听国中有此聪明的小沙门，肃然而起敬意，命喜见马上重爵聘之。喜见说："据说诸国都想聘任罗什，不料皆为其所拒。"疏勒王吃惊了："大德为朕思之，以何计可留住小沙弥？"喜见献计："可隆重其仪，请罗什升座说法。这样做有二大好处：一是国内沙门耻其不逮外国沙弥，必然发愤研习佛经；二是龟兹王知悉疏勒尊敬罗什，以为等于尊敬龟兹，故必来交好。"疏勒王说："此计甚好。大德可于国中大寺设大法会，诚请鸠摩罗什说法。"

　　疏勒王从喜见之计，请罗什开法门，以为龟兹必来交好。这说明当时的西域，佛教具有至高无上的地位，弘扬佛教是一项基本国策，所以才会把笼络高僧作为外交手段之一。

　　几天后，喜见在疏勒国都设大法会，四方沙门云集。佛堂高处，悬挂丝绸制作的幡盖，高座周围放满了鲜花，下面一排排的坐具，十分清净。疏勒王率领群臣，都来听罗什讲经。

　　罗什，一个十二三岁的龟兹小沙弥，在僧俗好奇的注视中大大方方地升上了高座。他神色从容，睿智的目光看着佛堂中的数百沙门。

　　法鼓声声。罗什即将说法，如同在罽宾说法一样。突然，坐在前面的疏勒王站起来宣布："为了表示疏勒国对智慧的鸠摩罗什的尊敬，我们先要为他披上佛袈裟。"

法鼓暂停。佛堂却顿时轰动了,议论声不绝:

"释迦牟尼佛袈裟,是疏勒国无上国宝,怎么可以让外国的小沙弥穿呢?"

"迄今为止,国中的高僧大德,还从未有穿过佛袈裟的。"

"佛袈裟是什么样子?我连见都没见过呢!"

疏勒王罔闻僧俗的议论,命喜见取出大寺中的佛袈裟。这件七百年前的古物,长二丈余,一抖开来,无数点金光闪烁,檀香味弥漫整个佛堂。僧俗个个睁大了眼,发出阵阵赞叹声。

"不敢当,不敢当。"喜见为罗什披上佛袈裟时,罗什也十分激动。穿上佛穿过的袈裟,任何人都不可能不激动。不过,罗什很快就平静下来。《转法轮经》的经文迅即从他精巧的小嘴中吐出,清脆响亮,似珠玉落盘:

> 一时,佛在波罗柰国鹿野树下坐,时有千比丘诸天神,皆大会,侧塞空中。于是有自然法轮,飞来当佛前转。佛以手抚轮曰:"止!往者吾从无数劫来,为名色转受苦无量,今者痴爱之意已止,漏结之情已解,诸根已定生死已断,不复转于五道也。"轮即止。

罗什解说道:"止法轮之转在于止痴爱、解漏结、定诸根、断生死。进此境界,即是涅槃,得大清净。不复转五道,得大解脱。如何进此境界?佛说有八直之道:一曰正见,二曰正思,三曰正言,四曰正行,五曰正命,六曰正治,七曰正志,八曰正定……"

《转法轮经》义理比较浅显,罗什早已精熟,故解说流利非凡。疏勒王及僧俗见小沙弥条分缕析,言辞靡靡不绝,非常佩服,觉得那佛袈裟披在他身上,并非是对佛的不敬。

自此之后,罗什在疏勒大受礼遇,讲经不辍。

再说龟兹王听说罗什为疏勒王敬异,高兴至极,觉得外甥真了不起,连稀世之宝佛袈裟也披上了。尊敬罗什,当然意味着尊敬龟兹。于是,龟兹王遣使疏勒,馈赠百匹骏马、十匹骆驼、数件龟兹乐器,有竖箜篌、筚篥、答腊鼓、笛笙。疏勒王见龟兹王遣使并送重礼，以结亲好，也欢喜无限，更加尊敬、厚待罗什。

　　罗什说法之暇，寻访外道经书。

　　前已说过，所谓外道一指教外立法，二指妄解佛经。罗什在罽宾与外道论师辩论，为什么在疏勒要寻外道经书？原因有二：一是知己知彼。当时西域外道众多，将近百种。与外道论师辩论是常事，不究外道之书，难以制其死地。二是外道之书常涉及医学、变幻、养生、祭祀等事。这些也是僧人学习的技艺。所以，外道经书中不无可取的内容。

　　罗什对四《吠陀典》作过研究。吠陀，又作韦陀、吠驮、围陀，皆同音异译，意为明智。《大唐西域记》卷二说："其婆罗门，学四《吠陀论》，一曰寿，谓养生缮性；二曰祠，谓享祭祈祷；三曰平，谓礼仪、占卜、兵法、军阵；四曰术，谓异能、伎数、禁咒、医方。"《摩登伽经》卷上《明往缘品》第二，说到婆罗门学《围陀典》，以及梵天造《围陀典》：先是梵天修习禅道，有大知见，造一《围陀》。后有仙人名白净，造四《围陀》，一者赞颂，二者祭祀，三者歌咏，四者禳灾。以后，更有婆罗门在四《围陀》基础上发展变化。"如是展转，凡千二百十有六种。是故当知，《围陀》经典，易可变异。"可见，四《吠陀》是婆罗门的百科全书，内容几乎无所不包。《吠陀》是印欧语系中最古老的文献。最古老的《梨俱吠陀》约成书于纪元前十五至十世纪之间，是婆罗门教最根本的圣典，是研究古代印度社会、文化的宝库。罗什学习四《吠陀》，对于了解印度历史文化，熟悉印度古老的歌谣，具有重要意义。罗什学问渊博莫测，与他早年善学四《吠陀》有关。

　　罗什还学习五明诸论。明，谓有见、阐明、知识、学识、智慧等。五明，即五种学科：一声明，为研究语言、语法、修辞的学问；二工巧明，为工艺、数学、天文、音乐、美术等技艺；三因明，即论理学（形式逻辑和认识论）；[①]四医方明，即医学、药学；五内明，佛教徒称佛教为内教或内学，佛教之外的各派

_____

① 因明：亦称"因明处"、"量论"。因，指推理的根据、理由；明，即知识、智慧。因明是通过宗、因、喻组成的三支作法，进行推理证明的学问。三支中因支最重要，故名"因明"。

为外道,故内明是关于佛教哲学的知识。①

四《吠陀》和五明,包含了古代印度所有的学问,当时学者和僧人无不修习。例如中天竺高僧昙柯迦罗,"善学四《吠陀论》,风云星宿图谶,莫不该综,自言天下文理,毕己心腹"。(《高僧传》卷一《昙柯迦罗传》)佛陀耶舍"乃从其舅学五明诸论,世间方术,多所练习"。(《高僧传》卷二《佛陀耶舍传》)昙无谶"初学小乘,兼览五明诸论"。(《高僧传》卷二《昙无谶传》)《高僧传》称罗什"阴阳星算,莫不毕尽,妙达吉凶,言若符契",显然是学习四《吠陀》和五明的结果。在后来遭际危难的岁月,从四《吠陀》和五明获得的学问及技艺,多次使他逢凶化吉。

罗什的学问名声日新月异,身体也一天天长高。耆婆看着这么一个优秀的儿子,常常会露出欣慰的笑容。不过,在她的内心深处,有一丝隐隐的担忧。月氏罗汉的预言,似乎总是响在耳边。她有守护儿子的责任。即使是天才少年,也须有人守护。因为毕竟是少年,时刻遵循佛的教诲并不容易。理解佛典固然与一个人的根器有关,智者悟性自然高于凡庸。但习禅守戒更加需要实践。近来,罗什身上表现出来的某些东西使她感到不安。而且,她也听到一些有关罗什的议论和质疑。这就让耆婆越发感到守护责任的重大,而且义不容辞。经过反复考虑,耆婆叫来罗什,问他是否有这两件事:

一件事发生在刚过去的夏天。一天,罗什从位于疏勒南方的一座寺庙讲经回来。雨下了多天,路上泥泞不堪。突然,几匹马从罗什身后窜出,飞奔而过,溅起的泥浆把僧衣弄得一塌糊涂。罗什止步,看着衣服上的泥浆,不知所措。这时,从不远处的树林里走过来两个年轻的比丘尼,和善地打量着罗什:"小沙弥,这么脏的衣服怎么走路啊?来,我们帮你洗。"

罗什拒绝:"谢谢姊妹,让你们洗恐怕不合适吧?"

"不必多虑。佛告诫僧尼要穿干净衣服哩。"

罗什推辞不了比丘尼的好意,便到树林里脱下衣服。比丘尼给洗得干

---

① 内明:内者,佛法之内教也。明佛所说五乘之妙理,谓之内明。《瑜伽论》三八曰:"诸佛语言名内明论。"《大智度论》曰:"内明,究畅五乘因果妙理。"

干净净。

再一件事是不久前罗什讲禅法,几个年长的比丘质疑他所讲的禅法不明源流。罗什则以"博采众长"回答之。比丘提出与罗什研讨,罗什称"得其精华,何必穷其源流",不愿讨论。众比丘不满,以为罗什年少成名,自以为是,有倨傲之病。

耆婆说完以上两件事,罗什很不以为然,"有此两事。与修道有甚干系?"

耆婆面露惊讶,"让非亲非故的比丘尼洗衣,佛制戒:尼萨耆波夜提。何况又在比丘尼前赤露上身,也是犯戒。"

罗什分辨道:"我本不让比丘尼替我洗衣,然彼出于好意。而僧衣污浊,非洗不可前行。脱僧衣固然要露上身,但彼我都无欲无染。如此小事,犯何戒律?"

耆婆始有愠色:"罗什,比丘二百五十戒,不论大小,皆须坚守。你轻慢年长比丘,按戒律,当属波夜提。"

罗什一副不屑的样子:"善学佛经者,博览之后应该抉择精要。否则,穷其一生,既读不完佛经,也终究不得要领。"

龟兹僧尼的戒律甚严,耆婆一贯乐于禅法,严守比丘尼戒。所以耆婆觉察到罗什不拘小节的性格,稍有忽略,就有可能与僧戒发生冲突。这是她内心越来越感到不安的原因。

"罗什,月氏罗汉的话,你还记得?"耆婆不禁问——月氏罗汉的预言如一块石头,一直压在她的心上。

"哦,月氏罗汉?记得。他告诫我守戒,将大兴佛教,度无数人。"

"所以我要守护你,不让你破戒。"

"妈妈,不用刻意守护我。我自己会守戒。难道担心我犯淫、盗杀、贪、妄言等下阿鼻地狱之罪吗?"

"不,这些我不担心,但小恶不犯才能至大善。"

"小恶不犯者多矣。'大兴佛法,度无数人'者又有几人呢?"

耆婆叹了口气。她无法说服儿子。但她深知,儿子的志向高远。这点不用她担心。

大凡天才多率性而为,不修小节。独立特行的性格,自由放纵的精神,才是学术研究和艺术创造的前提。确如罗什所说,终生慎独守戒者,又有几人能大兴佛法呢?佛制戒的根本目的,不在利己,修习成道,得阿罗汉果,而在度无数人。利他才是根本的教旨,才是僧人为之奋斗的崇高事业。

罗什依然故我。这种率达不拘小节的个性,将对他未来的人生产生何种影响?

罗什在疏勒,结识了佛陀耶舍,并从其受学,获益良多。

耶舍是罽宾高僧,与罗什保持终生的友谊,在中古佛教史上是个重要人物,对佛经的翻译贡献不小。因此,耶舍此人不可不作详细介绍。

耶舍为婆罗门种,世事外道。曾有一沙门来耶舍家乞食,耶舍父怒之,命人棒打驱逐。在古代印度,婆罗门种等级最高,耶舍父大概自以为种族高贵,可以无礼对待乞食的沙门。想不到傲慢立即得到报应:耶舍父手脚痉挛,不能行动。父问巫师,巫师说是冒犯贤人,鬼神使之然也。于是耶舍父只好把被驱逐的沙门请回来,礼敬有加,竭诚忏悔。数日后,手脚康复如初。父令耶舍出家为沙门弟子,时年十三。可见,沙门有巫术,耶舍从沙门那里学到的东西,可能也是巫术和咒语一类。

耶舍十五岁时,开始诵读佛经,每天得二三万言。由于耶舍所住的寺院规定僧人在外乞食,因之花费时间很多,影响佛经的诵读。有一罗汉欣赏耶舍聪敏,常乞食供养,耶舍得以一心读经。到十九岁,诵大小乘佛经数百万言。耶舍生性简傲,颇以为自己识别事理、判断疑难的能力胜人一筹,极少有人能做自己的老师,因此不为诸僧所重。但耶舍自有长处,一是仪表俊美,二是善于谈笑。这二点长处任何时代都招人喜欢,人们也就不觉耶舍其短。二十岁时,到了行具足戒的年龄,[①]因为不被诸僧所重,无人临坛为耶舍主持仪式。因此二十多岁了,仍然是沙弥。耶舍跟舅父学五明诸论,练习世

---

① 具足戒:为比丘、比丘尼当受之戒。于一切境界离罪之意,故名具足戒。比丘为二百五十戒,比丘尼为五百戒(实为三百四十八戒)。

间法术。一直到二十七岁，方受具足戒。耶舍常常手不释卷，诵经不辍，端坐深思，尚且说，不觉虚度月日。专精注致，他僧莫及。

随后，耶舍来到疏勒国。国王身体不宁，请三千僧众，为之诵经禳灾，耶舍亦在其中。疏勒国太子达摩弗多，见耶舍仪容俊雅，衣服端丽，问何从而来。耶舍应答敏捷、简约，谐趣中见辩才，大得太子赏爱，供养于宫中。

罗什后于耶舍来到疏勒国。喜见献计于国王，请罗什升座讲《转法轮经》，对此耶舍亦有所闻，并很想一晤那位十三岁的小沙弥。

机会终于来了。

一天，太子达摩弗多请罗什进宫，咨询《阿毗昙心论》中"一切法不能自生"的问题。太子站在佛堂门口，亲自迎接罗什所坐的马车。待罗什坐定，太子命人召佛陀耶舍。

耶舍走进佛堂，合掌向太子施礼，转而问："龟兹国沙弥，一路食物美盛否？途中喜乐否？"

罗什弹指："罽宾国比丘，宫中食品丰盛否？供养满足否？僧舍喜乐否？有人赞其俊雅否？"

太子一听，不禁笑出声来。

耶舍问："龟兹国沙弥，何以来此？"

罗什答："因罽宾国少有人堪作我师，所以来此。"

耶舍暗暗称赞："小沙弥果然机智，明明是讥嘲我耶舍哩。"又问："疏勒国有堪作沙弥之师的高僧吗？"

"有。"

"谁？"

"你！"

"我？"耶舍不解，反问："贫道何以能作沙弥之师？"

罗什一本正经回答："因比丘刚从沙弥成比丘，故堪作沙弥之师。"

太子大笑，"妙！妙！"

耶舍也禁不住笑起来，"小沙弥果然了得！言无不中，且专门揭人之短。"确实，耶舍善辩，还不曾遇见过这么机智有趣的小沙弥。

罗什这时却认真起来，"耶舍师父，您真的堪作我师。听说您善学五明诸论，精练世间法术，我正想向您请教呢。"

"岂敢，岂敢。"

罗什说以耶舍为师，果然尊其为师。耶舍性格简傲——简者，不耐繁琐之事；傲者，自视甚高。而罗什不修小节、不介细故，与耶舍性格相近，因此师徒俩颇为和洽，感情日深，直至晚年都保持着常来常往的友谊。

罗什博览四《吠陀》及五明诸论，妙达吉凶，这与佛陀耶舍的指点和帮助大有关系。以后罗什在长安译经，遇到疑难，犹豫不能操笔，与耶舍商议研讨方定。可见在学问上耶舍始终帮助罗什。罗什以耶舍为师，可以说是终生受益。

第五章　改宗大乘

> 右绕三匝已,告诸大众:"咸欲闻此《大法鼓经》不?
> 如来今当普为汝等演说一乘——所谓大乘,过一切声闻
> 缘觉境界。"如是三说,彼悉答言:"愿乐欲闻。唯大迦
> 叶! 我等悉为闻法故来。善哉哀愍,当为我说《大法鼓
> 经》。"
>
> ——《大法鼓经》卷上

罗什游学疏勒虽然只有短短的一年,但这一年在罗什的一生中最具决定性的意义。这是辉煌的一年,无与伦比的一年。不论学问与名声,收获如原野上的秋熟,果实累累。

在罽宾,罗什学习以小乘经典为主。当时罽宾流行一切有部之学。罗什游学疏勒,开始博览小乘佛教之外的经典,包括外道之书以及四《吠陀》、五明诸论,学术视野因之大大开阔。结识佛陀耶舍,又使他得到了学习阴阳星算、预知吉凶一类技艺的方便。但以上这些收获,同他由小乘改宗大乘的关键转变相比,完全不能等同而语。

因缘和合,确实是宇宙万物生成与显示的根本法则。天才的成长,同样离不开因缘机遇。

罗什,遇见了莎车王子须耶利苏摩——一个专门弘扬大乘佛教的布道者。由于史料缺乏,关于中古时期莎车佛教的状况很难考见。不过,从莎车周边国家佛教的繁盛以及莎车在丝绸之路上的地理位置,大致能判断莎车的情况。由罽宾及迦湿弥罗逾葱岭东来的僧人,首站是疏勒。尔后,北路至龟兹;南路至莎车、于阗。疏勒佛教兴盛,国王有疾,请僧徒三千。即此一

端,就可看出此国佛教之盛。至于于阗,更是西域佛教的重镇,而且盛行大乘佛教。对此,法显《佛国记》记载甚详。[①]莎车介于疏勒、于阗之间,据此推测,其国必定也盛行佛教,并受大乘佛教影响。

莎车王子须耶利苏摩与其兄须利耶跋陀,双双弃荣入道。尤其是苏摩,专以大乘为化,其兄及众僧皆以为师。

苏摩来疏勒在罗什之前。当罗什为疏勒王敬异,披上佛袈裟为众僧讲《转法轮经》时,苏摩也在下面谛听。看着十三岁的小沙弥在高座上滔滔不绝地讲经说法,苏摩暗暗赞叹,以为小沙弥将来必证得阿罗汉果。但听到最后,苏摩替小沙弥可惜。可惜什么? 可惜执著于有。苏摩以为罽宾盛行的说一切有部之学,固然给了罗什最基本的营养,但这营养过于丰富且单调。其实这不利于罗什的成长,甚至有可能夭折这位早熟的天才。

苏摩决定以大乘经典教化罗什。

但从何下手呢?

近来,佛堂左侧的僧舍里新来了一位年轻的比丘,与罗什对门而居。比丘二十多岁,面容慈祥,待人和气。

一天,罗什从佛陀耶舍处回来,在佛堂前遇见比丘。比丘合掌朝罗什施礼:"罗什小师父,贫道有礼了。"

罗什也合掌:"大德安康。在下龟兹国沙弥鸠摩罗什,恭问大德尊姓大名,来自何方?"

比丘:"贫道是为世人假立名称叫'须耶利苏摩'其人。"

"奇怪。"罗什心想,"须耶利苏摩"就是"须耶利苏摩",何必说"假立名称"? 从未见过自报家门者这般玄虚。"请问:'须耶利苏摩'与假名之'须耶利苏摩'难道有区别?"

"正是。须耶利苏摩非须耶利苏摩,乃是名须耶利苏摩。"

罗什兴趣来了,"照此说来,我鸠摩罗什非鸠摩罗什,乃名鸠摩罗什?"

[①] 法显《佛国记》:"众僧乃数万人,多大乘学。"又云:"僧伽蓝名瞿摩帝,是大乘寺。""瞿摩帝僧是大乘学王所敬重。"可见,于阗流行大乘学。

"正是,正是。"

罗什觉得好笑。正是什么? 为什么正是? 转而问:"请问大德,近来读何经?"

比丘:"贫道正读五明诸论。"

罗什:"那太好了,我也读五明诸论,觉得工巧明难解,星算、吉凶,懵懂尤多。"

比丘:"善学工巧明者,不仅止于读,还须多练习。"

罗什:"大德所说甚是。若今夜天气晴朗,我跟大德练习察看星宿如何?"

比丘:"甚好。"

罗什好学,即以苏摩为师,诵读和练习五明。苏摩本为教化罗什而来,加上生性和善,而罗什颖悟秀异,两人友谊日深。

一段时日后,罗什觉得苏摩是有点怪:他与几个门徒始终大声诵读同一部经。昨天夜里,苏摩与门徒围着酥油灯,高声读经至半夜后。罗什与苏摩之舍相距不过数十步,诵经声在宁静的夜里特别响亮,听来句句分明:

道亦无有空　　以舍于有习
如本同一相　　永空空于空
道为无起相　　亦不有灭相
不起亦无灭　　彼悉为道习
吾音譬如幻　　解想当如此
持想行所习　　道当何从生
道为都过俗　　彼不有身习
亦无灭身行　　可得致于习
是身根之家　　本无所演广
彼不有余求　　本无不可得
其习是道者　　当如如本无
如本知本无　　是谓应道习

诸法之本无　　　所觉若如幻

……

第二天一早,罗什便上门问苏摩:"师父,昨夜究竟读何经,几乎通宵达旦?"

苏摩回答:"读《阿耨达经》。"

"此经是何种经?"

"是大乘经。"

罗什问:"'道为无起相,亦有不灭相。''诸法之本无,所觉若如幻。'这几偈我甚不解。为何此经破坏世间一切法?"

苏摩开始为罗什解释:"世间一切诸法,本为空无。眼、耳、鼻、舌、身、意此六处,所生之六触,皆如幻不真。佛说:'凡所有相,皆是虚妄。'故一切法皆虚妄不实。"

罗什博览《阿毗昙》,妙达"六足",从未听说过一切法皆空的道理。四圣谛、八正道、十二因缘等法门,演化生死、因果等关系,开示缘起至寂灭、至轮回之过程,从未否定一切法之实有。一切法皆是虚妄、皆为空幻,这种理论犹如空谷足音,给予罗什强烈的震撼。

罗什决定弄个明白:"师父,眼前所现是有,譬如佛堂、僧舍、菩提树,皆是有,是实相。为何说是空、说是幻?"

苏摩反问:"如果眼是真实存在的,它有什么样的特性呢?"

罗什答:"眼具有'见'的特性。"

苏摩问:"眼如果具有见的特性,那么应该眼能'见'眼。"①

苏摩又责问罗什:"眼是由一个极微构成,还是多个极微构成?如果由一个极微构成,则一个极微就可见物了,不必借助众多的极微。如果不是由一个极微构成的,一个极微无法具有见的功能,那么由众多个无法具有'见'的功能的极微构成的眼(极微聚合体),也不应有'见'的功能。就像一个盲

---

① 苏摩此问意在破除人们认为眼具有见物功能的成见,即眼见物是有局限的,是不能自见的。

人看不见的话,众多的盲人也无法看见。"①

苏摩又责问:"如果极微作为物质(极微色)是真实存在的,那么它必然在物质世界中占有一定的空间,存在着东西南北、东南、西南、上下等空间上的差别(十方分)。但是说一切有部对极微的定义,又规定了极微不应具有空间、物质上的差异的特性。但是从我们对物质的特性来看,(所有的物质都具有特定的空间方位),没有特定的空间方位的,就不能称之为物质(色)。"②

苏摩与罗什一执无,一执有,反复辩论,最后罗什无言以对。大乘佛学的要旨诸法皆空,如醍醐灌顶。罗什真觉得以前是在黑暗中,现在才算见了光明。当苏摩解说一切法皆虚妄不实时,罗什始是质疑,继而畏怖,有一种像是精心构筑的大厦将要倾覆的感觉,最后茅塞顿开。

苏摩见罗什终于认同诸法皆空的道理,自然很高兴,并指点他多读方等部中的经典,希望他成为出色的大乘法师。

这里,有必要用一些笔墨介绍佛教的小乘、大乘的来源与区别。

在佛灭的最初一百年间,为原始佛教时期,其时无所谓小乘大乘。纪元前四世纪至纪元前一世纪,佛教内部出现多次分裂。最初为上座部和大众部,史称是佛教的根本分裂。此后,大众部中的一部分在家信徒中流行着对于安置佛陀舍利的佛塔崇拜,从而形成大乘佛教最初的僧团——菩萨众。

① 苏摩此问从眼的构成来分析眼能见物的观念不可靠性。罗什所属的小乘说一切有部认为,眼、耳等器官及色、声等认识对象都属于物质,称为色法。所有的色法都是由极微构成的,极微是最小的物质构成单位,无法再进行分解,没有空间位置的(无方分)、不占据物质空间、不妨碍其他物质存在的(无质碍),甚至是无法看见、感知的,只有智慧高深的人,才可以用慧眼看到它的存在。因此极微除了作为构成物质的最基本元素之外,本身几乎不具备见、闻、觉、知感官功能,因此由极微构成的眼耳等感觉器官,自然也不应该具有看、听的功能。此问揭示了从身体的物质构成角度来解释眼等感官的功能时,所面对的从无感知能力的物质元素,如何演化出有感知能力的感觉器官的重大难题。此即心物二元论所无法克服的难题之一。大乘通常认为独立心之外的物是不存在的,只不过是我们的习惯看法和理论家的假设,因此,当我们以这样的方式认识事物时,所认识到的,都不过是概念和假象而已。

② 这段论辩从是否有特定的空间位置角度,来否定"极微"这一最小物质元素的概念与我们对特定的物质现象都具有特定的空间位置之间的严重冲突之处。指出极微或者有特定的物质空间,或者极微并不是物质——这都与有部关于极微的定义相冲突。由此,意味着说一切有部关于极微的看法,在苏摩看来是不成立的。

随着佛舍利崇拜的盛行,阐述大乘思想的宗教实践的经典不断出现,于是形成大乘佛教。大乘佛教兴起后,把以前的原始佛教和部派佛教贬之称为"小乘佛教"。乘者,运载之义,指人乘之到达解脱的彼岸。

小乘、大乘者教理及修行方法上都有明显差距。首先,在教理上大乘主张"法我皆空",宇宙万物及我皆虚妄不实,所谓"色不异空,空不异色,色即是空,空即是色"(见《般若波罗蜜多心经》)。小乘拘泥佛说,执著有我,以为宇宙万物是实有的。其次,修行方法上大乘主张普度众生,最终目标是证得佛果。小乘只求个人解脱,求阿罗汉果、辟支佛果。譬如车乘,小乘仅载个人,偏重个人的自利。大乘则载众生,皆达止彼岸。再次,在佛陀观方面,小乘保留原始佛教的传统,视佛陀为大智大觉者、舍身弘法的传教者。大乘把佛陀神格化、偶像化,佛神通广大,法力无边。

大乘佛教在纪元二世纪至三世纪时,出现了许多重要的典籍。随着这些典籍的问世,大乘佛教由此确立。代表人物是龙树及其弟子提婆,重要著作有龙树的《中论》《十二门论》《大智度论》,提婆的《百论》。这些最重要的大乘经典集中阐发"假有性空"的理论,主张不著有无二边的"中道",后人称之为"中观学派",影响中国佛教十分深远。

佛教由北印度传入西域而至中原,最初多为小乘佛教。至纪元一世纪后半叶,大乘佛教已开始输入大月氏、安息、康居,再经以上诸国传入疏勒、莎车、于阗、子合等国。然后随着往东弘法的高僧,大乘经典源源不断传入中土。支娄迦谶、支曜、支谦、法护等所译的佛经,有不少属于大乘。特别是西晋时的法护,往葱岭之西求得大量大乘经典,回来时一路传译,共译出一百五十四部,其中大乘多于小乘。于此也可以推知,当二世纪至三世纪时,西域诸国的大乘经典必然不少。其中,于阗的大乘佛教占有主流地位。魏甘露五年(260),朱士行欲西求大乘经典《道行经》,冒险度流沙到达于阗,果得梵本。国中的小乘教徒向国王申诉,说《道行经》是婆罗门书,惑乱正典,禁止梵本《道行经》东传。可见于阗小乘之外,大乘也在流行。而在法显《佛国记》中,多处记载该国"大乘学"的势力之盛。于阗周边的一些小国,也流行大乘佛教。《历代三宝记》卷一〇著录

《新合大集经》，后引今译者崛多之语："于阗东南二千余里，有遮拘迦国，彼王纯信敬重大乘，诸国名僧入其境者，并皆试练，若小乘学即遣不留，摩诃衍人请停供养。[1] 王宫自有《摩诃》《般若》《大集华严》三部大经，并十万偈。"据佛教史研究者考证，遮拘迦国可能就是玄奘《大唐西域记》所谓斫句迦国，实古之莎车或婼羌。[2] 法显《佛国记》又说子合国有千余僧，多大乘学。由上述文献推知，西域往中土之南道上的于阗、莎车、婼羌这一带，大乘教流行甚广。

现在再回到苏摩其人。莎车及东边不远的于阗、南边的子合既然多大乘学，则苏摩成为大乘佛教学者及出色的传播者，自不难理解。

罗什在遇见苏摩之前，修习的是小乘佛教。尤其是罽宾留学三年，打下了小乘佛学的深厚基础。罽宾是小乘佛教的中心，盛行一切有部，罗什亲受槃头达多等小乘大师的指点。可以想像，当他遇见大乘学者苏摩，该是何等的新奇和震撼。大乘学说与小乘学说差异很大，前者否认一切法的真实，简直是石破天惊之论。所以当苏摩破坏一切法时，罗什与之反复辩论。不过，罗什毕竟年轻，容易接受新理论，大乘学说的无上智慧迅速征服了他。他由小乘改宗大乘，并不是逆向的转身，而是正向的攀登。他在小乘的坚实台阶上，向上迈出了关键的一步。这一步的意义无与伦比。大乘经典赐予罗什犀利的理论武器和无畏的舍身精神，使他担当起大兴佛法、度无数人的伟大使命。

在苏摩的指导下，罗什学习方等部经典。[3]《阿弥陀经》《维摩诘经》《思

---

① 摩诃衍：译曰大乘。声闻缘觉二乘之教法为小乘，菩萨之教法为大乘。《慧苑音义》上曰："摩诃衍，具云摩诃衍那，言摩诃者此云大也，衍那者云乘也。"

② 日人羽溪了谛《西域之佛教》第 164 页："据瓦特尔斯氏之说，玄奘所谓斫句迦国，实古之莎车，即今之 yarkand，然据斯坦因氏之说，则谓此国自佉沙即疏勒（kashgar）东南行五百里，即今之婼羌（karghali）。现代研究者一般认为古之斫句迦国地在今新疆叶城县。

③ 方等：《阅藏知津》卷二："方等亦名方广。……盖一代时教，统以二藏收之，一声闻藏，二菩萨藏。阿含、毗尼，及阿毗昙，属声闻藏；大乘、方等，属菩萨藏。是则始从《华严》，终《大涅槃》，一切菩萨法藏，皆称为方等经典。"《净名玄论》卷二："诸大乘经皆云方等，亦名方广。"《佛说阿弥陀经》元照义疏："一切大乘皆以方等实相为体，方谓方广，等即平等，实相妙理，横遍诸法故名方广，竖该凡圣故言平等。"

益梵天所问经》《首楞严三昧经》……这些大乘经典,犹如繁华竞开,罗什左采右撷,流连忘返。

苏摩当初与几个门徒高声诵读《阿耨达经》至夜半,如今罗什诵经每至夜半,不仅略无倦意,反而越读越神清气爽:

> 菩萨发大庄严,乘于大乘,以空法住般若波罗蜜。不应住色,不应住受、想、行、识;不应住色若常若无常,不应住受、想、行、识若常若无常;不应住色若苦若乐,不应住受、想、行、识若苦若乐;不应住色若净若不净,不应住受、想、行、识若净若不净;不应住色若我若无我,不应住受、想、行、识若我若无我;不应住色若空若不空,不应住受、想、行、识若空若不空。不应住须陀洹果,不应住斯陀含果,不应住阿那含果,不应住阿罗汉果,不应住辟支佛道,不应住佛法。舍利弗!菩萨摩诃萨亦应如是住,如如来住,于一切法非住非不住。(《小品般若波罗蜜经》卷一)

罗什体会到须菩提为诸菩萨所说之法,真是无上无比无等,更无胜者的智慧。"以空法住般若波罗蜜",即是以最第一的智慧照出实相,而实相为空。空法是度生死此岸至彼岸的船筏。"不应住受、想、行、识",是说不应执著于五蕴。一切感觉到、意识到的物相与心相都是旋起旋灭,不会静止不变。"色如聚沫,痛如浮泡,想如野马,行如芭蕉,识为幻法。"(《增壹阿含经》卷二七)如来谓一切法非住,因为一切法呈现的法相是幻相、假相。一切法的本质是空。如来非不住,是住于有无之间。世俗执著于有,故谓一切法是真实有。然一切法自性为空,一切法为假有。因此,世界是非世界,只是名世界。佛也是非佛,只是名佛。以前自己谓《阿耨达经》坏一切法,此乃不明一切法皆空如幻之故。

当罗什边读边深思《小品般若波罗蜜经》,觉得好像拨开了眼翳,忽然洞见了森然万物的实相——一切皆是妄相,住无所住。以前执有眼根与苏摩辩论,乃是住于色——执著于"眼见为实"的俗谛。至此,他才彻底明白:为什么须耶利苏摩自称是被别人起名为须耶利苏摩的那个人。苏摩是假相，我也是假相，连菩萨也是非菩萨，是名菩萨……总之，一切法非一切法，是名一切法。罗什于是大觉悟："大乘经是了，小乘经是不了。我从前学小乘，如人不识金，把铜矿石当作金。"义理上的极大满足，激起他的兴奋，觉得心里一片光明。

不久，苏摩授以罗什《中论》《百论》《十二门论》等最有代表性的大乘经典。这些经典以彻底的性空说，严密的逻辑体系，深深地吸引了罗什。罗什朝夕诵读，悟性又高，很快就豁然通解。

《中论》《百论》的作者龙树（约150—250），是大乘佛教的代表人物。龙树，也译为龙猛。《龙树菩萨传》谓龙树出于南天竺梵志种。其母树下生之，因字阿周陀那。阿周陀那树名也。以龙成其道，故以龙配字，号曰龙树。

龙树是印度佛教中观学派的开创者，完整论述了性空观念，其缘起性空思想奠定了大乘佛教的基础。龙树著作宏富，有"千部论主"之称，在佛教史上享有崇高地位，后人甚至称他为释迦佛第二。

据有的佛教史籍说，苏摩是龙树的弟子。此说无直接证据。但证明苏摩不是龙树弟子，同样也无直接证据。具有确切意义的是，苏摩为罗什讲《阿耨达经》，那么称苏摩是一中观学派的学者恐怕与事实相去不远。《阿耨达经》说："道为无起相，亦不有灭相。不起亦无灭，彼悉为道习。"这四句与《中论》"不生亦不灭"之旨若合符契。据此，称苏摩是龙树弟子，或者至少精熟中观学派的精义，并非不合情理。

龙树的中观学说集中体现在《中论》中。苏摩指导罗什读这部经典时，特别注意缘起、空、中道、二谛这几个核心问题。这些问题阐发的奥旨，是执著于有无的众生很难理解的。因此，《中论》体现的般若，不是一般意义上的智慧，那是不可言说的、要经由理性超越理性才能得到的大智慧。罗什以超乎凡众的理解力，证悟了大乘经典的精义，即所谓第一义谛。他掌握了一件利器，在以后的弘法道路上虽然历经艰辛，但最终攻无不克，成为奠定中土大乘佛教的开山祖师。

在疏勒的短短一年，是罗什一生中最重要的一年。

别了,疏勒！他要随母亲踏上返回龟兹的路。临别之际,他与苏摩道别。苏摩说后会有期,在不久的将来,会往龟兹弘法。

母子俩来到温宿国。温宿在龟兹之西数百公里,后汉、三国时,温宿王为龟兹所置,是龟兹的属国。[①] 在温宿国,罗什遇见了一个声名卓著的小乘道士,展开了一场惊心动魄的辩论。

辩论场所设在温宿国王宫中。国王、大臣及广邀的国中僧众百余人,聚于大殿。当罗什进殿时,看到殿中已设法所,一个四十左右的道士立于其侧。道士僧衣新净,气宇轩昂,大有不可一世之概。罗什被邀时即被告知,温宿道士神辩英秀,振名诸国。现在一看,果不其然。不过,罗什年纪虽小,也算经历过大场面,与善辩之士经常交手,因此毫不怯场,情态阳阳如平日。

国王、大臣及僧众见进殿的是个十四五岁的小沙弥,无不啧啧称奇。温宿道士嘴角一动,露出不屑神气,暗想,原来是个黄口小儿。

辩论开始,道士手击王鼓,鼓声咚咚,犹如战场,平添紧张气氛。道士大言：“沙弥若胜我,我斩首谢之。”

罗什一笑：“尊敬的比丘,请问你有几头？”

道士一怔：“我头唯一。然不惜其头！”

罗什一摸自己的头,“可惜我头无有,所以也不惜其头。”

在座听众无不生疑：这小沙弥太紧张了,怎么一上场就语无伦次？

道士也懵了：小沙弥既然说没有头,却又说不惜其头,此是何意？如此出言昏乱的小沙弥,怎么能与我辩论？

正当道士不解时,罗什说：“我俩辩论就是了,我不要你头,因为你亦无有。”

道士一时弄不明白“有头”“无头”,不由烦躁起来,手击王鼓：“小沙弥,你知一切法因何而生？”

罗什答：“因无生。”

---

① 《后汉书》卷四七《班超传》：“姑墨、温宿二王特为龟兹所置。”《魏书》卷一○二《西域传》：“温宿国居温宿城,在姑黙西北,去代一万五百五十里,役属龟兹。”

道士："一切法因众因缘生,何以谓无? "

罗什:"众因缘亦是无。"

道士:"由六根因缘而生六境,[①] 由六境而生六识。[②] 明明是有,何以谓无? "

罗什:"比丘所言乃不了义。六根不常住,为空。故六境六识皆空。佛说六根、六境、六识,乃是假名,非真实有。你我颈上之头,亦因缘和合而生,头亦为假名,非真实有。今日之头,非昨日之头。明日之头,亦非今日之头。既无为,则亦无头。头不过名头而已。头之生、之住、之灭,皆是空相。道士你执著于头之有无,仍属不了义。世尊言:'若有比丘不解了义者,此非比丘也。'……"(《增壹阿含经》卷三三《等法品》三九)

罗什至此完全显示其雄辩的才能。他以《金刚经》、《中论》、《大智度论》所言一切法皆无、一切法无自性的大乘奥旨,分别了义经与不了义经。殿中众人大开眼界,大为赞叹。温宿道士渐渐不支,最后茫然若失,向罗什叩首,自称:"贫道平日多读不了义经,未得般若波罗蜜。恳请大德收贫道为徒,若蒙恩保留颈上之头,来日多读了义经。"罗什不禁笑起来:"颈上之头本是空,斩首亦空,不斩首亦空。既然有亦无,无亦无,那么任它去罢。至于大德说昔日多读不了经,我小沙弥昔日与大德一样,亦多读不了经。大德高明自今日始,小沙弥岂敢为师! "

一座欣然。

辩论以罗什的完胜结束。罗什声名渐播于葱岭之东。

罗什论胜温宿道士的消息很快传到龟兹。

龟兹王白纯大喜。王妹耆婆带着罗什留学罽宾,一去已经五年了。听说外甥在罽宾为罽宾王敬异,在疏勒受疏勒王尊敬,所到之处,名亦随之。如今葱岭内外诸国,无不赞扬龟兹出了一个早慧的天才。罗什真为龟兹赢得了光荣和声誉。白纯决定亲自去温宿,迎接罗什回国。于是,白纯组织了

---

① 六根:谓眼、耳、鼻、舌、身、意。根是能生的意思。六境:谓色、声、香、味、触、法。

② 六识:谓眼识、耳识、鼻识、舌识、身识、意识。

阵容强大的使团,带上丰厚的礼物,浩浩荡荡前往温宿。

温宿王出远郊迎龟兹王白纯,安置于上等宾馆。

白纯赐予温宿王厚礼,并表示来意。温宿王一听白纯亲迎罗什回国,婉言道:"是否让罗什在鄙国停留一年,宣讲佛经?"

白纯不允:"罗什去国已经五年,本王思念之情日深,此其一。龟兹僧众一致要求罗什回国讲经,此其二。龟兹小乘学者甚多,而研习大乘经典者寥寥无几,罗什回国,开启大乘法门,教化僧众,此其三。故这次非迎罗什回国不可。"

温宿王见事情无商量余地,只得作罢,末了仅提一个要求:让温宿道士随罗什去龟兹,学成回来也宣讲大乘经典。白纯一口答应。

五年后,罗什与母亲回到了故乡龟兹。

罗什回国,成为龟兹国人注目的事件,尤其是佛教徒奔走相告。罗什在罽宾、疏勒、温宿的游学和讲经的经历,在葱岭左右诸国广为流传。龟兹举国上下欢呼这位天才的归来,赞扬他小小年纪,就为龟兹佛教赢得了荣誉。

然而,罗什究竟对龟兹的佛教会产生怎样的影响? 他从疏勒带来的大乘经典,龟兹僧众能信从吗?

罗什想要在龟兹宣教大乘学,其实有相当难度。原因是龟兹小乘势力根深蒂固。据有的佛教史学者研究,龟兹流行小乘经典居多,大乘经典主要是方等部,也流行密教,禅法无闻。[①]龟兹国内有不少杰出的小乘学者,罗什想以大乘学说教化僧众,必然会同这些小乘学者发生义理上的冲突。别说他人,罗什的师父佛图舌弥就不以大乘经典为然。所以,当罗什去王新寺谒见舌弥时,舌弥虽然很高兴师徒相隔多年后的重聚,却并不见得十分热情。舌弥问:"罗什,听说你最近二年一直修习大乘经典,但被你们贬低的小乘,终究是根本,毕竟与佛说相近。"

———————————————————————

① 日人羽溪了谛据龟兹高僧至中土之译经,以为"龟兹凤流行小乘学","龟兹流行之大乘经典,主要者为方等部,而以宝积部最多,秘密部及法华部次之。""罗什以前龟兹是否有禅经流行,固不得而知,然至罗什时,关于禅之纪事,绝无传闻。"见《西域之佛教》第五章"龟兹国之佛教"。

罗什恭敬地回答："是,师父。小乘确实是根本,我在罽宾跟槃头达多大师总是读小乘经典。"

"再有,戒律是修行的根本。"舌弥皱起了眉头,"罗什,有传言说你不检小节。当然,我只是听说而已。"

罗什稍有不安,"师父,我有时举动欠慎重,犯率易之病。"

舌弥告诫道:"我龟兹佛教以戒律严慎著称于诸国。罗什啊,切记! 戒律面前无小节。"

"是,师父。"

舌弥还想与罗什谈点什么。这时,进来两个东土僧人。

"罗什,此二位是东土来的比丘,此名僧纯,彼名昙充。"舌弥向罗什介绍。

罗什立起身,合掌施礼:"二位大德,沙弥鸠摩罗什有礼了。"

僧纯、昙充来王新寺有年,时常耳闻鸠摩罗什大名,最近又听说罗什折服温宿国善辩道士,举国喜悦,实在想不到大名鼎鼎的罗什,居然是十几岁的小沙弥。惊奇之余,敬佩不已,称得见罗什,三生有幸,还邀请他将来去长安弘法。

二位东土比丘告辞后,罗什转达槃头达多对佛图舌弥的问候。舌弥详细询问达多的情况,感慨不已。

罗什:"师父,达多大师平日与我交谈,也常说起您。虽有伤感,仍盼来日与师父重聚。"

"唉,"舌弥叹了口气,"佛说'爱别离苦'是苦谛之一。苦谛是实实在在的有,而大乘学皆称之为空。若果为空,何以舌弥我与彼达多尽管天各一方,仍皆思念不已呢?"

罗什正欲说苦亦是空,亦是虚妄,一看到师父情绪趋于激动,便闭上口只听不说。

确实,罗什若与舌弥辩论大乘、小乘的差异,那是不明智的。舌弥是龟兹最著名的阿含学者,德高望重,统管几处大寺。成就与名望,决定他不可能轻易改宗大乘。从罗什方面说,虽然由小乘改宗大乘,并坚定地认为,大乘是最高、最无上的智慧,但他不否认小乘终究是基础。四圣谛、八正道、十二因缘,是进入佛学殿堂的门户。既然老师舌弥彻底信从小乘经典,那就让他信从好了。改宗不是简单如此门出,改由彼门进。这是一件感情和心灵都必须经受悲怆与痛苦的事。罗什想,实在无必要让上了年纪的师父经受心灵的震荡。

尽管龟兹小乘势力不小,罗什仍然决心广说大乘经典。

龟兹王白纯给了罗什极大的支持。如前所说,龟兹成为西域佛教的中心之一,与龟兹王室信从佛教密不可分。龟兹王室出家的并非耆婆一人,早于罗什数十年的西域高僧帛尸梨蜜多罗也是龟兹王室人物。^① 由于王室的推动与支持,加上罗什小乘学根底深厚,对大乘经典又备达幽妙,所以龟兹及周边诸国都宗仰罗什,无人能与之抗辩。这样,罗什归国的结果越来越分明:龟兹的大乘佛教以罗什为标志,进入隆盛时期。

此时,龟兹王室又出了一位虔诚的比丘尼,名阿竭耶末帝,龟兹王女,博览群经,于禅法尤其用功深研,时人称她已证二果。^② 阿竭耶末帝充满宗教激情,一闻佛法便高兴至极。在她的支持下,大集僧众,请罗什讲大乘经典。罗什以《大品般若经》《中论》《百论》《十二门论》《大智度论》等几部最重要的经典,深入阐明诸法皆空,无我分别,五蕴皆空,假名非实等核心问题。

大乘学的奥旨,小乘佛教信徒闻所未闻。罗什滔滔不绝的宣讲,辅之以生动贴切的比喻,如沙漠中的清泉,黑暗中的明灯,给听法的僧众以强烈的震撼,犹如罗什初听苏摩讲解《阿耨达经》时的感觉一样。

"诸比丘,须细细谛听:龙树菩萨作颂云:'众因缘生法,我说即是空,亦为是假名,亦是中道义。未曾有一法,不从因缘生。是故一切法,无不是空者。'(《中论·观四谛品》第二四)众缘具足和合而生法,如水遇寒为冰,

---

① 《高僧传》云帛尸梨蜜多罗为"西域人"。梁启超称据《出三藏记集》卷九知为姓帛,当是龟兹人。见梁启超《佛学研究十八篇》之六《又佛教与西域》。
② 声闻乘的果位名,梵语曰斯陀含,华译为一来,小乘四果中第二一来果。谓修得此果位者,一生天上,一生人间,就不再来欲界受生死了。

冰遇火为水、为汽，汽遇冷复为水。水、冰、汽因众缘而生，本无自性，无自性为空。空亦复空。然为引导众生故，以假名立说，称之为水、冰、汽。此所谓世俗谛也。而性空为胜义谛。

　　"诸比丘，须知因缘生法为空，假名疑似空。何谓中道？青目解释说：'离有无二边，故名中道。'是法无自性，故不得言有；是法亦无空，故不得言无。有无二边双离，才合于佛法的中道。从圣谛看，假名毕竟空。从俗谛看，假名好像有。缘生而无自性，所以离于有也，常也，增益也；性空而有假名，所以离断边、无边，损减也。离此二边，方是中道。一切法无不由众缘生，故曰'未曾有一法，不从因缘生'。凡是从因缘生者，皆空无自性，故曰'是故一切法，无不是空者'。

　　"诸比丘，须细细谛听：经中说：'见色无体性，见受想行识无体性。'又经中说：'因无性得解脱，故知色性非真实有，受想行识非真实有。'又经中说：'五阴皆空如幻。'小乘经典谓色阴为四大所造。[①]四大为空，因缘和合成色，色无自性，故色为空。受阴、想阴、行阴、识阴，亦由因缘和合而生，皆非实有，乃是空。故曰'五阴皆空如幻'。如眼所见天上之虹，赤橙黄绿青蓝紫成七彩，须臾而灭，一无所见。五阴一如彩虹，如幻如空。说一切有部以为一切法实有，其实非也。《金刚般若波罗蜜心经》说：'一切有为法，如梦幻泡影，如露亦如电，应作如是观。'……"

　　当世间一切存在的现象包括人们的感受、意识，即物质与精神，统统被说成梦幻泡影，如露亦如电，这意味着整个客观世界和人类认识系统的崩塌。谛听罗什讲经的缁流和居士，或怀疑、或叹惋、或迷惘、或觉醒。龟兹的佛教，好像发生了地震。这场地震不是毁灭一切，而是再造新的认识系统，将实有的世界看作空幻，使龟兹的小乘学让位于大乘学。

　　然而，龟兹的小乘佛教的势力毕竟很强大，大乘欲占上风，并不容易，必须经过教派之间的辩论和斗争。达磨跋陀当众凌辱大乘教徒一事，是当时

————————————————————
　①　色阴：《增壹阿含经》二八："此四大身，是四大所造色，是故名为色阴。"四大：《俱舍论》说，地、水、火、风也。此四者广大，造作生出一切之色法（物质），故名四大。

龟兹大小乘冲突的典型例子。

达磨跋陀是龟兹才学卓越的小乘学者,天性聪明,具通三藏,粗识梵文、月氏、安息诸国语言,自视甚高。有一天,他来到延城外的耶婆瑟鸣寺,见几个比丘在寺中的泉水旁边讨论《金刚般若波罗蜜心经》,"性空"、"非相"、"名法相"等等说个不停。达磨跋陀几步走过去,也不施礼,责问众比丘:"大乘者究竟何等教?理昧幽远,难以信解。汝等不作深思,信其邪见,不亦愚乎!"比丘不服气,与达磨争论起来。

正在此时,罗什与苏摩进寺。

原来,苏摩听说罗什回龟兹后广说大乘经典,信徒日众。可是一想到龟兹小乘教流行,罗什虽是大才,毕竟势单力薄,难免顾此失彼,于是由疏勒至龟兹,一是弘扬大乘,二是助罗什一臂之力。罗什很兴奋苏摩的到来,商议如何扩大大乘教的影响,开示修习法门。苏摩初来龟兹,想先了解龟兹著名大寺的情况,特别提出先游观耶婆瑟鸣寺,因为寺里有一口泪泉,伴随一个缠绵悱恻的传说:古代龟兹王有一位美丽的公主,爱上了一位平民小伙子。龟兹王反对他们的恋爱,派小伙子到克孜尔开凿石窟。如果能开凿一千个,那就允许成婚。小伙子年复一年的开凿,当将满一千口时,龟兹王谎称公主已死。小伙子绝望至极,加上劳累,憾恨而死。公主一年年的等待,等来的是一年年的失望。最后,她亲自去找小伙子,见到的却是恋人的尸体。公主抱着小伙子的尸体痛哭,泪水如注,成了"泪泉"……

苏摩一进寺就问泪泉所在。到了泪泉,只见几个比丘争得面红耳赤。苏摩一听,便知大概,便向达磨跋陀施礼道:"大德称大乘经典为邪见,请问何以见得?"

达磨跋陀转过头,面前是一位三十左右的比丘和一个十五六岁的沙弥,心想,沙弥必是鸠摩罗什了。听人说,罗什无人能抗。今天踏破铁鞋无处觅,广宣大乘教者就在眼前,我倒是要抗一抗,便回答说:"大乘经说一切法皆空,五阴皆空,违背佛说,岂非邪见?"

苏摩追问:"佛如何说?"

达磨跋陀:"佛说'此有故彼有,此生故彼生。此无故彼无,此灭故彼灭。'十二因缘、五阴、六处,[①]佛未曾说过空。"

苏摩:"十二因缘正可说明有缘才有有,无缘则无有,故有无无自性为空。五阴亦复如是。佛说:'色无常,受、想、行、识无常,一切行无常,一切法无我,涅槃寂法。'(《杂阿含经》卷一〇)所谓无常即无自性,无自性为空。佛所言正是一切法皆空,五阴皆空。这是正见,非邪见也。"

罗什不作声,只是平静地听着两人的辩论,有时眼光落在旁边清澈的泪泉上。

达磨跋陀固有的小乘教的知识结构当然不是一时可以改变的。但苏摩要改变这位深信小乘教的学者,显得很有信心。他花了很长时间对着达磨跋陀诵《法华经》几百偈,并耐心解释所诵偈颂的幽致奥义,还建议达磨回去之后诵完《法华经》六千偈。最终,达磨意识到小乘经义单薄浅近,不如大乘经典理义深刻。从此,每日诵《法华经》五遍。

由于罗什的俊才雄辩,广说大乘经典,并得到苏摩相助,龟兹的大乘佛教开始活跃。僧尼及在家居士改信大乘者不少。龟兹王也皈依大乘,支持罗什,推动大乘佛教在国中的传播。在龟兹佛教史上,罗什的时代是彼国大乘教最兴盛的时期。罗什之后,龟兹小乘教重占主流地位。这多少可以证明,罗什是龟兹大乘佛教最有力的推动者和传播者。

---

① 　六处:六根的别名,谓眼、耳、鼻、舌、身、意。

第六章　誉满西域

世尊问曰："于彼生地诸比丘中,何等比丘为诸比丘所共称誉?自少欲、知足,称说少欲、知足;自闲居,称说闲居;自精进,称说精进;自正念,称说正念;自一心,称说一心;自智慧,称说智慧;自漏尽,称说漏尽;自劝发渴仰、成就欢喜,称说劝发渴仰、成就欢喜?"

——《中阿含·七法品》七车经第九

罗什二十岁了。

这是一个英俊的年轻僧徒。中等稍高的身材,骨相得中。宽阔的前额,显示智慧。淡淡的黄色的瞳仁,顾盼有神。颧骨稍微突出,鼻梁挺拔,薄嘴唇。他的睿智与学问,让时人惊叹。他的洒脱与闲静,显出卓尔不群的气质。他是龟兹王室的骄傲,是龟兹佛教的希望所在。

罗什要受具足戒。这是沙弥成为比丘的隆重仪式,标志着正式出家。不受具足戒,说明仍是个沙弥,那怕已经三十岁。具足戒意为比丘、比丘尼应持的戒律莫不圆足。那是修习达到一定程度,已无戒不备的标志。受具足戒更深刻的意义在于:须严守世尊制戒之意,专心保持比丘、比丘尼的面目。

罗什受具足戒的仪式在龟兹王宫举行。这一天,王宫的佛堂装饰得非常清洁和华美。金色的佛像披上了五彩的经幡,香烟缭绕,佛座下鲜花匝地。在场的有龟兹王、耆婆、鸠摩炎、阿竭耶末帝、佛图舌弥、罗汉达摩瞿沙、苏摩,还有延城城内及城外各大寺的主持。

佛图舌弥主持具足戒仪式。

"善来,比丘! 剃发,断一切烦恼。"

罗什一把青丝堕于地。

"善来,比丘! 罗什,护此善根,得不坏戒、不杂戒、离垢戒、离疑戒、离缠戒、清凉戒、不犯戒、无量戒、无上戒……受具足戒,得阿罗汉。"

罗什顶礼佛足,跪在佛像前,合掌白佛:"善哉! 世尊! 我入佛法,世尊度我,以为沙门,与具足戒,愿作比丘。"

一件崭新的袈裟披上罗什的比丘身。

耆婆沉浸在喜悦中。儿子自七岁跟随自己出家为沙弥,已经整整十三年了。十三年来,无日不护持罗什善根。特别是遇见月氏罗汉后,罗汉"常当守护"的叮嘱,以及"若三十五不破戒"如何,"若戒不全"又如何的预言,撂在自己肩头,感觉如北方的白山一般沉重。今日罗什受具足戒,证明自己守护有功,可喜可贺。但来日方长,离三十五岁还有无数时日,其间谁能保证罗什不忘戒、不犯戒? 一想到罗什性格率易,有时不拘小节,耆婆立时不安起来。

罗什受具足戒之后,依然广说大乘经典。

此时,适有罽宾高僧卑摩罗叉来龟兹弘扬律藏,四方学者竞往师之。罗什之前,龟兹律藏流传不多。据《出三藏记集》卷十一《比丘尼戒本所出本末序》,龟兹佛图舌弥所统尼寺有《比丘尼戒本》,其余不闻律藏。卑摩罗叉来龟兹弘阐律藏,恰好填补此国律藏的欠缺,故而龟兹四方学者竞往师之。

《高僧传·卑摩罗叉传》谓罗叉"出家履道,苦节成务",则罗叉所习律藏当为小乘律。《十诵律》是说一切有部的根本戒律。罗叉一到龟兹,佛图舌弥就对罗什说,从罗叉学《十诵律》,必大有裨益。耆婆也极力主张罗什学《十诵律》。于是,罗什以罗叉为师,诵读《十诵律》数月,渐至精熟。

不久,耆婆决定去天竺求法。丈夫鸠摩炎十分不解:二十余年前我自天竺来龟兹弘道,二十余年后妻子自龟兹往天竺求法。当年我为何来此,今日彼又为何去此? 事情错乱竟至于此。耆婆却不管鸠摩炎解不解,执意欲往天竺。去天竺亲睹佛陀的圣迹,乃是自己最大的心愿。再说罗什已长大成了真正的比丘,虽然偶然心有隐忧,但她相信儿子的智慧,必能证得阿罗汉果。临别,鸠摩炎大声说:"耆婆,总有一天我要回天竺,在天竺找到你!""随你便。"耆婆手托佛钵,背上行囊。

龟兹王白纯来送妹妹。耆婆对他说:"汝国不久将衰落,我其去矣。"

"何以见得国势将衰?"白纯心惊,但不解。

"佛法云,生、住、灭。国运也是如此,岂能久长?"耆婆又对身边的罗什说:"大乘经典大弘震旦,传之东土,唯尔之力。但于自身不利,其可如何?"

罗什容色坚毅:"大士之道,利彼忘躯。若能使大化流传,洗俗启矇,即使身当炉镬之苦无恨!"耆婆极感欣慰:"这才是佛弟子!"

耆婆先是期许罗什担当传大乘教于东土的大任,却又指出利他与利己二者之间的冲突,这自然不是犹豫两端而不知抉择,而是一种"激将法"。果不其然,罗什坚定地表示,要以佛陀忘躯利他的伟大精神为榜样,只要大法流传,即使身受炉镬之苦也毫无憾恨。耆婆希望看到正是罗什舍身弘法的坚定意志。耆婆和罗什母子俩的对话,其实预示了罗什后半生在弘法道路上经历的苦难,以及为了大弘大乘经典于震旦,甘受炉镬之苦,舍身利他的伟大精神。佛教源于天竺,越过葱岭,远涉流沙,历经千难万险,最终在东方开放莲花。从根本上来说,正是有了像罗什那样的弘法志士,继承佛陀的精神,前赴后继,不惜粉身碎骨的结果。

至此,耆婆完全放心。二十多年来,她呕心喋血,守护早熟的天才。如今,儿子已经成为真正的比丘。他有弘法的大愿,崇高的目标,坚韧的意志,赴汤蹈火的舍身精神。还有什么不放心呢? 她将再一次逾越葱岭,往天竺求法,证得阿罗汉果。据说耆婆行至天竺,便登三果。[①]

母亲走了。从此一在天竺,一在龟兹,相隔高耸入云的大雪山,永不能相见。但有佛光共照——这已经足够。

罗什继续留在王新寺,读经说法不辍。

---

① 三果:小乘四果中的第三果,梵语阿那含果,汉言不来,意谓得此果位者,不再来人间受生死。

王新寺是白纯新建的著名寺院,可能是在前代龟兹王旧行宫基础上扩建而成。正中佛堂装饰华美,佛像庄严。佛堂西侧,保留着原有的建筑,存放各种法器和佛经。除佛事活动时取法器外,平日少有僧人光顾。

一天将近傍晚时,罗什诵经已毕,在寺中散步,不知不觉走到故宫门口,止住脚步。没有犹豫,又若有犹豫,罗什推门进去。借门口射进来的一缕阳光,大致能看清室内的器物存放的所在。罗什站定,器物渐渐清晰起来。忽然,罗什觉得眼前一亮。原来一大堆佛经里有一个东西闪闪发光。很奇怪!罗什走过去,发现原来是两本经书发出光芒。他俯身抽出经书,走到门口,凑近阳光看。又很奇怪,经书在阳光下不再发光。这是两本用坚韧的牛皮制成封面的经书,内页是薄薄的精细的麻布,抄写着工整的梵文。第一页上赫然一行大字:放光般若经。

这是从未读过的佛经!罗什大喜,如获至宝。

夜里,一间僧房里的酥油灯彻夜通明,罗什读《放光般若经》,如饥似渴。

> 所说如幻、如梦、如光、如影、如化、如水中泡、如镜中像、如热时炎、如水中月,常以此法用悟一切……

刚读了开头,突然麻布上经文全失。罗什心知这是魔来蔽文,[1]便拨亮酥油灯,正襟危坐,坚持再读。经文又显现了。罗什高声诵读:

> 尔时三千大千国土,诸盲者得视、聋者得听、痖者能言、伛者得申、拘躄者得手足、狂者得正、乱者得定、病者得愈、饥渴者得饱满、羸者得力、老者得少、裸者得衣,一切众生皆得同志,相视如父

---

① 魔:梵语 mara(魔罗)的省音。原来译作"磨",后改成"魔"。"魔"意译为"杀者"、"夺命"、"能夺命者"、"障碍"等,亦作"恶魔"。《婆沙论》卷四二:"问曰:何故名魔? 答曰:断慧命故名魔,复次常行放逸有害自身故名魔。"《大智度论》曰:"除诸法实相,余残一切法,尽名为魔。"经中关于"魔"的讲法很多,主要有"四魔"为障:一是"烦恼魔",即贪、嗔、痴等。二是"五阴魔",即种种身心烦恼。三是"死魔",即生死无常的威胁,四是"天魔",即欲界第六天的魔王,名叫"魔波旬"(marapapiyas),意译为"恶障"。

如母、如兄如弟,等行十善淳修梵事,无有瑕秽澹然快乐,譬如比丘得第三禅,一切众生皆逮于智,调已自守不娆众生。

魔来又蔽文,罗什挑灯再读:

> 菩萨摩诃萨欲住内空、外空、大空、最空、空空、有为空、无为空、至竟空、无限空、所有空、自性空、一切诸法空、无所猗空、无所有空。欲知是空事法者,当学般若波罗蜜。菩萨摩诃萨欲觉知一切诸佛诸法如者,当学般若波罗蜜。欲知一切诸法性者,当学般若波罗蜜。欲知一切诸法真际者,当学般若波罗蜜。舍利弗!菩萨摩诃萨如是,为行般若波罗蜜,当作是住。

忽然,虚空有一个声音,短促而严厉:
"汝是智人,何用读此经!"
罗什无畏无惧:"汝是小魔,宜速远去!我心如地,不可转也!"
此后经文不再消失,罗什的诵经声响至天明。

在佛经和历代的僧传中,会看到觉者、智者驱除魔的异闻。这些传说的真实意义是:驱除魔魅,才能证得佛果。其实,魔不过是障碍的象征。一切扰乱身心,障碍修行的事物,不论是物质形态还是精神形态,都可称之为"魔"。罗什夜读《放光般若经》所驱除之魔,喻指消除小乘教的障碍,彻底皈依大乘,其心如大地不可转也。

那么,《放光般若经》有何等魅力,竟让罗什倾心如此?

原来,《放光般若经》是大乘般若部中的一部重要经典。大乘般若学说讲无相、无生、无明,基本理论是"性空",与小乘有部执实名相有根本区别。罗什先已读过《中论》《百论》《十二门论》等大乘经典,深悟"性空"之旨,如今读《放光经》,进一步加深对"性空"的理解,因而欢喜无已。

这部《放光经》为什么藏于故宫,不见天日?原因大概是小乘佛教在龟兹势力极盛,大乘经典不受重视。这由中土的朱士行在于阗国求得《放光经》一事可以推知。三国魏时颍川人朱士行出家为沙门,曾于洛阳讲《道行经》,觉得文义难通,未为尽善,于是以甘露五年(260)远至于阗寻访梵本。多年后得原本,遣弟子法饶送经还归洛阳。将返前夕,于阗一些小乘学者报告于阗王:汉地沙门欲以婆罗门书惑乱正典,王为地主,若不禁之,将断大法,致使汉地信徒如聋如盲,此乃王之咎也。于阗王听信之,不让士行弟子携经回洛阳。朱士行深感痛惜,请求以烧经为证。王许之,积薪于大殿前,点火烧经。士行对火发誓:"若大法流行汉地,经当不燃;如其无护,命也如此。"誓毕,投经于火中。火当即熄灭,经不损一字,牛皮封面如故。围观的小乘学者及大众无不骇服,称其神感。《放光经》遂送至陈留,流传中土。(详见《高僧传》卷四《朱士行传》)试想,即使在大乘佛教占主流的于阗,《放光经》尚且被小乘学者称之为婆罗门书,禁止流出,更何况小乘教势力极盛的龟兹。《放光经》幽闭宫中,应该不难理解了。

　　罗什在王新寺住了二年。

　　这是广诵大乘经典的二年。《放光经》、《道行般若经》、《大般涅槃经》、《法华经》、《首楞严三昧经》、《思益梵天所问经》、《十住毗婆沙论》……犹如打开了一座座智慧的宝藏,罗什得以遍观,洞悉其中的奥秘。

　　罗什读经讲经,西域高僧及僧尼络绎不绝来到龟兹,听其阐演妙旨,睹其才俊风采。龟兹因为有了罗什,佛教愈益兴旺。龟兹王白纯为罗什自豪,决定在王宫的佛堂建造金狮子座。

　　金狮子座由花岗岩作基座,呈八角形,高出地面三尺。每个角用于阗玉雕琢成八朵莲花。花岗岩基座上设一高一尺多的座位,用金箔粘贴表面。八朵莲花托起金光闪耀的金狮子座,美轮美奂。

　　完工的那天,白纯带着罗什看金狮子座。他指指金狮子座:"罗什,下次讲《放光经》,让你升金狮子座。"

　　罗什看看金狮子座,淡淡地说:"我不升金狮子座。"

　　"为什么?"白纯不解。

　　"还不到时候。"

"何时到时候？"

"我师悟解大乘学，皈依大乘时。"

"哪个师父？佛陀舌弥？"

"不。罽宾国大师槃头达多。"

白纯更不解了，"难道你还想去罽宾教化盘头达多？"

罗什微微点头："是。我不能留此。"

白纯显然失望了，叹气道："看来金狮子座白造了。"

罗什欲去罽宾教化槃头达多，是信口开河还是确有此意？是否可信？应该说，罗什之言是可信的。一是罽宾是西域小乘佛教的中心，而槃头达多精通小乘三藏，独步当时，若能让他由小乘改宗大乘，这对于扩大大乘的影响，非比寻常。二是在宗教实践上，大乘强调利他，度一切众生至彼岸。罗什怀有弘扬大乘，度无数人的崇高理想。他想再去罽宾教化老师，体现出可贵的实践精神。至于佛陀舌弥，小乘信仰根深蒂固，性格又固执，很难改变。

老师尚未悟大乘奥旨，学生怎能升金狮子座？

正在罗什筹划再度远往罽宾时，雀离大寺差一比丘来王新寺通报：舌弥师父让罗什速往东雀离大寺佛堂。

罗什匆匆赶去，刚踏进佛堂，就喜极而呼："呵呵！我师何时到此？弟子正欲往罽宾看望师父呢！"

达多起身，"昨天刚到延城。还是我来龟兹合适。与舌弥师弟分别二十多年，挂怀不已。有生之年若不到龟兹，将成为终生的遗憾。"说话间，达多打量着英俊的罗什，"罗什，我们师徒也将近十年不见了。"

罗什："是啊。当年师父授弟子中、长《阿含经》的情景如在眼前。"

舌弥在旁似提醒："达多，罗什早已不读《阿含经》了。"

达多："这我知道。罗什大弘大乘学之事，早风闻罽宾。我来龟兹，也想听听大乘经典的义理。"

舌弥沉着脸说："我从不听罗什讲经。"

"为什么？"达多问。

"因为你若听信所谓大乘义理，你几十年的学问就废了。"舌弥冷冷地回答。

"大乘有此法力？"达多略显惊讶，继而说："不过，佛教部派众多，历史就是如此。我唯信从第一义谛。"

……

两人说完了，罗什邀请达多："弟子请老师休憩王新寺，弟子可随时请教老师。"

达多当即允诺。

达多的龟兹之行，出于三个目的。一是与佛图舌弥的同窗情谊。二是传闻罗什在疏勒、温宿、龟兹诸国广说大乘经典，神悟非凡，故来看个究竟。三是听说龟兹大力弘赞佛道，葱岭左右诸国僧徒多往彼国。达多想亲自了解传闻是否属实，所以不顾道路险阻而往龟兹。

王新寺里，师徒一起诵经论经。

小乘与大乘之间的理论分歧即将展开。

说一切有部与"性空"之间的争论何者占上风？究竟何谓第一义谛？

罗什与达多先读《德女问经》。[①]以前罗什在罽宾时，曾与达多读过这部经。经说："佛言：有德女，一切诸法皆毕竟空，凡愚迷倒不闻空义……第一义谛无有诸业，亦无诸有而从业生及以种种苦恼事……第一义者，亦随世间而立名字。何以故？实义之中能觉所觉，一切皆悉不可得故。有德女，譬如诸佛化作于人。此所化人，复更化作种种诸物。其所化人虚诳不实，所化之物亦无实事。此亦如是。所造诸业虚诳不实，从业有生亦无实事。"说一切有部以缘起法为理论基础，所谓"此有故彼有，此生故彼生。此无故彼无，此灭故彼灭"。肯定有无的各自存在，以为缘起基于有，此有生彼有，此无生彼无。生灭缘于业力，业力是轮回之因，是有。小乘佛教肯定客观世界的物质性。可是，《德女问经》标举"一切法皆毕竟空"，诸业不存在，是虚诳不实，从业有生也是无实事。这等于摧毁了缘起法，摧毁了因果律和轮回说。因此，当时罗什、达多都不信从。

---

①　疑即《有德女所问经》。

罗什先说《德女问经》,因为达多也读过此经,可作一个铺垫,以便再说其他大乘经典。然而当罗什解释经中"一切诸法皆毕竟空"时,达多即以《发智论》、"六足"等为依据提出质疑,并反问罗什:"有为法讲生、住、异、灭,大乘有何异相,而汝归依之、推崇之?"罗什回答:"有为法之四相,不过是假法,非实法。生、住、异、灭,时时变异,无有自性,即《德女经》所说因缘空假是也。大乘义理渊深,显明有法皆空,而小乘拘执于有,多漏失,[①]故大乘可尚。"

达多则不以为然,"汝说一切法皆空,甚是可畏。何有抛弃有法而爱空乎? 正如从前有狂人令纺绩之师绩线极好极细,绩师用心绩,绩成若微尘。狂人犹不满意,以为还是粗。绩师大怒,指着虚空说:'此是细线。'狂人问:'何以不见?'绩师答:'此线极细,我绩工技艺这么好,尚且看不见,何况他人?'狂人大喜,把绩师所称的细线转交织布人,织布人煞有介事地织布。于是绩师和织布人皆获厚赏。其实空无一物。罗什啊,汝之空法,亦犹此也!"

罗什申辩:"师之譬喻谬矣! 佛说'一切诸法毕竟空',不是一无所有,而是指诸法无自性。法相之相乃因缘和合而生,非有实体。大乘以有证空,但有为非有,为空相,为假名。有为俗谛,大乘以俗谛证第一义谛。第一义谛即是空。譬如麻析为细线,细线由麻和绩师和合而生。细线为假名,为空……"

要槃头达多放弃一切有部而信从大乘学,绝非易事。罗什连用譬喻,广引大乘经典,阐述"一切法皆空"的玄旨。师徒之间常发生激烈的争辩,犹如围城之战,攻防双方皆竭尽全力,使出浑身解数。经过一个多月的理论苦斗,最终达多落了下风,渐渐觉得大乘"性空"之说,确实比一切有部胜出一筹——大乘无执著之弊,有圆融之妙;小乘粗糙,大乘则精致多了。达多曾表示,唯第一义谛是从,又欣喜罗什智悟非凡,于是感叹:"师不逮弟子,反启悟师之志,此言验于今矣!"达多向罗什施以师礼:"和尚是我大乘师,我是

---

① 漏失:烦恼漏失正道,故名。《妙法莲华经文句》:"成论云:失道故名漏。"

和尚小乘师。""岂敢,岂敢。罗什永远是老师的弟子。"罗什连忙回礼。

罗什为达多讲经,劝其信从大乘之事,白纯很快得此讯息,不禁喜形于色。这时西域诸国,都佩服罗什神俊,来龟兹的僧尼越来越多。白纯意识到这不仅是罗什的光荣,也是龟兹的光荣,决定择日请罗什升金狮子座,让西域诸国惊叹,龟兹的佛教多么灿烂。

王宫中的佛堂早已洒扫洁净,佛像一尘不染,金狮子座金光锃亮。基座八朵玉石琢成的莲花,似有幽幽清香。前面是各种时令鲜花,而檀香味浓淡得中,营造出宗教的肃穆。一条大秦国的锦褥,图案是金丝绣成堆千朵莲花,从金狮子座一直铺到佛堂门口。

佛堂里座无虚席。龟兹王、王公大臣、国内外高僧无不衣衫洁净,神色庄严。金狮子座前,两个小沙弥击鼓,两个小沙弥敲钹。鼓钹声中,罗什进入佛堂,踩着大秦国锦褥,走向金狮子座,结跏趺坐。众目所聚处,只见罗什气质高贵,神情洒脱,目光祥和。从他口里吐出的经文,如雪山上的流水,清澈又悦耳:

> 佛告须菩提:"菩萨作是行般若波罗蜜,于诸法无所见。虽不见诸法,亦不恐亦不畏惧,不悔亦不懈怠。何以故?以不见五阴,不见眼耳鼻舌身意,亦不见色声香味细滑法故。亦不见淫怒痴,亦不见十二因缘,亦不见吾我,亦不见知见事,亦不见三界,亦不见声闻、辟支佛意,亦不见菩萨亦不见菩萨法,亦不见佛亦不见佛法,亦不见道。一切诸法尽不见,亦不恐亦不怖亦不畏惧。"(《放光般若经》卷二)

佛堂中一片肃静。从谛听者不断变化的眼神,可以看出这部深奥的佛经所产生的非凡的震撼力。

罗什讲毕,佛堂中开始议论起来:

"佛说:'有为性不见无为性,无为性不见有为性。有为不离无为,无为不离有为。'这几句究竟何意?"

"有为性、无为性皆不见对方，因有为性是空，无为性亦空。"

"佛说'一切诸法尽不见'，当然不见有为性，不见无为性。"

"有为性、无为性皆是空，为何有为不离无为，无为不离有为？"

"这就是中道啊。"

……

大乘"性空"说，以它不可思议的智慧、精巧、宏大的理论体系，折服了许多僧俗。阐说这一深奥学说的罗什，在人们眼中成了有着无上智慧的超人。龟兹为有这样的天才自豪。西域诸国的王公贵族，则俯伏在金狮子座下，让罗什踩着他们的后背升座，然后仰望年轻的天才，把他看作龙树菩萨再世。

第七章　声被苻秦

　　尔时，东方诸国王等，闻彼转轮王如是勒已，一时
同受十善业行，受已遵承，各各国土，如法治化。是转轮
王，自在力故，所向之处，轮宝随行。

　　　　　　　　　　　　　　　　——《起世因本经》卷二

　　现在，让我们把目光暂时离开西域、离开龟兹。
　　放眼东方，我们发现神奇的佛光由西向东照亮了几条丝绸之路。从于
阗、精绝、且末、若羌、鄯善；从疏勒、姑墨、龟兹、焉耆、高昌；再经敦煌、凉
州、长安、洛阳、荆州、庐山、建康。商队的驼群，驼着货物，也驼着佛经，在一
望无际的戈壁和沙海上颠簸，如孤独无援的小舟。驼铃声永远单调，有时淹
没在漫天风沙中。还有牛车、马车，载着西域的高僧，越过茫茫苍苍的关山，

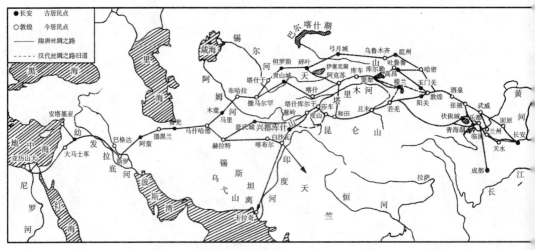

丝绸之路示意图

穿过贫瘠灰黄的乡村,执着地往东、往东。从清晨到黄昏,从寒冬至夏月,从一世纪到四世纪,整整四百年了,以上的画面从未消失。虽然脚步有迟有驶,但同样踏碎了艰难险阻,不屈不挠。世俗的战争最长不会超过百年,而佛教的东传延续了数百年。因为这是一场文化的征服,以占有灵魂为胜利的标志,所以特别艰苦卓绝,旷日持久。

第四世纪初,佛教终于在中原安营扎寨。

此时的中国北方,五胡十六国的历史刚刚翻开。每一页写着分裂、战争、饥饿。成者、败者,走马灯似地变换,眼花缭乱,伴随着刀光剑影、人头落地,鲜血飞溅。佛教东传的辉煌篇章,恰恰与中国最混乱、最血腥的历史重叠在一起。

莲花出于污泥。污浊的时代反而最适宜佛教的传播。因为佛教产生于苦难,苦难是佛教的沃土。释迦牟尼观照人生的真相,发现真相就是苦难,由此悟出解脱苦难之道,才证得佛果。原始佛教的根基四圣谛(苦、集、灭、道)、十二因缘、八正道,都是从苦难推演而来。五胡十六国时期的饥饿、战乱和死亡的社会现实,有力地印证了佛陀的四圣谛。人生的苦难从何而来? 如何摆脱苦难? 怎样修习进入安乐的境界? 佛教对这些根本问题作出了特别的解答。于是就不难理解:苦难的社会现实,乃是佛教的流布和兴旺的最好温床。

三世纪时的中原地区,佛教在两个地方流布最广。先是以洛阳为中心的后赵地区,继而以长安为中心的苻秦和姚秦。后赵的君主石勒、石虎虽族出羯人,但受汉文化影响较深,奉龟兹东来的高僧佛图澄为国师,营造寺庙,国人竞相出家。后赵灭,氐人苻氏建立的前秦政权也信奉佛教,长安一度成为中国北方的佛教中心。

前秦政权的创立者是苻洪。苻洪传之第三子苻健。苻健死,其子苻生即位。二年后,苻雄之子苻坚杀苻生,即皇帝位。时为东晋穆帝升平元年,苻坚永兴元年(357)。在苻坚的治理下,前秦由此强盛。

五胡十六国的君主,多数野蛮蒙昧,信奉暴力,不知礼仪为何物。苻坚是少数几个佼佼者。史称苻坚"性至孝,博学多才艺,有经济大志,要结英豪,以图纬世之宜"。(《晋书》卷一一三《载记》一三《苻坚传》上)可见苻坚具有较高的汉文化修养,胸有大志,非草莽英雄可比。值得称道的是他留心儒学,谨庠序之教,整顿风俗,出现"关陇清晏,百姓丰乐"的景象。[1] 苻坚重视文化教育,与他礼遇高僧、兴隆佛教有必然联系。

前秦地处西陲,与西域来往便利。在与西域诸国的交往中,能平等待人,建立融洽的外交关系。苻坚曾派梁熙出使西域,在称扬坚之威德的同时,赐予诸国王以缯綵,于是朝献前秦者有十余国。大宛献天马千里驹,及珍异物品五百余种。苻坚说:"吾思汉文帝返回大宛所献千里马,赏叹称美之。今大宛所献马,全部返还,庶几能效法前贤,仿佛古人。"命群臣作《止马诗》而遣返千里马,表示无贪欲之心。群下以为此乃盛德之事,远同汉文帝,献诗者四百余人。

前秦后期,国力强盛,影响遍及于西域、天竺及海东诸国。鄯善王、车师前部王来朝,大宛献汗血马,肃慎贡楛矢,天竺献火浣布,康居及海东诸国,凡有六十有二王,皆遣使贡献方物。这种开放、友善的国际环境,自然有利于西域佛教的东传。

苻坚对佛教表现出高度的热情。如果说,石勒、石虎奉佛图澄为国师,仅仅是利用澄的异术,助石赵治国为政,那么,苻坚扶持佛教,就不仅仅借佛教教化众生,更有对佛学义理的认同。西域来华的沙门,无不受苻坚的优渥礼遇;与此同时,长安渐渐成为佛教翻译的重镇。

兜佉勒高僧昙难提(秦言法喜),遍观三藏,尤擅长《增壹阿含经》,学问渊博,无所不综。年轻时即游历西域诸国,以为弘法之体,应宣化于不闻佛典之处。于是远涉流沙,赍经东来,以苻坚建元中至长安。苻坚深加礼遇,并邀请道安等于长安城中,集义学僧,请难提译出《四阿含经》、《阿毗昙心经》、《三法度论》等经,凡一百六卷。

---

[1] 《晋书》卷一一三《载记》一三《苻坚传》上:"自永嘉之乱,庠序无闻,及坚之僭,颇留心儒学,王猛整齐风俗,政理称举,学校渐兴。关陇清晏,百姓丰乐,自长安至于诸州,皆夹路树槐柳,二十里一亭,四十里一驿,旅行者取给于途,工商贸贩于道。百姓歌之曰:'长安大街,夹树杨槐。下走朱轮,上有鸾栖。英彦云集,诲我萌黎。'"

苻秦时长安佛教文化的热忱,甚至压倒了与战争联翩而至的死亡恐惧。苻秦末年,当城下的战马疯狂嘶鸣,双方战士血肉横飞时,长安寺院中的高僧与清信之士仍置若罔闻,一心谛听美妙的佛音。

东晋孝武帝太元九年(384),慕容冲背叛苻坚,关中乱象四起。这年六月,慕容冲率军逼近长安,进驻骊山。苻坚遣前将军姜宇帅众三万拒冲。冲击败秦军,占领阿房宫。战火已经烧到门口,可是长安城里黄门郎、武威太守赵正,与西域高僧仍译经不辍。

苻坚信从佛教,不仅礼遇西域高僧,襄助译经,而且对中土的僧团也同样重视。当时,中国北方最有名的僧团领袖道安,带领一批门徒弘法修道,饱尝颠沛流离之苦,曾在襄阳停留十余年。建元十一年(375),道安在襄阳建檀溪寺,铸释迦佛像。第二年装饰佛像,苻坚遣使至襄阳,送道安外国金箔及佛像,助其装饰佛像的工程。

太元四年(379),苻坚将苻丕攻陷襄阳。道安因襄阳太守朱序不放他走,结果与朱一起被执,送至长安。先前苻坚就有话:释道安是神器,正欲致之以辅朕躬。如今终于获道安,大喜,对仆射权翼说:"朕以十万军队取襄阳,唯得一人半。"权翼问:"谁?"苻坚回答:"安公一人,凿齿半人也。"[1] 道安住长安五级寺,僧众数千,大弘法化。长安之有道安,标志着北方的佛教中心得以确立。

道安成了国之神器,受到苻坚的敬重和信任。有一次,苻坚出东苑,想要道安升辇同车。仆射权翼知道后,进谏说:"臣闻天子法驾,侍中陪乘,道安落发毁形,岂可同载?"苻坚勃然作色:"安公道德可尊,朕以天下不易,同乘舆辇之荣,未称其德。"意思是说整个天下都换不来道安,同载的荣耀,与其道德相比,实在算不了什么。遂命权翼:"扶安公登车!"苻坚当着大臣之面称道安比天下还贵重,当然有"作秀"之嫌,但尊敬道安的道德学问并不是作假。相比后赵石勒、石虎,看重佛图澄的神异,却对他的高深义学一无所解,二者不可同日而语。

---

[1] 凿齿,指习凿齿,襄阳名士,博学洽闻,以文笔著称。生平见《晋书》卷八二《习凿齿传》。

符坚攻克襄阳，获致高僧道安。那么，他可曾听说过誉满西域的佛学大师鸠摩罗什？是不是也想得到罗什？

答案是肯定的。丝绸之路上东来西去的商队、僧人、西域诸国来华朝献的使者，不可能不讲说龟兹的天才罗什。再说，前秦的国力强盛，影响远至西域。既然西域、海东，甚至大雪山之南的天竺都朝贡珍异，那么，获致鸠摩罗什自然也不是难事。

大约在建元十年（374）时，车师前部王及龟兹王弟白震同时来长安朝见符坚。符坚于西堂接见两位外国贵宾。符坚问车师前部王："贵国有何珍异？"前部王答："告皇帝陛下：交河之外，土地高敞，瓜甜如蜜。"符坚又问龟兹王弟白震："贵国有何珍异？"白震答："告皇帝陛下：鄯国物产丰富，盛产葡萄酒、石榴、核桃，漫山遍野的牛羊、封牛，山中黄金、铜、铁、铅、石膏，还有细毡、氍毹……"

符坚打断白震，问车师前部王："昔传汉武帝得大宛汗血马，汗血马之名何谓？"

车师前部王答："大宛有高山，山上有马，然不可得。遂取五色马置山谷中，高山之马与五色马交配而生驹，皆汗血，故名汗血马，又曰天马子。"

车师前部王与龟兹王弟白震将西域诸国的珍异一一道来，边说边察看符坚的反应。符坚神色平和，似乎并没有对异域的珍宝表现出浓厚的兴趣。白震思量再三，决定直言："听闻焉耆王近来与匈奴单于交通频繁，皇帝陛下应该出兵讨伐，否则焉耆必将依附匈奴。"

符坚听后说："焉耆王与匈奴交通之事，朕已有所知，并作了应对的准备。至于刚才车师前部王及龟兹王弟你所说的珍异，朕其实亦不甚感兴趣。朕感兴趣者乃是龟兹国最大的珍宝。"

白震惊诧非常："皇帝陛下，龟兹边地小国，有何大珍宝？"

符坚笑问："鸠摩罗什难道不是龟兹最大珍宝？"

白震方才明白："是啊，鸠摩罗什确实是我国罕见的珍宝。请问陛下，何以知有鸠摩罗什？"

符坚："鸠摩罗什于西域诸国升金狮子座说经，誉满葱岭内外，朕怎会不知？再说，龟兹王子白延于去年不是在凉州译经吗？"

白震："是，陛下。我来长安道经凉州，还曾与贤侄白延相晤。"

苻坚知西域有鸠摩罗什，一是由凉州传来的讯息。龟兹王子白延在凉州与大月氏优婆塞支施苍等译出《首楞严经》，凉州人士从白延处了解罗什自在情理之中。此时凉州与长安之间的交通尚未断绝，由凉州至长安的僧人讲起罗什也有可能。二是数年前，由龟兹归来的僧纯、昙充，谈及龟兹的佛教、佛图舌弥的博学及罗什的神俊，都非常生动详尽，苻坚听后于罗什的印象尤深。欲罗致罗什的念头在心中也已有日。

此时，苻坚又问白震："龟兹能否将大珍宝朝贡长安，让朕也能一睹鸠摩罗什的神俊非凡？"

"这……"白震嗫嚅，实在不好回答。

苻坚朗声大笑："怎么，龟兹舍不得？龟兹若送罗什来长安，大秦国将造十处金狮子座，请罗什处处升座说经。信不信？"

白震："信，信，我信。不过，还须看罗什本人愿不愿意来长安。"

苻坚："大士弘法，罗什岂有不愿至东土弘法之理？龟兹王弟回西域后向龟兹王郑重转达朕意：望龟兹国将大珍宝鸠摩罗什尽早送达长安。"

"是，是，陛下。"白震嘴角掠过一丝不易觉察的苦笑，与车师前部王面面相观。

日月易迈，三年遂过。

龟兹国音讯全无。苻坚如今是只闻罗什其名，不见罗什其人。

这时的罗什，正在西域忙于说经，声名如日中天。虽然胸怀弘大乘教于东土的志愿，但尚未谋划何时实施。世上的事，多半因机缘而成，而败。机缘未现，勉强不得。

到了建元十三年（377）正月，一天朝会时，太史出列奏曰："有星见于外国分野，当有大德智人入辅中国。"

苻坚一听甚喜："朕早闻西域有鸠摩罗什，襄阳有沙门释道安。莫非即此耶？"

于是苻坚遣使往龟兹求鸠摩罗什。

观察天上星宿的运行，以此占、解世间的人事，这是一门非常古老的学问。试读《史记·天官书》，会发现天上的星宿无不与地上的吉凶、阴阳、政治、兵事相应。某星为天子之象，某星为后妃之象，某星为三公之象，复杂而神奇。星象这门学问并不是中国独有，古代西域、天竺诸国亦有。罗什在疏勒读五明之论，"阴阳星算莫不毕达"。说明古印度也有星算一类技艺。

然而，虽然有星见于外国分野，大德智人却迟迟未来东土。苻坚遣使往龟兹求罗什，可见多么迫不及待。

不过，在建元十五年（379）时，苻坚终于得到了另一位大德智人释道安。长安有了道安，成为中国北方名副其实的佛教中心。五级寺里僧众济济，译经讲经，井然有序。

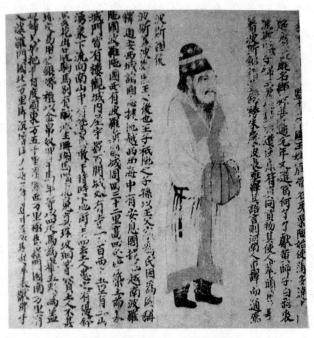

梁元帝《职贡图》上的鄯善使者

建元十七年（381）二月，鄯善王、车师前部王等来长安，又游说苻坚发兵西域。为什么地处西域的鄯善、车师前部再三游说苻坚出兵攻伐西域？

原因是西域数十国,国与国之间关系复杂。有些小国历史上始终处于匈奴与中国的夹缝中,为求生存,见机而作。若匈奴势大则附匈奴,中国势大则附中国。当时,苻秦政权处于鼎盛时期,国力远达西域,所以鄯善王、车师前部王游说苻坚出兵西域,平定那些出尔反尔,不肯真心内附中国的国家。

不幸得很,这次龟兹被认定为对苻秦不忠的属国。六七年前,龟兹王弟白震与车师前部王一起来长安,游说苻坚出兵西域,可见彼时龟兹与前秦关系较好。现在却被苻秦排除在友好国家之外,成了被讨伐的对象。其中最主要的原因应该是龟兹为了摆脱前秦的控制,同时也威胁到了鄯善及车师前部的利益。所以,这次鄯善王及车师前部王同来游说苻坚,平定西域不忠或忠诚度不高的一些属国。龟兹不够忠诚的另一表现,或许与龟兹迟迟不送罗什有关。苻坚要求白震回国后,将国之大珍宝罗什送达长安。苻坚遣使往龟兹求罗什,龟兹王却称稍待毋急,龟兹正急需罗什弘法,数年后必来长安。可是企盼有年,罗什仍在西域。苻坚求贤心切,龟兹王的阳奉阴违让他感觉不爽。

鄯善王、车师前部王游说苻坚发兵西域,但苻坚按兵不动。他的注意力毕竟在东晋,并吞江南才是宏图远志。

第二年,即建元十八年(382)九月,车师前部王弥寘、鄯善王休密驮又来长安,朝见苻坚。苻坚赐以朝服,引见西堂。二王看到宫室壮丽巍峨,仪仗及卫兵一队队肃立,声势非凡,心中不禁发怵,朝见苻坚时,请求年年贡献。随车师前部王朝见的国师鸠摩罗跋提,献胡本《大品经》一部。苻坚命大臣接过《大品经》,对弥寘说:"西域遥远,年年朝贡就不必了。以后三年一贡,九年一朝。"二王叩首感谢,并再次游说苻坚,表示愿意为向导,以伐西域之不服者,按照汉朝管理西域的旧法,置都护以便统治。苻坚这次同意了。

这时,阳平公苻融进谏:"西域荒远,得其民不可使,得其地不可食。汉武征伐西域,得不偿失。今劳师万里之外,以踵汉氏错误之举,臣私下以为可惜。"苻坚不从,说:"二汉力不能制匈奴,犹出师西域。今匈奴既平,易若摧朽,虽劳师远役,可传檄而定,化被昆山,垂芳千载,不亦美哉!"朝臣又屡谏,苻坚一概不听。

从前,苻坚处理西域,以亲善为原则。大宛献天马及珍异五百多种,苻坚返还天马,命群臣作《止马诗》,以示"无欲"。平定关东诸国后,随着国力的强大,出兵西域,亲征江南,刚愎自用,不纳众议,以为九州一统,指日可待。

所以,苻坚用兵西域,主要是他晚年欲望膨胀的结果,不见得出于高尚的目的。不过,有一种用意不容怀疑:平定西域,获致鸠摩罗什。

在长安建章宫,苻坚饯送出师西域的将领:骁骑将军吕光、陵江将军姜飞、轻骑将军彭晃等。宴会上,苻坚对统帅吕光说:"夫帝王应天而治,视民如子,以爱苍生为本,岂贪其地而伐之乎? 正以怀道之人故也。朕闻西域有鸠摩罗什,深解法相,善闲阴阳,为后学之宗。朕甚思之。贤哲者国之大宝,若克龟兹,即驰驿送什。"倘若相信苻坚这番话,那么,出师平定西域的目的,不是贪其地,而在"怀道之人",即获致罗什。但在苻融进谏反对出兵西域时,苻坚以为两汉不能制匈奴,犹出师西域,今匈奴既平,征服西域,易若摧枯拉朽。其意志在建千古不朽的功勋,超乎炎汉之上,而无一字道及罗什。《晋书·吕光传》也说:"坚既平山东,士马强盛,遂有图西域之志。"苻坚前后所言,显然不一致。投兵万里,究竟为罗什,还是耀武扬威,所谓"化被昆山"? 合而观之,二者皆有。但不管怎么说,苻坚为得到罗什,居然不惜兴师动众。说明罗什的声名显赫以及苻坚的思得贤哲,都已超出今人的想像。

吕光一介武夫,最不解主上所说的"正以怀道之人故也","贤哲者国之大宝"这二句话。他放下酒杯,问:"陛下,鸠摩罗什深解甚么法相,何以看重乃尔?"

苻坚掷过来一句:"此非卿所明了。"

吕光红了脸,更觉迷茫:"臣愚昧,望陛下开导。"

苻坚意若不屑:"法相非开导可了,有悟性自可了。朕也并不十分了。"

吕光一听更糊涂,"非可了","自可了","不十分了",法相究竟是什么,究竟可了不可了? 于是又问:"陛下,那个鸠摩什么罗什的一来,法相难道就能了吗?"

　　"当然。鸠摩罗什一到长安,朕将率领文武,听其讲经,法相之奥秘,必当能了。"

　　苻坚与吕光的一番对话,在场的多数将军听来莫名其妙,只管喝酒。

　　苻坚神色严肃起来:"吕将军,朕再重复一遍:若得鸠摩罗什,即驰送长安,不得有误。切记!"

　　吕光双手抱拳:"遵旨! 不过,兵家之事难料,万一罗什受伤,或遭不测……"

　　苻坚生气了,打断吕光:"啊! 鸠摩罗什当世之大宝,务必完好无损送达长安。若有差错,不要来见我!"

　　"遵旨!"吕光感到问题的严重,高声应答。心里却想:若有差错,难道就不让我回长安? 不回长安,我回哪儿?

第八章　吕光破龟兹

尔时，边方守御之人，远来白王："邻国怨贼今已相逼，犹如暴风黑云恶雨。"王即告言："卿等不应恼乱我心。"即说偈言："邻国所以，来讨我国，正为人民，库藏珍宝，快哉甚善，当相施与，我当舍之，出家学道……"

——《菩萨本缘经·一切施品》第二

苻坚建元十九年（383）正月，吕光使持节、都督西讨诸军事，率将军姜飞、彭晃、杜进、康盛等总兵七万、铁骑五千，以讨西域。以陇西董方、冯诩郭抱、武威贾虔、弘农杨颖为四府佐将。鄯善王休密驮使持节、散骑常侍，都督西域诸军事、宁西将军。车师前部王弥寘使持节、西域都护，率其国兵为向导。

大军临发之际，苻坚太子苻宏拉着吕光的手说："君器相非常，必有大福，宜深保爱。"苻宏为什么说这句话？什么意思？真不易猜度。不过，称吕光"器相非常"，倒不是毫无依据的夸饰。吕光作为后凉的创建者，确实有非凡之器相。据《晋书·吕光传》，吕光为氐人，生时夜有神光之异，故以"光"为名。十岁时，群童游戏，为打仗布阵之法。吕光布置详明妥当，群童叹服，推其为首领。但吕光不喜欢读书，唯好呼鹰走马。这也就决定他终生不过是一介武夫。长大后，身长八尺四寸，双目重瞳子，左肘有肉印。沈毅凝重，宽简有大量，喜怒不形于色。时人不识其器相，唯有王猛看出此人不凡，称叹吕光为"非常人"。言之苻坚，屡立战功，威名大著。至于"必有大福"，以后的事实证明，苻宏说中了。

且说吕光率领七万大军从长安出发，车辚辚，马萧萧，旌旗猎猎，铁甲耀日。数不清的牛车、马车,装着粮草、弓弩、炊具、毡帐,绵延百余里,缓缓向西。时值严冬,滴水成冰。战马喷出的热气,凝而为霜,马鬃上一片霜花。士兵握着冰冷的矛戈,手指冻得发痛,几乎断下来。毡靴上沾满泥土,越走越沉重。傍晚,或在旷野,或在山谷,垒起土墙,安营扎寨,炊火多如天上的繁星。刚出锅的饭菜,很快就变得冰冷。夜里,毡蓬外寒风肆虐,如狼嚎,如鬼哭。旷日持久的行军,艰苦难以备述。

甚至还没有看到自己的国土,鄯善王休密驮就丧身异乡。当走到凉州首府姑臧时,休密驮竟不知何病,暴死于州府中。去年,姑臧当阳门震,刺史梁熙问郭黁:"其祥安在?"黁回答:"为四夷之事也,当有外国二王来朝主上,一当反国,一死此城。"至此,鄯善王死于姑臧,正所谓"一死此城"也。向导还未当,想不到"出师未捷身先死"。

五月下旬,大军过敦煌。又西行二日,至玉门关。这座汉朝修筑的雄关,如巨兽蹲于沙碛地上,扼守着通往西域的门户。三百年之后的唐人唱道:"春风不度玉门关。"此时的长安已是杨柳飘拂,春风骀荡。玉门关内外,却依然寒风凛冽,寸草不生。其实,玉门关内关外,岂止自然景物迥异,文化、习俗也完全两样。玉门关是中原文化与西域文化的分界线。玉门关内,终究是华夏文化的天下;玉门关外,胡笳羌管,而不闻周、孔礼乐之声。吕光的七万将士在越过玉门关的一刻,几乎人人心中都生出一份离别与茫然的情绪。

楼兰故城遗址

出了玉门关,便进入鄯善国境。一路上多是芦苇、柽柳、胡桐、白草。目力所及,多是沙地和泛白的盐卤地,很少见到农田。又走了十多天,到了鄯善国的国都。继休密驮之位的鄯善王胡员吒亲至城外迎接大军,并送骆驼数百匹。

由鄯善国往西北,全是沙碛地,荒无人烟,不辨道路也无有道路,只有牛马粪便和人骨兽骨作为标识。走了一个多月,到了高昌。①高昌城外,农作物品种多,长势也好,看来比较富足。西征大军在高昌休整了二个月,备足了粮草。

这时,长安方面传来苻坚率众百万,渡淮进攻东晋的消息。吕光得报大惊,以为苻坚倾举国之力伐晋,太过冒险。若江南不克,自己又将兵七万在外,长安空虚,万一有事,两边都是远水不救近火。于是,吕光打算暂时驻军高昌,等待苻坚的命令。

部将杜进见吕光按兵不动,大不以为然:

"将军受任征西,军机宜速,有何不了,而更留高昌!"

吕光一听不无道理。苻坚远在江南,命令传到西域,不知何年何月。我留高昌几时?亦不可料。那么,还是西征为上。

杜进催促吕光继续西进,究竟正确与否?此问题很难判断。秦军此时大败淝水,逃兵风声鹤唳,远望八公山草木,以为是晋兵,昼夜不息地遁逃,草行露宿,加之于饥饿,死者漫山遍野。甚至苻坚所乘云母车也为晋军所获,身中流矢,单骑奔逃,自顾不暇之际,何尝会想到吕光的西征大军?即使想到,也无法命吕光速回保驾,或守卫长安。当然,假若苻坚败后,命留在高昌的吕光速回,那么,尚有七万精兵强将,重镇旗鼓,或许后来不至于身死他人之手。但历史不容推论。不论正确或者谬误,一旦付之行动,即成为不可更改的事实。

西征大军由高昌继续西进,进入最危险的征程。那是谈之令人色变的

---

① 高昌:《资治通鉴》卷一〇六《晋纪》二八胡注:"李延寿曰:高昌者,车师前王之故地。昔汉武帝遣兵西讨,师旅顿弊,其中尤困者住焉。地势高敞,因名高昌。其地有汉时高昌垒,晋为高昌郡,后因为国名。"

三百里死亡地带,除了黄沙还是黄沙。没有花,没有草,没有绿色,也没有飞鸟。只有热风,卷起黄沙,直上云天。四顾茫茫,不辨东西,全是沙的海洋,海洋似的沙。唯有沙海中偶尔见到的人兽的尸骨,才是勉强辨认的道路。最可怕的是沙丘的移动,可以掩盖一切——无论有生命的还是无生命的。夜晚,一串幽幽的磷火飘过,传来惨厉的声音。究竟是在地狱,还是在人间?

大沙漠

　　吕光的军队没有水。水已经消耗殆尽,几百匹骆驼的背上和牛车上盛水的皮囊空无余沥。七万将士大半已面无人色,举步维艰,嘴唇干裂,渗出血珠,有的昏倒在黄沙中。死亡已经追上来了,将他们团团包围。

　　杜进把车师前部王弥寘叫来:"卿为向导,总不能眼看将士白白渴死,应该命车师前部国兵四处找水才是。"

　　弥寘说:"这数百里流沙中,根本无绿洲,唯有老天降水,才能解救此厄。"

　　杜进一听就生气:"卿莫非热昏了头? 天上无片云,还指望下雨?"

　　弥寘仰头看天:"杜将军,度越流沙就靠运气。"

　　吕光闻声过来:"杜将军,车师王言之有理。流沙能不能过,不靠谋略,不靠资财,就靠运气,或者福气。我听说汉武帝时李广利征西域,精诚玄感,飞泉涌出。我等岂独无感致乎！皇天必将有济，诸将不足忧也。"

杜进见情况如此危急，吕光还说什么"精诚玄感"，简直说梦话，比曹操"望梅止渴"远矣。忍不住讥嘲吕光："末将精诚有时，何以不见飞泉涌出？"

话刚说完，烈日当空，瞬间黑云翻滚，大雨从天而降，平地三尺。吕光命将士把炊镬等容器统统拿来朝天接水，自己则立在大雨中，仰头张嘴，雨水滴滴浇灭了快要燃烧的咽喉，浑身上下透湿，于是想起大军临发时符宏的话。"必有大福"，此言今日可证也。心中暗自高兴。

度过流沙，进入焉耆国。焉耆王泥流自度难敌吕光，率领尉犁、危须、山国诸国请降。

尔后，该轮到龟兹遭殃了。

据探子报告：吕光大军的前锋已快接近龟兹东界，半月之内，必到达延城。

龟兹王白纯愁云满脸，召集群臣商议。群臣议论纷纷，有的主降，有的主战，有的主逃。白纯一时无法决断，挥手下令退朝。

大殿中，白纯低着头，踱来踱去，权衡战与降的利弊。如此片刻，大声呼近侍："快召罗什！"

近侍急匆匆奔出宫门，前头一声"慢着"，一看，原来罗什就在眼前。

罗什一进殿，白纯还没开口，就说："陛下，国运衰矣。已有强敌，将至我国东界，长安人从东方来，宜恭敬柔顺，勿抗其锋。"

白纯摇头："我龟兹军队不下十万，难道束手就擒？"

罗什："国运盛衰，非关乎军队多少。"

白纯："关乎什么？"

罗什："关乎时运。盛衰有时，即使佛祖也无法改变。"

白纯："罗什，从前你母亲去天竺，预言国势将衰。今天你又说龟兹国运衰矣。我龟兹人口、军队数倍于焉耆、鄯善、疏勒诸国，你何以见出龟兹国运衰败？"

罗什："由匈奴灭亡看出。"

"哦，"白纯脸容肃然，"此话怎讲？"

罗什分析道:"北方匈奴未亡时,汉朝抗击匈奴,非联络西域诸国不可。西域诸国则夹在两大强国之间,要么附属东,要么附属北。汉朝千方百计争取、笼络西域诸国,故班超击败匈奴后,设都护府于龟兹。龟兹敬仰汉朝的礼仪,自己也得到发展。后匈奴亡散,二强只余一。我龟兹仍朝贡汉朝,故得以太平无事。但若以为龟兹不必依附一强,则危险更甚于两强并存时,盖脚踩两条船已不可得也。"

白纯觉得罗什的分析是有道理,但总感到作苻秦的属国未免太轻贱自己。当年,作汉朝的属国犹有可说,汉朝强盛,富庶繁荣,又是礼仪之邦,精美的丝绸、锐利的铁器,源源不断输入进来,对我龟兹农牧业的发展帮助很大。汉朝驱赶匈奴,东西交通畅达,与葱岭之外诸国自由贸易,龟兹成为西域的强国。可是,自汉朝亡后一百多年来,龟兹先是朝贡曹魏,后来朝贡西晋,再后来朝贡张氏的凉州,现在又要受苻秦的统辖。东土走马灯似的改朝换代,连割据政权也可以对龟兹颐指气使。我白纯实在咽不下这口气。再说,吕光的军队一到,必定先搞废黜,自己的脑袋很可能搬家。与其性命不保,还不如决一死战。

白纯沉默良久,最后右手狠狠斜劈:"朕决定迎战!"又对罗什说:"罗什,你是龟兹的大宝,可进山,暂避吕光其锋。"

罗什很无奈。强敌压境,何处可避?

白纯一面派王弟向西域诸国求救,一面将延城外的民众全部赶进城里,命各侯王率军守卫内、中、外三道城墙。

龟兹王弟率领的一队骑兵,向西南方向疾驰,请疏勒王出兵相救。龟兹、疏勒相距千里,但疏勒王很清楚,唇亡齿寒,若龟兹不保,疏勒不会独存。疏勒王接到龟兹王的求援信函,立即动员国中胜兵二千人,亲自率领,驰援龟兹,国事委于太子,命佛陀耶舍辅助之。

这时,吕光的军队已到延城城南数里外,五里为一营,掘深沟六尺,筑起高垒,广设疑兵,以木为人,被之于甲,排列于高垒上。

白纯登上延城外城墙,绕城察看军情:只见东西南三方被吕光的军队团团围住。目力所尽之处,全是苻秦的军队,盔甲在阳光下闪耀,像是闪光的巨大铁链,拴住了延城。白纯暗暗吃惊:传云吕光的军队七万,但看城外皆是围城的士卒,恐远不止此数。

白纯忽然想到,问近侍:"罗什出城没有?"

近侍:"好像还没有。听他说,他要去看看父亲鸠摩炎。"

白纯命令近侍:"快去王宫,带罗什迅速出城! 再晚一步,敌军围了城北,就出不去了。"

"是。"近侍急忙奔下城楼。

龟兹王宫里,罗什正与父亲鸠摩炎交谈龟兹的形势和未来。鸠摩炎说,我已经老了,再不能给龟兹做什么。如果延城破灭,他将回天竺,或许在进佛国之前,还能找到耆婆。罗什听后不禁一阵感动。

罗什则打算在禅窟修禅几年,然后视形势变化,再到西域诸国讲经弘法。

父子道别。从此各奔东西,如参商永不照面。

罗什一行从龟兹王宫出来,直奔延城北门。路上尽是神色慌张的民众,三五成群,谈论着符秦的军队。一队队的龟兹士兵,扛着戈矛,转移至外城和中城。城外的民众牵着骆驼、马匹,驮着毡帐和各种杂物,不断涌进城内。罗什走出北门,沿着库车河快速往北。北面,横卧着高低起伏的山丘。不一会,罗什一行就消失在群山中。

攻城之战即将打响。中午,吕光在军营的大帐中设宴,豪饮由焉耆王进献的葡萄酒。吕光举杯:"明天攻城,诸位将军务必身先士卒,一举攻下延城。"

参军段业马上说:"大都督身经百战,攻占延城易如反掌。"

杜进不以为然,"龟兹兵善弓马,未可轻敌。"

吕光稍感不悦,"龟兹兵诚善弓马,但夷酋只知力斗,暗于用智。杜将军不必多虑。诸位将军,今日举杯痛饮,明天一战而定。干杯!"

"干杯!"大帐中个个喝成面红耳赤。

宴罢,吕光感到左臂奇痒,以为是饮酒过度所致。搔了又搔,奇痒更甚。

脱下衣服查看，左臂有一处筋脉呈红色，若有文字。仔细一看，竟是"巨霸"二字。吕光心中暗喜：太子苻宏称我"器相非常"，筋脉自成文字，岂不是"器相非常"吗？

这一天子夜时分，吕光被士兵的惊叫声惊醒。忙披衣出军帐，喝问："何事喧哗？"士兵报告："大都督，军营栅栏之外有怪物。"吕光随士兵所指望去，只见一个黑乎乎的怪东西，大如断裂的堤岸，在不停地摇动。怪物有二个头角，目光若电，不近前，亦不远去。吕光说，我军威无敌，此怪物不敢伤人。命一队士兵原地监视，其余回营休息，不得喧哗。

第二天早晨，监视的士兵向吕光报告：天刚亮时，云雾四塞，那黑色的怪物消失了。吕光命杜进踏看昨夜怪物所在之地，看到南北五里、东西宽约三十余步的地上，隐隐有鳞甲的痕迹。吕光听后笑笑，"此是黑龙也。"过了一会，西北天云起，暴雨突然而至，地上的鳞甲之迹冲刷得干干净净。此时杜进对吕光说："龙者神兽，人君利见之象。《易》曰：'见龙在田，德普施也。'这是将军道合灵和，德符幽显之明证。愿将军勉之，以成大庆。"吕光听后不言语，但面有喜色。

进攻延城的战斗开始了。龟兹骑兵在延城外袭击吕光军营，来去如风，难以追及。吕光没有占到便宜。夜里，他做了一个梦，梦见金色的大象飞出延城。醒来后，吕光心想：此是神佛去之之兆，胡必亡矣。此后几天，吕光倾全力攻城。神佛都已跑了，延城还能不破吗？

延城告急！

龟兹王白纯不惜倾举国之宝，请救狯胡。狯胡是龟兹西北方的种族，可能是匈奴的后裔。狯胡弟呐龙侯将馗率骑二十万，并引温宿、尉头等国士兵共七十余万以救龟兹。胡兵娴于骑射，善矛槊，穿着的铁甲一块块勾连而成，箭镞不能进。这些在草原驰骋如风的骑兵，以皮革制成的套索套人。二军厮杀时，胡骑突然摔出套索。若套中对方的骑兵，立即收紧套索，将猎物拖回本营。这种原本用于套马的技术，在战场上大显神威。

开头一二天，吕光的士兵被套中的甚多。见胡骑摔出套索，似遇追命鬼，没命奔逃。诸将都想以每个军营为单位，按兵不动，以抵挡胡兵。吕光以为彼众我寡,军营又相远,势力分散,并非良策。后来想出办法:把一座座军营连接起来,军营中间留有一定距离,再派骑术高超的骑兵,游走其间。这样,各个军营彼此呼应,形成一个既分散又集合的整体。胡兵娴熟弓马的擅长便失去优势。

东晋太元九年(384)七月,西征大军与西域联军大战于延城城西,大败之,斩首一万余级。白纯见大势已去,收拾珍宝逃出延城,西域王侯降者三十余国。吕光以少胜多,一举平定西域,显出其不凡的军事才能。

延城陷落。

吕光率将佐及侍卫、精兵数千人进延城,同时,命杜进先行搜索罗什。苻坚饯送时,再三嘱咐平定龟兹后,即传驿送罗什至长安,吕光岂敢疏忽。

杜进带领数百个士兵速往龟兹宫。龟兹王及王室人员早已不知去向,偌大的宫殿冷冷清清,只有一些洒扫的仆人。王宫里的佛像,似乎消褪了往日的神圣之光,冷冷地看着世事的变迁。佛堂里的金狮子座尤显得孤独,八朵于阗玉雕成的莲花黯然失色,下面一排排的座位积起了灰尘。口吐莲花的罗什呢?罗什在哪儿?杜进搜遍了王宫以及延城城内大大小小的寺庙,皆不见罗什踪影。

杜进向吕光报告搜寻一无所获。吕光再调给杜进五百精兵,指示再搜城外寺庙以及山中洞窟。

“什么洞窟?”杜进不解。吕光告诉他:“多年前龟兹王弟来长安,说起龟兹在山中开凿洞窟,里面画佛像,僧人在其中修禅。若在山里见此种洞窟,多加留意。”杜进方始明白,带领一千士兵,分多路先去城外各大寺,如雀离大寺、王新寺等一一搜寻。最后来到延城西北方的克孜尔石窟区。呈现在杜进眼前的是山崖上蜂房般的洞窟。杜进从未见过如此奇特宏大的工程,惊奇得瞪大了眼睛,“天下果然有此种洞窟。奇迹!奇迹!”不禁佩服吕光的见多识广。

“搜!”杜进一声令下,士兵纷纷登崖。

“谁是鸠摩罗什”的盘问声,从这个山头响到那个山头。

不久,传来了令人振奋的声音:“杜将军,鸠摩罗什在此!”

　　杜进循声走过去,走进一个外面看来很不起眼的石窟,里面光线暗淡,过了一会才看清内部的结构。这是一个很小的洞窟,分前室后室。前室左右两边的石壁上画着壁画,后室放一床榻,榻前一个蒲团,蒲团上坐着一个禅定的僧人,一动不动,犹如一尊佛像。

　　"请问:大德是鸠摩罗什吗?"杜进客气地问。

　　"贫道正是。"罗什头也不回。

　　"在下大秦国将军杜进,奉西讨大都督吕光之命,有请大德,望大德随末将前往龟兹王宫。"

　　"请稍待片刻。"罗什口中念念有词。

　　杜进走出洞窟,在外静等。

　　一会,罗什挟着几卷经书出来,杜进等簇拥着他离开石窟,回到延城。

　　在吕光俘获罗什三天之后,正带兵前来解救龟兹的疏勒王,半路上得到龟兹败亡的消息,长叹一声,折返回疏勒,并告诉佛陀耶舍关于罗什被俘之事。耶舍也是长叹:"我和罗什相识已久,但未尽怀抱,不意其人被拘,我与罗什相见不知在何年何月。"

　　踌躇满志几乎是所有胜利者的典型形象。

　　吕光进入延城,大飨士卒。又率领将佐和数百精兵占领了龟兹王宫。王宫是城中之城,非常壮丽,与长安的宫阙相比,虽有不逮,但宫室、苑囿,都富有特色,具有浓郁的异国情调。那宫门两旁的佛像是由石头琢成的浮雕,线条流利潇洒。宫殿中的壁画,大多画着释迦牟尼成佛的故事,还有不计其数的大小佛像。吕光的手指敲敲殿柱上的佛像的头,笑着对身边的参军段业说:"看来,这么多的神佛也不佑龟兹王。"

　　段业诣媚道:"大都督神机妙算,所向披靡,神佛即使要保护龟兹也挡不住。"

　　吕光颇为得意,"段参军,攻城之前,本都督夜梦金象飞出延城外,当时就想这是神佛知难而退,而延城不保的征兆。"

　　段业:"正是。但不知我们占领了延城,神佛是否回来保护我们。"

吕光："不用,不用。神佛未必靠得住。"

段业："是啊。大都督用兵若神,其实不让神佛。"

"哈哈哈,"吕光大笑,命令:"今夜于龟兹王宫设宴庆功,赋诗言志!"

段业传令:"命厨师采办菜肴,用心烹饪。"

吕光忽然想到了什么,问段业:"段参军,大象能吃吗?"

段业茫然,"中国史籍中似无食大象的记载。"

"则孔雀可食吗?"

"孔雀为鸟类,或许可食。"

吕光下令:"将龟兹王御苑中的孔雀宰杀,烹饪以犒劳诸将!"

"是。"段业心想,那是大都督尝新要吃孔雀。可怜啊,美丽的鸟遭殃了。

龟兹王宫成了胜利者的欢场。佛堂里灯火辉煌,美妙的诵经声已经消失,代之以劝酒声喧哗。吕光设宴于金狮子座下,将佐数十人分列两边,盘腿而坐,面前的矮几上摆满各种佳肴。八个宫中奴仆,两人一组,扛着木桶进来,桶中装着陈放十年以上的葡萄酒。八个穿着艳丽的龟兹服装的宫女,川流不息地斟酒。

吕光擎起玛瑙杯,杯中注满暗红色的葡萄酒:

"诸位将军,各赋诗言志。不成者,罚酒三升。"

"大都督才兼文武,当先成,我等不才随后。"杜进提议。

吕光满口允诺,作诗一首:"度艰越险,剑指龟兹。黑龙邂逅,金象飞驰。西域敌酋,俯首称子。佛堂欢宴,美酒味旨。"

杜进继作:"赞彼大都督,多谋且神通。平定龟兹城,伟哉稀世功。"

姜飞继作:"龟兹葡萄酒,焉着大骆驼。"吟了二句,"骆驼骆驼"再也说不上来,"大都督及诸位将军见笑,在下受罚。拿酒来!"咕噜咕噜喝了三升。

众人见之大笑。

彭晃朝大家说:"姜将军其余不感兴趣,唯对大骆驼情有独钟,骆驼骆驼不停。请允许不才续二句:'鄯善献美人,朝觐相属路。'"

"妙!妙!彭将军续得好!太有才了!"众人纷纷喝彩。

吕光看着右列的段业,"在座诸将,数段参军胸多文墨。请段参军即兴作《龟兹宫赋》,如何?"众人皆称好。段业也不谦让,仰头喝了一杯葡萄酒,慢慢吐出一串文句:"瞻彼龟兹宫之为状也,则嵯峨崔嵬,逶迤绵连。视壁画之神奇兮,立佛像之光炎。藏葡萄美酒万钟兮,贮奇珍异宝于千间。愿千祀之厚享兮,却一朝而破灭。佛神勿佑而飞,胡人授首而降。夷酋不绝于朝觐,咸归附我大秦……"佛堂开始安静下来,直至段业的《龟兹宫赋》结束。

吕光大加称赞:"段参军之《龟兹宫赋》,不减何平叔《景福殿赋》。"

段业连连摆手,"在下胡诌,岂能比何平叔。"

吕光眼光一扫佛堂,"龟兹王逃之夭夭,将这么华美的宫殿让我们享用。诸位将军,切不可辜负此良辰美景,葡萄佳酿,一醉方休,正当此刻。干杯!"

"干杯!"佛堂里又充斥着喧哗声。

酒过三巡,渐至杯盘狼藉,乱言相杂。这时,外面来人报告:"大都督,鸠摩罗什已搜到了。"

吕光把矮几上的酒杯一推,"人在哪儿?"

"在前殿。"

"宣他进来!"刚说完,吕光拍拍额头,"且慢,待我上金狮子座。"说毕,转身跃上金狮子座,岔开双腿,坐于其上,高声问:"诸位将军,本都督升金狮子座如何?"

众人见金狮子座上的吕光面孔通红,已醉了七分,觉得未免不伦。但又不能劝其下来,只能纷纷应答:"极好,极好。""比说经的和尚神气。"

吕光确实神气:"金狮子座难道和尚坐得,我坐不得?"他挺一挺身子,命令:"宣鸠摩罗什进来!"

罗什走进佛堂,看到原来清净神圣的说经之处,如今酒气熏天,浓重的牛羊腥膻味,夹杂着东方人身体上说不出的什么气味,还有嘈嘈的喧哗,口齿不清的酒时乱语。这一切,让罗什几乎窒息。他定了定神,终于看清了金狮子座上的那个人:五十岁左右,身材高大,装作稳重的坐姿,脸因喝多了而通红。罗什断定,此人就是吕光,带兵七万毁灭龟兹的前秦军队的统帅。他掌握着龟兹,也掌握着自己的命运。

与此同时，吕光也注目进来的罗什：三十多岁，身材高挑，显得有点瘦，却英气不凡。吕光叫罗什走近，揉了揉因酒精而发红的眼睛，再努力看，便看清了罗什的脸部，注意到那澄澈的目光，很平静。罗什走向金狮子座，合掌为礼："贫道龟兹国鸠摩罗什，拜见大都督。"吕光问："你就是鸠摩罗什？""贫道正是。"吕光原先以为鸠摩罗什是个年长的得道高僧，想不到是个年纪尚轻的僧人。再说，这个僧人除了有点英气之外，也不见得有什么特异之处。心里奇怪主上为何特看重这个外国和尚，再三嘱咐若得此人，速驰驿送达长安？

吕光语气严肃，"罗什，自今日始，不得离开龟兹，离开延城！"

罗什："遵命。"

吕光想了想，"罗什，据传你说经升金狮子座，可有此事？"

罗什："确有此事。"

吕光："本都督坐金狮子座可否？"

罗什："金狮子座乃讲经说法者所坐，都督好奇而坐未尝不可。但王者自有金銮宝殿坐，未闻升金狮子座也。贫道观都督器相非凡，来日当坐金銮殿。"

吕光坐金狮子座，并问自己可否坐，本是想借此嘲弄罗什，不意对方一番话无懈可击。而罗什称自己器相非凡，来日当坐金銮殿，听来舒服至极。随即从金狮子座上跳下，命宫奴在自己的矮几旁为罗什特设一席，赐葡萄美酒三升。

罗什面有难色："大都督，比丘饮酒犯戒。"

吕光不悦："你们佛门就是规矩多，饮区区三升酒犯什么戒？快取酒来，宫女侍候！"

罗什坚拒："大都督，贫道生平从未饮过酒。"

吕光手一摆："总有第一遭嘛。如此葡萄美酒不饮，简直是罪过。"随即高声下令："宫女侍候！"

两个宫女立于罗什左右，各捧一杯酒。罗什被逼无奈，只饮了一杯，就满脸痛苦，请求吕光："大都督，贫道实在不堪饮酒，一杯便觉腹内难受，请大都督宽恕。"

　　吕光看着罗什的痛苦状,嘴角浮上一丝不易觉察的笑,"罢,罢,今日少许,明日多许。宫女退下!"

第九章　第一次破戒

告诸比丘：宁持男根著毒蛇口中，不持著女根中。……若比丘犯不净行，行淫欲法，是比丘波罗夷不共住。

——《四分律》卷一《四波罗夷法》之一

龟兹为塔里木盆地北道的大国。诚如当年班超所说："若得龟兹，则西域未服者百分之一耳。"吕光平定西域后，西域震动，王侯降者三十余国。诸国慑于吕光的威名，遣使怀宝至龟兹朝见。吕光恩威兼用——当然主要是大棒的作用，昔日不向中国朝贡的国王，如今不远万里归附，并拿出汉朝赐予的节传，证明早就宾服中国，无有二心。

吕光因龟兹初定，人情惶恐，立原龟兹王白纯弟白震为新王。反抗的火苗完全掐灭了。三百年前龟兹不敌汉朝，后来不敌曹魏、西晋，不敌前凉，现在不敌吕光。不过，与北方的匈奴相比，东方的大国终究是礼仪之邦。东方输入的严格的礼仪，等级森严的政治制度，还有美丽的丝绸，古典的青铜器，锐利的铁制农具，展现出一个更高层次的文明，因而受到龟兹及其他西域诸国的认同和喜爱。与其为野蛮的匈奴控制，还不如作东方的属国。但不管依附何方，有一点是共同的：自由丧失了。

文明与自由，是否可以兼得？难道一定非此即彼吗？

白震名义上是一国之主，其实是吕光的属官，一切听命于吕光。此刻，白震正向吕光请示："大都督，大秦国少数士兵在城内到处找葡萄酒，民众颇有怨言。此事如何处置？"

吕光的指示很干脆："发布都督令：士兵至酒家或民家饮葡萄酒者，一律付费！"

十天后，白震又向吕光请示："大都督，士兵仍不付费，城内酒家十之八九已关门。民众无法关门，怨言更多。请大都督指示。"

吕光不干脆了："勿急。待我临履后自会处置。"

白震想说又不敢说，唯唯而退。

吕光说临履，不过是敷衍，他也忙于在龟兹宫饮酒作乐，哪有时间亲自到城内查看。

葡萄酒真是龟兹的瑰宝，前秦军人从未见过的玉液琼浆。龟兹种植葡萄的历史已有千年以上，由于光照充足，热量丰沛，所产的葡萄绿如宝玉，白如乳脂，甜美无比。酿造葡萄酒西域也最著名。龟兹人厚于养生，乐于享受，家家酿制葡萄酒。富有之家甚至有千斛之上，经十年不败。品尝甘冽的葡萄酒，便是品味现世的欢乐。

然而，自吕光的军队占领龟兹后，当地人品尝葡萄酒的闲暇突然消失。而民众的酒窖则成了军人的战利品。一些士卒擅自闯进民宅，搜寻葡萄酒，酒桶边不断出现东倒西歪、唤之不醒的胜利者。延城民众很无奈。

吕光看到"一律付费"的命令等同废纸后，以为士兵白饮一点葡萄酒其实不算什么，龟兹反正多的是葡萄酒。想想几万士兵远在绝域，父母妻儿天各一方，相思必生苦闷，苦闷无由排解，在酒醉中忘却相思和苦闷，正是本帅求之不得的事。若一定要让士兵付费喝葡萄酒，士兵苦闷而生不满，闹出什么变故，那问题就大了。再说，怎能执行饮酒"一律付费"的规定？自己不是也带着一批将佐，天天在龟兹宫里饮酒吗？同样不付费，与擅饮民间酒藏的士兵有何两样？如此权衡利害，吕光决定还是听任士兵到处找酒喝，反正龟兹人敢怒而不敢动。

不止狂饮葡萄酒，还要尽情享受声色。

吕光征服了龟兹，龟兹的乐舞则征服了吕光。

龟兹乐舞早在西汉时就已传入东方，对中原乐舞产生重要影响。氐人吕光在平定龟兹之前，根本不知道龟兹乐舞。占领龟兹后，才惊叹世上竟有如此奔放、热烈、明快、跳荡的乐舞。你看：龟兹的乐器多么丰富，除中原的箫、笙、筝之外,还有许多从未见过的乐器,如弓形箜篌、凤首箜篌、五弦琵琶、三弦横笛、筚篥、答腊鼓、羯鼓、手鼓、大鼓、腰鼓、铜钹、铜角、唢呐、拍板……各种乐器齐奏时,热烈跳跃的乐曲时而似太阳,普照万方;时而似风暴,横扫沙漠;时而似骑兵,疾驰而过;时而似火焰,跳荡灼热。吕光被迷倒了,觉得龟兹乐不是人间所有,那是天上飘来的仙乐,而且一定是仙人饮葡萄酒时演奏的音乐。

印度和龟兹之箜篌

　　龟兹的舞蹈更迷人,与中原的长袖善舞迥然不同。龟兹的舞男头戴缀有珠子的胡帽,身穿窄袖细氈长衫,腰间结带,带子垂于一边,脚穿软锦靴。吕光与将佐边饮葡萄酒,边欣赏《胡腾舞》。横笛、琵琶、铜钹、羯鼓等乐器嘈嘈作响,节奏快速如风。一个皮肤白皙,鼻子尖如锥的舞男起舞,如疾风中的飞鸟。

《胡腾舞》之艺术形式如何,魅力又如何,吕光等一批武夫无有文字描写之。不过,唐人尚有诗篇描绘《胡腾舞》的魅力。虽然相距三百年,但终究能得其大概。刘言史《王中丞宅夜观舞胡腾》诗写道:

> 石国胡儿人见少,蹲舞尊前急如鸟。织成蕃帽虚顶尖,细氍胡衫双袖小。手中抛下蒲萄盏,西顾忽思乡路远。跳身转毂宝带鸣,弄脚缤纷锦靴软。四坐无言皆瞪目,横笛琵琶偏头促。乱腾新毯雪朱毛,傍拂轻花下红烛。酒阑舞罢丝管绝,木槿花西见残月。
> (《全唐诗》卷六百四十八)

吕光手持玛瑙杯,目不转睛地欣赏舞者急如飞鸟的舞姿。在激昂跳荡的旋律中,舞者将杯中的葡萄酒一饮而尽,随即酒杯一抛。吕光过于专注,完全为舞者吸引,差一点也将手中的杯子抛出去。随后,舞者一变为醉者,东倒西倾,舞步凌乱而应节,似醉非醉,非醉似醉。人人看得瞪目结舌,征服者为被征服者所征服。五弦琵琶铿然一声,舞步嘎然而止。"好!好!生平未见!""奇,太奇了!"吕光与将佐爆发出一阵赞叹声。

继之《胡旋舞》,更是激情的狂潮,使吕光他们心跳加速,如痴如迷。舞场是地上的一个不大的圆毯子,舞者是一位二十出头的龟兹女子,容貌秀丽,头戴花冠,上身赤裸,肤色雪白,一对圆圆的乳房,挺拔如雪峰。腰际之下是色彩鲜艳的长裙,薄如蝉翼,裹着修长的腿,清晰可见。好一个龟兹舞女,整个儿是美与力的化身。

胡旋舞是旋转的艺术。当弦鼓声如急风骤雨,舞女双手举过头顶,身体随弦鼓声时而左旋,时而右旋,如回雪飘摇,如风吹转蓬,如飞星,如流电,分不清背与面,千匝万周,不知何时停下来。

胡旋舞千转万旋,总有停下来的时候。当弦鼓曲终的瞬间,舞者收住脚步,如急飞的燕子突然收拢翅膀,纹丝不动。吕光鼓掌称善,诸将纷纷叫好。这时看清了:立在毯子中央的龟兹舞女,容貌亮丽如草原上的太阳花。一对高耸的乳房随着呼吸还在微微颤动,白得让所有人耀眼。

龟兹石窟天宫伎乐图

裸体舞是龟兹的艺术,它源于龟兹人对自然美的崇拜,对人体美的崇尚。这是对生命、对健康、对力量的礼赞啊。但占领者多半会侮辱艺术,以为声色仅仅是用来满足嗜欲。那些只知布阵攻伐,杀人如麻的武夫,最终只对龟兹舞女的乳房感兴趣。不会作诗的姜飞色迷迷地对吕光说:"大都督,龟兹舞女美若天仙,乳房也比中原妇人大且美,捏在手里,贴在胸前,必定妙不可言,何不收入帐下享用?"

彭晃不甘落后,"姜将军所说甚是。大都督一年多征程万里,饱经风沙雨雪之苦,是该左拥右抱,自我犒劳了。"

吕光莞尔一笑,沉默不语。

有顷,吕光呼龟兹舞女上前,"舞女何名?"

舞女答:"小女白罗吉,龟兹王白震之女。"

"哦?"吕光稍觉奇怪,既是龟兹王女,为何献艺?便问:"谁让你来此表演龟兹舞?"

"小女奉父王之命献胡旋舞于大都督之前,表达龟兹归附大秦国的忠诚。"

吕光颔首："龟兹王诚意可嘉。公主舞艺特妙，本都督及诸位将军大开眼界，十分高兴。公主请回。"

"谢大都督。"白罗吉退下。

姜飞、彭晃诸人阴沉着脸，颇觉无趣。

吕光对诸将说："尔等不知，我若占有龟兹王女，徒污我清白之名，亦非笼络西域诸国之道。龟兹美女难道唯有白罗吉？诸位若要寻欢作乐，延城美女有的是。"

吕光不取龟兹王女，一派正人君子的模样，这使姜飞、彭晃诸将困惑不解，觉得大都督虽非特别好色，但也不是不喜女色的端方君子。每有掳掠，妇女中姿色佳者，常占为己有。平定龟兹以来，取后妃、宫女不止一人，何必装腔作势，冒充君子，自诩"清白"？再说，占领者占有失败者的妇女，自古以来天经地义，与"清白"何涉？诸将不明白吕光葫芦里卖什么药。

吕光葫芦里要卖的药，实在出于众人的意料之外：逼罗什娶龟兹王女白罗吉为妻！

僧人不能娶妻，这是连世俗都了解的常识，吕光当然不会不知。但他偏要恶作剧，让罗什破戒。这一异乎寻常的恶毒之计，最能说明占领者的傲慢，以及被奴役者的任人宰割。当初，苻坚在长安建章宫饯别，命自己平定龟兹，若得鸠摩罗什，速传驿送至长安。当时心里就感觉不爽。何以把西域的一个和尚看得如此贵重，似乎数万大军劳师袭远，就是为得到罗什。现在罗什已在我的掌握之中，横看竖看三十多岁的胡僧，不过是凡人一个，不会弯弓，不娴骑马，沉默寡言，只是整天在寺院念念有词，或者静坐于树下作深思状。听说罗什升金狮子座说经，然金狮子座与木狮子座石狮子座有甚区别？我坐在金狮子座上，似乎并不特别舒服。西域夷酋真不可思议，何以敬异罗什如活佛？本都督倒要看看罗什是否真的视美人为血污臭皮囊？得道不得道，以美人一试便知也。

吕光想到这里，不禁暗自笑出声来。

"来人啊，召罗什！"

罗什急匆匆由寺院赶至王宫，觐见吕光。吕光一本正经地对罗什说：
"罗什啊，本都督替你办一件美事。此事妙不可言，必定使你舒爽满意，终生
记得我的好处。"罗什听后真叫"丈二和尚摸不着头脑"，问："大都督将替贫
道办何美事？"吕光笑嘻嘻地说："龟兹王女白罗吉貌若天仙，才艺出众，罗
什你青年英俊，誉满西域。美人才俊，天造地设的一双。本都督有感造化之
美意，作一回月下老人，撮合你俩为夫妇。人间难得之佳偶，让人羡煞也！"

罗什一听，差一点昏过去，急忙说："不可！不可！大都督，此事万万不
可！出家人不畜妻子，这是世尊制定的戒律。"

"哎，罗什，不必紧张。"吕光说，"我们的亚圣孟夫子有言：'食色，性
也。'男婚女嫁，阴阳交媾，此乃天地之正道。男思妇，妇思夫，二情交泰，欢
心孔洽，人之性也。僧徒不畜妻子，不合天道，有违圣人之言。"

罗什："出家人六根清净，不可近女色，因女色迷情惑志故也。"

吕光："此说未必成理。若内心清净，即使妻妾成群，与读经有何妨碍？
本都督为你设想，同白罗吉先读佛经，然后同眠共枕，如醉如仙，岂不美哉
妙哉！"

罗什口气近乎央求："大都督，此事万万不可！世尊言：'宁以身内毒蛇
口中，终不以此触彼女身。'贫道自七岁出家，割断情欲已三十年，此生终不
触彼女身。"

"真的宁愿以身纳毒蛇口中？"

"宁愿。"

"不知好歹的迂和尚！"吕光骂了一句。须臾，口气稍为缓和："罗什，白
罗吉肌肤丰腴，洁白如玉，世间难得的美妇人。我真不明白，你们佛教徒为
何将美人比作毒蛇血污。不过，你把白罗吉比作毒蛇，白罗吉却已答应嫁你
为妇。"

罗什大惊："真有这等事？"

吕光："岂会诳你！本都督已同龟兹王商议此事，龟兹王一口允诺，并称
白罗吉对你早有仰慕之心。"

"唉，"罗什叹气："岂有此理！"

吕光："罗什，你不可辜负白罗吉一片真情。"

罗什脸色严峻："大都督，此事万难从命！"

"什么！"吕光生气了，立起身，"罗什，别装得道高僧！你父鸠摩炎不也是出家人吗？当年娶你母耆婆，世上才有罗什其人。难道你比你父高尚？若天下比丘都像你不娶妻生子，难道让天下女子都作比丘尼？比丘不娶，比丘尼不嫁，何有人种？岂不断子绝孙？本都督已与龟兹王商定此事，你不得违抗！"

吕光用父亲鸠摩炎的故事压服自己，罗什犹如被人当头一闷棍，一阵昏眩，一时无语。

吕光下令："将罗什送至龟兹王冬宫，好生侍候，十天内与白罗吉成婚！"

送走罗什，吕光立刻召龟兹王白震进宫。白震一听吕光要干这件缺德事，十分震惊。罗什是驰名西域的高僧，是龟兹的光荣和梦想。逼罗什娶妻，不仅毁了他三十年的道行，而且使龟兹佛教蒙羞。一个不世出的大智，卓越的弘法者，从此声名狼藉，永堕地狱。况且，自己与罗什母耆婆虽非同母所生，毕竟有血缘关系，自己的女儿岂可与外甥婚配？这位野蛮的占领者，罔顾血缘，是无聊的游戏，还是有意的恶作剧？白震断定是后者。吕光并非神经错乱，而是居心不良。既逼罗什犯戒，同时也打击了龟兹王室。

白震知道违抗无用，只能以理喻之："若诸国知道是大都督逼罗什娶妻，恐于大都督不利。"

吕光哈哈大笑："西域诸国皆在我掌控之中，岂会因罗什事谤我？何况我仅让罗什娶妻，非让西域比丘皆娶妻也。"

白震申辩道："其余比丘娶妻，乃寻常比丘，罗什是西域诸国敬仰的得道高僧，若逼其娶妻，不仅罗什声名全毁，更是对佛教的亵渎，万万不可。"

吕光一脸鄙视，"王所言真一孔之见，僧人得道不得道并不在娶妻与否。佛教戒律多不可思议，依我所见，夜里眠妻，白天讲经，两全其美，岂不妙哉！"

白震见对方于佛教一无所知，只好退一步再行申述："大都督命罗什娶妻,龟兹女子多的是,何必定要选择小女?"

吕光冷冷一句:"龟兹王室历来有嫁女给僧人的传统。"

白震一时语塞。

吕光语气似乎诚恳了:"白震啊,本都督命罗什娶公主白罗吉,大半出于对公主的爱护,可惜你不解我之好意。至于罗什,就更不明白了。"

白震听后,如堕云雾中,惊奇的眼睛看着吕光,"大都督此言何意?"

吕光不回答,问:"白震,你愿意将公主嫁给我麾下的将军吗?"

"怎,怎……"白震一阵惊悚,"难道大都督麾下有人看上小女?"

"大有人在。"吕光笑出声来,"姜将军、彭将军皆垂涎于公主。不瞒你说,即便老夫也十分喜欢公主。如此一位色艺双绝的佳人,在东土也难得一遇呵!"吕光见白震惊怖之状,觉得猎物已经就擒,舒了一口气,"白震呵,还是将公主嫁给罗什吧。否则,我麾下这些武夫,如狼如虎,身上全是腥膻味,三月不沐浴,只有摧花折枝的本领,绝无怜香惜玉的温情。公主一朵含苞待放的名花,一落到他们手里就凋零了。"

吕光攻城掠地颇用智慧,这次,也用智计将白震击垮了。

白震脸色煞白,声音颤抖:"是,是,唯大都督之命是从。"

"这就对了。好生看护公主,多备葡萄酒,多宰牛羊,准备喜事吧!"

白震回到冬宫,懊恼无比。

先是懊恼自己干了件蠢事,为了表示对苻秦的忠诚,居然让公主给占领者表演《胡旋舞》。可是得到的不是对龟兹的尊重,而是吕光的恶毒,使公主处于危险的境地。如果公主深藏不露,就不会引发吕光的灵感,逼罗什娶公主。如今公主躲也没法躲,藏也无处藏。权衡下来,公主嫁给罗什,总比让苻秦的将军蹂躏要强。但一想到罗什娶妻的后果,白震就觉得万箭穿心,痛彻心肺。

又懊恼哥哥白纯当年逼鸠摩炎娶妻耆婆。直至今天吕光仍借此讽刺和攻击龟兹王室,使我无言以对。真是报应啊!但耆婆嫁给鸠摩炎,生出天才的罗什,而公主嫁给罗什,会有什么结果?白震不敢往下想。

正在焦躁懊恼、心乱如麻之际，如花似玉的白罗吉快乐地走过来，看到父王坐在椅子上不言不语，心事重重的样子，便问："父王，女儿觉得你好像很有心事哩。"

白震看了一眼女儿，低下头。对女儿说什么呢？告诉她简直是残忍。她会责怪我吗？但总得告诉她啊。是开导，还是劝慰？

白罗吉见父王不说话，说："父王肯定有心事。如果告诉我对父王不利，那就别对我说。愿父王愉快！"说罢，转身欲走。

"罗吉，别走。"白震喊住公主，将吕光如何召见罗什，召见自己，如何逼罗什娶妻等霸道、荒唐的行径——道来，最后痛苦地说："女儿啊，请原谅我，我实在想不出办法让你和罗什逃避这场灾难。"

白罗吉听着，惊愕、羞涩、愤怒，凤眼圆睁，咬牙切齿："可恨吕光，太欺人，太无道！父王，让我逃走吧。只有逃走，才能消弭灾难。"

白震摇头，"吕光已派军队监视冬宫。即使逃出冬宫，也难逃出延城；逃出延城，逃不出龟兹。吕光若戏弄罗什不成，必定发怒，延城和龟兹就更危险。特别是你和罗什，极有可能遭不测之祸。"

白罗吉急了，"我无所谓，龟兹不能没有罗什！"

白震："是啊，自有龟兹以来，从未出现过罗什这样的天才。吕光逼他与你成婚，虽然毁了道行，但可以生命无虞。而你，与其为吕光等武夫轻薄，还不如与罗什成亲。"

白罗吉双颊霞生，"小女微不足道。最可惜罗什破戒，必定会痛苦终生。"

白震仰起头："这是天意，也是报应。为了保护罗什，罗吉，你只能嫁给罗什，与他共同承担苦难。"

白罗吉眼里噙着泪花，"父王，女儿明白。"

十天后，婚礼在龟兹王的冬宫举行。

这根本不是婚礼，是戈矛交叉下的闹剧。

龟兹冬宫毫无喜庆的气氛。人人都明白，今天是龟兹的耻辱，是佛教徒的灾难。吕光他们则充满了刺激感,他们要看看不可能的事怎样变为可能,看看和尚与女身的结合会变成什么。平定龟兹以来,他们觉得今天是最开心最有趣的日子。

罗什由一队士兵护送(毋宁说是押送)而至。仅仅十天的时间,罗什明显瘦了不少。遵守了三十年的戒律,犹如一个珍贵的玉碗,规定在今晚被粗暴地打碎。他猜不透吕光导演的闹剧怎样开场和收场。他只是暗下决心:与白罗吉作名义上的夫妻,但绝不可触彼女身。我已回答过吕光的挑衅,宁愿以身纳毒蛇之口。世尊,保佑我吧!

华灯依次点亮。一百支一尺来高的巨烛在燃烧,照亮了殿中的石柱、四壁的佛画,以及大大小小的佛像。吕光嘲弄佛教的闹剧将在这里开场。佛也看着,却无能为力。

龟兹王白震带着公主白罗吉进殿。烛光中,白震板着面孔,罗吉一如平日,楚楚动人,但冷若冰霜。只有在她看见对面的罗什时,才惨然一笑。

吕光带着一群将佐嘻嘻哈哈地进殿。没有什么仪式,吕光不需要仪式,只需要刺激。龟兹王也不需要仪式,只希望闹剧快一点收场。因此,当吕光一宣布婚礼开始,一桶桶葡萄酒连番送进来。吕光坐在正中的椅子上,举起酒杯:"祝新郎鸠摩罗什,新娘白罗吉百年好合!干杯!"

罗什的嘴唇轻轻碰了一下酒杯,点滴未饮。

吕光注意到了,"罗什,在座诸位贺你喜事,为你而饮酒,你不饮为无礼。"

罗什:"大都督,僧人饮酒犯戒。"

吕光:"酒能成礼。哪有婚庆不饮之理?非饮不可!"说完,一仰脖,杯底朝天。又斟满,举起酒杯,"今夜须人人皆醉。早醉早罢宴,早送新人入洞房,让新人早成好事。"随即高声命令:"门外守卫士兵,将殿门关起来!"

一阵轧轧声,殿门紧闭。

吕光目光扫过罗什、白震、白罗吉,"不醉者不得出门,先醉者先离席,本都督一视同仁。众卿以为如何?"

姜飞、彭晃、段业等纷纷叫好。

狂呼滥饮由此开场。

罗什刚才还安坐不动,酒杯似动非动,现在却坐不住了。吕光此计太狠毒,显然不灌醉自己不会罢休。一会儿,身边来了两个军人,一左一右轮番斟酒。罗什束手无策,只能一口一口慢慢饮。还不到三升,神智已觉迟钝。

这时,对面的白罗吉已经醉倒了。

白震站起来禀告吕光:"大都督,是否先送公主回房?"

吕光一看白罗吉,果然满面红霞,歪倒在座。当即宣布:"本都督有言在先,醉者离席。罗吉公主已醉,送公主入洞房!并着宫女守护,不得有误!"四个宫女将白罗吉扶出宫殿,送往洞房。

再说罗什在左右两个军人的夹击之下,很快也酩酊大醉。罗什从未喝过酒,几升葡萄酒,很轻易就把他放倒了。

吕光见罗什醉倒,面露狡黠之色,笑对众人说:"新郎已醉,将送洞房,今晚男欢女爱,颠鸾倒凤,其乐无穷。本都督来龟兹后最最得意之事,便是促成罗什法师与白罗吉公主喜结连理。"说着,问左右将佐:"诸位将军,本都督所言是否属实?"

"大都督所言极是。"

"大都督做月下老人,罗什当感恩不尽。"

"明天和尚必来感谢大都督。"

接着,一阵狂笑。烛光摇晃。

吕光命令男仆送罗什进洞房。开怀再饮,称不醉无归。

罗什被人搀扶着送进洞房,几个男仆执行吕光预先下达的命令,三下两下剥光了罗什的衣裳,把他塞进床上的锦被之下。"吧哒"一声,密室锁上了。小小的房间里,一支烛光幽幽,勉强看得清地毯上堆着凌乱的衣服。

罗什神智不清,觉得十分口渴,浑身发烫,像一块燃烧的炭。突然,他触到了身边一个光滑的胴体,非常柔软,同样滚烫。他不知道这胴体是谁,缩回手。那胴体好像也缩回去了。但接着就紧贴上来,两条手臂紧紧地抱住自己。罗什感到胸前紧贴着两个柔软的东西,伸手触摸,是高耸的乳房。是女人,女人的乳房!这是白罗吉的乳房啊!他意识到了。他以前看到过龟兹舞女的乳房。但从未触摸过,这是第一次摸到女人的乳房。它的美妙超出了想像。他一只手搓揉着女人乳房,动作快速而粗鲁,由此及彼,由彼及此。而白罗吉的四肢紧紧地勾住自己。这使罗什心跳加速,浑身更加燥热,感到体内有某种东西迫切需要发泄。他再也无法控制自己,一切受莫名的力量所摆布,便翻身将罗吉压在身下。醉眼中,见罗吉闭着双眼,脸如熟透的红葡萄,急促地喘气,身子颤抖着……

健康的男女之间必然会发生的事,终于发生。

酒能成礼,亦能败德。本能太强大了,加上醇酒的力量,什么束缚都能挣脱。宗教在酒与性本能的联合攻击下,败下阵来。

有一点确定无疑:吕光的奸计完全得逞。占领者凭借暴力和醇酒,逼罗什破了戒。罗什的男根,放到了不允许放的地方。这是他的错呢,还是本能的错?抑或是宗教的错?没有正确的答案,那是千年不解的难题。

破戒之后的罗什,在世俗与宗教之间煎熬。

白罗吉完全称得上是好妻子。她爱罗什,敬佩罗什。从十几岁起,她就经常听罗什说经。罗什升金狮子座时的高贵,说经时的优雅洒脱的气质,都使白罗吉佩服至极。她当然理解一个得道的高僧多么看重戒律,理解罗什破戒有多么痛苦。因此,每当罗什自责犯戒,自称必堕地狱时,白罗吉总是劝慰丈夫说,该下地狱的是我;或者说,我替你下地狱。以前,她敬佩罗什;如今,敬佩之外多了一层感激。她感激罗什救了她,若没有罗什,此时她很可能成了苻秦将军们的玩物,众多武夫的性奴。表兄的礼貌和温存,让她感到幸福。但一想到罗什破戒而生的深刻痛苦,她也就心痛不已。不过毫无办法。

罗什当然久久不能摆脱破戒的心理阴影。十余年来,月氏北山罗汉的预言,经常响在耳边:"若三十五岁不破戒,当大兴佛法,度无数人,与优婆掘多无异。若戒不全无能为也。"罗汉的预言如今应验。我已破戒,大兴佛法,度无数人的宏伟图景,不可能出现。试想,当一个犯淫戒的经师,一本正经地宣讲世尊的教诲时,还有谁相信呢?

　　说起佛教的戒律，第一条就是戒淫。罗什曾经研读《十诵律》，深知"佛世尊以种种因缘呵欲欲想欲欲欲觉欲热，以种种因缘称赞断欲，舍欲想灭欲热。佛常说法教人离欲"。行淫法者，"是罪极恶深者。作是罪者，即堕不如，不名比丘，非沙门，非释子"。罗什自责，世尊反复告诫沙门要离欲、断欲、舍欲，我却近女身，犯下极恶极深之罪。我还是比丘吗？我实非沙门，非释子。世尊呵，罗什白读了佛经无数，居然犯下波罗夷罪。我当永堕地狱！

　　痛苦中，罗什又记起世尊所说的偈言：

> 见色心迷惑，不惟观无常，
> 愚以为美善，安知其非真。
> 以淫乐自裹，譬如蚕作茧，
> 智者能断弃，不眄除众苦。
> 心念放逸者，见淫以为净，
> 恩爱意盛增，从是造牢狱。
> 觉意灭淫者，常念欲不净，
> 从是出邪狱，能断老死患。（《法句譬喻经》卷四）

　　那是世尊为解脱比丘少年的色欲所说的偈言：比丘少年入城分卫，见一年少女人端正无比，心存色欲迷结不解，成病不想饮食，颜色憔悴，委卧不起。同学道人往问讯，年少比丘具说得病之由，同学喻之不能入耳，便强扶持至佛所，以事白佛。佛告少年比丘："汝愿易得耳，不足愁结也。吾当为汝方便解释之，且起饮食。"比丘闻之坦然意喜，气结便通。于是世尊带着少年比丘及大众，入舍卫城漂亮女人处。岂知女人已死，停尸三日，丧家悲号，不忍埋葬。身体臭胀，不净流出。佛告比丘："汝为之迷惑之美女，今已如此。万物无常，变在呼吸之间。愚者观外不见其恶，缠绵罪网以为快乐。"

　　罗什懊悔不止，平日自以为深悟无常之变，五阴皆空，一切法皆不得住，触彼女身时却欲念升腾，不能自持。我与舍卫城的年少比丘有何不同？思及于此，恨不得用刀割了自己的男根。虽说这次犯戒起因于吕光的戏弄，但我酒醉中不意触及白罗吉胴体时,为何不收起欲念,反而情不自禁,干出不净之恶业?佛说好女与身体臭胀之尸体无异,愚者只观其外美而不见其内恶。为什么我眼中唯有白罗吉之粉脸、秀颈、丰乳、修腿,而不见其臭胀与不净?

不止一次,罗什极力想把妖媚动人的白罗吉与臭胀不净的女尸等同起来。可是,无论他怎样努力,总是做不到。白罗吉丰腴的双乳、柔软的胴体、急促的喘息,是完全真实的存在,是确确实实的美。拥着赤裸的她,热血沸腾,快乐无比,会忘了整个世界的存在,甚至佛的教诲。她怎么等同于死尸呢?难道这一刻,我拥着死尸吗?不!她是可亲、可近、可触、可缠绵、可快乐的美女啊!同她同眠共枕,你怎么会想像她是一具身体臭胀的女尸?或者是盛着血污的革囊?

啊,罗什要疯了!

宗教戒律与欢乐性爱之间的矛盾与冲突,几乎快把罗什逼疯了!

第十章　在龟兹的最后日子

若离福德,人与畜生同行三事;三事者:淫欲、饮食、战斗。

——《大智度论》释随喜回向品第三十九

吕光逼罗什娶白罗吉之后,仍意犹未尽。一天,传命召罗什进宫。罗什从雀离大寺急匆匆赶到龟兹宫,觐见吕光。吕光手里握着一块很大的于阗玉,白似羊脂,正在仔细赏玩。

罗什进殿,"贫道鸠摩罗什,觐见大都督。"

吕光的目光慢慢从于阗玉转向罗什,"罗什啊,本都督非常关心你的新婚生活。公主白罗吉色艺双绝,你感觉满意否?"

"这……"罗什实在不好回答。

"哦,怎么不说话?"吕光故作惊讶,"难道白罗吉不入道士法眼?还是道士对美色不感兴趣?"

又是无法回答的问题。罗什摇摇头,依然无语。

吕光好像生气了,"罗什,本都督从未作过月下老人,撮合你与白罗吉为夫妇,乃生平第一遭。如此好女何处觅?你应该感谢本都督才是。"

罗什:"谢大都督。"

吕光:"罗什啊,当年汝父鸠摩炎娶汝母耆婆不久,耆婆即有孕而生你。你亦应仿效汝父。中国先圣云:'不孝有三,无后为大。'不过,"吕光停顿了一会,接着说:"不过,夜则输其精气,不可过多房事。你意如何?"

罗什苦笑道:"大都督,贫道业累障深,堕阿鼻地狱,永不超生,当复何言!"

吕光:"此言谬矣!大丈夫三妻六妾,左拥右抱,乃人生之最大乐事,最妙享受,何须多虑死后什么天堂地狱。佛教戒淫戒色,此本都督最不赞同并反对者也。罗什,本都督劝你脱下法服,与白罗吉天天欢爱。"

罗什:"不,罗什业障虽深,但永不脱法服。"

吕光:"不脱法服,就能减轻你的罪业?"

罗什:"不脱法服,讲经弘法,广种福田,积善不已,此乃我之志向。"

吕光:"积善便能不堕阿鼻地狱?"

罗什:"此事非一言可明。"

吕光逼问:"罗什,本都督问你:道士一面讲经弘法,一面与女人同枕共眠。积善之暇,又在造业。此事怎讲?几言可明?"

罗什被击中要害,再次语塞,痛苦无以名状。

吕光见罗什神情沮丧,犹如猫逮住了老鼠,得意至极,换了一副劝慰的口气:"罗什,不必首尾两端。讲经弘法,不废男欢女爱。去吧,温柔乡里好生保养,过一时随大军至东土见大秦国皇帝。"

罗什又一次受辱。

吕光掌握之中的罗什,注定一次次受辱。权势者从来都是藐视一切,当然也藐视天才,随意摆布天才。当权势者肆意侮辱天才时,天才什么也不是,天才束手无策。

但健全的心智,会自行疗伤。罗什不拘小节,爱好自由的个性,以及对大乘佛教的信从,最终使他从深重的负罪感中自拔。比丘娶妻,在僧律中确实是最大的罪业,决非小节。罗什为吕光所逼,娶白罗吉,这为僧律难容,所以痛苦几近发疯。然事已如此,一味自责,整天痛苦,也于己无益。业障深重之身,难道不可以广弘佛法?与白罗吉同枕共眠之后,其实依旧能日诵千偈。佛告须菩提说:"菩萨应离一切相,发阿耨多罗三藐三菩提心。不应住色生心,不应住声、色、香、味、触、法生心,应生无所住心。若心有住,则为非住。"① "应离一切相",因为一切相皆空,皆非真实。我罗什亦空,白罗吉亦空。我所见其美色、所触其胴体、所感其美妙、所生之快乐,皆是空是假。若

---

① 见《金刚经》。经中"阿耨多罗三藐三菩提"为梵语,意为"无上正等正觉"。

念念不忘,不能自拔,此即佛所说"若心有住,则为非住"。心若住(停留)于某事某处不能自拔,便不是无上正等正觉。既然一切相皆空,我与白罗吉作爱亦非真实,何必耿耿于怀触彼女身的罪业呢? 罗什以大乘空观思考自己的破戒,觉得精神的羁绊松弛了,身心轻松不少。

吕光逼罗什娶白罗吉,直接的后果是沉重打击了龟兹佛教。虽然国人皆知罗什破戒源于吕光之逼,但罗什不能自持,不管怎么说都是禅心不坚的结果。想想伟大的释迦牟尼佛吧,魔王遣四女来到佛所,"绮语作姿",竭尽"女幻迷惑之业",表示"愿得晨起夜寐供事左右",佛斥之曰:"革囊盛臭而来何为? 去,吾不用! "(《释迦谱》引《受胎经》)反观罗什,讲经固然是西域独步,但一近女色顷刻崩溃。如此比丘,岂能弘扬佛法? 来自大众的评论与质疑,致使罗什头上的灵光减去大半。尤其是极重视小乘禅法的佛图舌弥,对罗什的破戒痛心疾首,对着佛像呼告:"世尊啊,这是佛门的大耻辱啊! 龟兹佛教从此衰矣! "

罗什更敏锐地预感龟兹佛教的劫难。

自己破戒固然影响弘道,但军事占领者对佛教的无知与亵渎,才是龟兹佛教由盛转衰的决定性因素。吕光的士兵搜寻著名大寺中的宝物,甚至佛殿门窗上的金银饰物也被揭走。龟兹佛教遭受前所未有的重创。

罗什自知,在龟兹的日子不长了。他很快要告别故土,随那位掌控一切、凌驾于西域诸国之上的军事统帅去东土。自己虽受奇耻大辱,但为了让佛光照亮东方,忍辱负重在所不惜。

罗什开始紧张地收集佛经,不论是梵本还是胡本。例如《梵网经》、《大品经》、《小品经》、《法华经》、《维摩诘经》等。其余无文本的佛经,每日暗诵熟记。

前秦苻坚建元二十一年(385)元日。龟兹王宫。

与宫门外的冷清萧条恰成鲜明对照,龟兹王宫处处张灯结彩。平定龟兹以来,进入第三个年头,乘元日佳节,吕光决定好好庆贺一番。麾下诸将、龟兹王白震及主要臣僚,都早早来到龟兹宫。

　　酒宴前,白震建议先欣赏《苏莫遮》和《五方狮子舞》。吕光先前观赏过《胡腾舞》、《胡旋舞》,非常喜爱龟兹的乐舞,现在听白震说《苏莫遮》和《五方狮子舞》是龟兹的二个传统剧目,已有百年之上的历史,兴趣又来了。这个氐族的武夫九分不可爱,唯有一分还算可爱,就是喜爱异族的音乐舞蹈。也许这是猎奇而已,不说明他有艺术天分。

　　《苏莫遮》是龟兹元日演出的剧目,类似傩戏的形式。表现时场地上牵来牛、羊、马、驼,以动物之间的争斗决出胜负,以此判断这一年的牲畜的减耗或繁殖。表演者头戴狗头、猴面等面具,男女不分昼夜,歌舞不休,七日方止。

　　决出胜负后,牛、羊、马、驼被拉出场外。表演者戴上走兽或鬼神的面具,有的以泥水泼行人,有的持绳索搭钩捉人。民间相传说,以此法禳厌驱逐罗刹恶鬼食啖人民之灾。很明显,这是禳灾逐鬼的傩形式。场地上有模仿牛、羊、马、驼及种种恶鬼的面具,诡异至极。[①]泥水洒行人及绳钩套住人时候的滑稽,引发观众的阵阵笑声。

　　继之表演《五方狮子舞》。东西南北中五方,五只狮子各据一方。狮子由毛织物制作,每狮子有十二人,谓之狮子郎,穿着彩衣,居狮子之中,作俯仰驯狎之容。舞者二人,黑头巾,额头抹红,执红拂,红丝布袍,红布裤,脚蹬黑色皮靴,为习弄之状。[②]在节奏明快的鼓声和铜钹声中,五方狮子应着节奏,跳跃俯仰,舞者以各种姿势调弄狮子。神奇雄伟、气势激昂、人兽合一的

---

① 段成式《酉阳杂俎》卷四:"兹国元日斗牛马駞为戏,七日观胜,以占一年羊马减耗繁息也。婆罗遮,并服狗头猴面,男女无昼夜歌舞。八月十五日行像及透索为戏。"

② 五方狮子:《文献通考》:隋有西国龟兹、齐朝龟兹、土龟兹等乐,凡三部。开皇中列于七部,有弹筝、竖箜篌、琵琶五弦横笛、笙、箫、觱篥、答猎鼓、毛员鼓、都昙鼓、侯提鼓、鸡娄鼓、腰鼓、齐鼓、檐鼓具皆。一铜钹、二舞者,四人设五方狮子,高丈余,饰以五方色。每师子有十二人,画衣执红拂,首加红抹,谓之师子郎。乐工人皂丝布头巾,绯丝布袍、锦袖、绯布裤。舞者四人,红抹额,排袄白裤,帑乌皮鞾。其曲有《小天疏勒盐》焉。《旧唐书》卷二九《音乐志》二:"太平乐亦谓之五方师子舞。师子,鸷兽,出于西南夷天竺师子等国。缀毛为之,人居其中,像其俛仰驯狎之容。二人持绳秉拂,为习弄之状。五师子各立其方色,百四十人歌太平乐,舞以足,持绳者服饰作昆仑象。"白居易《西凉伎》(刺封疆之臣也):"西凉伎,假面胡人假狮子,刻木为头丝作尾。金镀眼睛银帖齿,奋迅毛衣摆双耳。如从流沙来万里,紫髯深目两胡儿。鼓舞跳梁前致辞,应似凉州未陷日……"

舞蹈艺术,彻底征服了吕光,赞叹声不绝。他对坐在身边的龟兹王白震说:"原来以为西域乃荒蛮未服之地,鲜有可以观瞻娱人者。不意龟兹有此奇舞,令人大开眼界。"

白震不无自豪,"龟兹舞蹈,西域称道。大都督今日所观,或许十分之一尚不足。"

吕光惊奇了,"卿且道来。"

白震介绍说:"以剧目而言,尚有《舍利弗剧》《弥勒会见记剧》《钵头剧》等,故事曲折,引人入胜,真所谓奇戏也。舞蹈有《猴舞》《马舞》《鸟舞》《鸡舞》《柘枝舞》,名目繁多,恐一年半载也未必能遍观。"

吕光兴趣更浓,"那好啊! 一年不能遍观,则二年;二年不能遍观,则三年。"

白震笑了,"那大都督岂不是长住龟兹不走了?"

吕光作思索状,摇头晃脑,自言自语:"长住龟兹? 未尝不可。龟兹富足,乐舞神奇,女子艳丽,算得上是块福地……'乐土乐土,爰得我所'。"吕光好不容易想到这二句诗。

白震在旁暗暗叫苦。供应七万军队吃、喝、住,还有牛马的饲料,千数百桶葡萄酒……好比压在龟兹百姓头上的大山,喘不过气来。若吕光不走,龟兹百姓还有活路吗? 白震想了半天才说:"龟兹终究是区区小国,地荒人鲜,不比大秦,财富山积,长安繁华。大都督岂肯久居于此。"

"长安于我何干?"这句话刚吐出口,吕光连忙打住,传令开宴。

又是一桶接一桶的葡萄酒。美食则有狼、狍、兔、羊、山鸡等野味家禽,或烹、或薰、或煮、或烤、或炖。果品则有核桃、红枣、桃脯、杏脯、葡萄干。人人座前的矮几上,各色食品,琳琅面目,以至举箸不知所拟。

元日的《五方狮子舞》、美酒、美食,不意催生出吕光大大的野心。如此富饶的龟兹,山坡上如茵的草地,如云的牛羊,绿洲边上的延城,美妙神奇的乐舞……实在想不到万里之外的西域,竟然有一块天下少见的乐土,远胜东土的金城、武威、酒泉这些荒漠之地。谁不想占有这块乐土,谁就不是英雄! 我何不称王龟兹,号令西域? 西域三十六国,奇珍异品不计其数,超出大秦国远甚。我留于此地为王,东土枭雄再无长鞭及此,中原逐鹿之群雄,岂能与我争雄?而主上自攻江南至今,将近二年,从来不见使者西来,告我胜负消息。主上若胜,已得江南锦绣山川,西域不再入其眼中;若败,舐血疗伤,休养生息,其奈我何?想起前年临发长安,太子苻宏称我"器相非常,必有大福"。我若称王龟兹,岂不正应了太子之语!千载罕遇之良机,天赐我也。

吕光想入非非,得意至极。

白震则忧心重重,暗中痛骂自己愚不可及:上次让公主表演《胡旋舞》,结果吕光逼使罗什破戒;今次炫耀《五方狮子舞》,结果催生占领者的大野心。犹如露财不止,招致连连打劫。一想到吕光永远留止龟兹,白震不寒而栗。

白震无计可施,召来罗什,告知吕光有意留止龟兹的念头,深表忧虑。

罗什听罢,神情轻松,"陛下不必忧虑,吕光即使想留在龟兹为王,也不会成功。"

白震急急询问:"何以见得?"

罗什答:"因为他有七万军队,还有许多将军。"

白震不解:"吕光七万大军所向披靡,麾下诸将能征惯战。何以不能为王龟兹,称霸西域?"

罗什说:"吕光军队固然攻城掠地,西域莫敌。但人人思归,故土不忘。试想,七万多中原军人留在万里绝域,高山阻隔,流沙难度,妻儿分离,音讯不达,有几人肯做异乡之鬼?所以,吕光有意称王龟兹,而七万将士必无意留止龟兹。陛下可以宽心。"

白震连连点头。不过,总觉不放心,"万一吕光执意不走呢?"

"不会。吕光有野心,也不无智慧。将士都想返回东土,他不会也不可能在此做孤家寡人。只是迟走早走的问题。"

"希望越早走越好。龟兹人口十余万,如今平添吕光七万军队,物质匮乏,人民不胜其负担。"

"是啊,但难测吕光离开龟兹的时间。"

白震沉思,尔后以商量的口吻说:"罗什,你是否能觐见吕光,劝其早日离开龟兹？"

罗什说："陛下，在吕光眼中，我罗什是一无用处的比丘。但为了龟兹，可以一试，大不了再被他嘲弄。"

"如此甚好。"白震感激罗什的指点和见义勇为。

罗什往龟兹宫觐见吕光。

阍者通报："大都督，鸠摩罗什称有要事禀告。"

"宣他进来。"

罗什跨进大殿，见吕光坐在椅子上打盹。

"贫道鸠摩罗什觐见大都督，祝大都督身体安康，一切如意。"

吕光两眼半开半闭，若无所见，有气没力地问："罗什，见本都督何事？"

"贫道冒昧相问：大都督何时班师回长安？"

"什么？"吕光几乎从椅子上跳起来，瞪大了眼喝问："罗什，谁说本都督班师回长安！"

罗什语调平静，"大都督的士卒都这样说。"

吕光声色俱厉："胡说！若无依据，后果自负！"

"大都督息怒。贫道不敢胡说。"罗什语调依然平静，活泼的眼神中有一种不易觉察的嘲笑，"贫道其实早风闻大都督的士卒在议论班师回长安的事。刚才由冬宫至王宫的路上，见五六个从酒肆中出来的大秦国士卒在高声争论，一听，原来是争论何时回长安。二个说在五月，三个说在七月。争得满红耳赤，个个兴奋不已。大都督若有心察访，必以贫道所言不虚。"

吕光的脸色由愤怒一变为阴沉。

罗什口气一转，"其实，大都督班师回长安为上上策。"

"什么叫上上策？难道还有下下策？"吕光不禁问。

罗什见机申述："龟兹历来是凶亡之地。汉朝班超欲立功西域，备尝艰辛，久攻龟兹不下，奔波于疏勒、莎车、乌孙之间，合纵连横，智穷力竭。然有人上书汉帝，说班超拥爱妻、抱爱子，安乐外国，无内顾心。班超闻之叹曰：'身非曾参，而有三至之谗，恐见疑于当时矣。'遂去其妻。班超驻守西域三十余年,年七十上疏汉帝曰:'狐死首丘,代马依风。臣不敢望到酒泉郡,但愿生入玉门关。'(《后汉书》卷四七《班超传》)哀悯之言,岂复可听!前人之事大都督不会不知。恐大都督欲立功西域,步班超后尘,故觐见大都督,以明龟兹为凶亡之地,不宜久留。近日贫道推算星历,亦明速归东土为吉。大都督器相非凡,中路必遇福地,强于龟兹百倍也。上上策与下下策一清二楚,望大都督三思!"

罗什引述史实,又证以术数,言辞滔滔不绝,一如以前同外道的辩论。吕光不觉俯身前听,心想这沙门言语可观,所说不无道理。不过,嘴上不服,训斥道:"留不留龟兹,回不回长安,是本都督的事,用不到龟兹沙门饶舌。"说着摆摆手,"罗什,还是读你的佛经,抱你的白罗吉去吧!"

罗什走后,吕光睏意全无,对王不王龟兹的念头思之复思之。兹事体大,若非要做龟兹王,而将士思归故土心切,则易生不测。钟会智谋之士,平定蜀汉后欲自立为王,招致兵变,身败名裂。前车之鉴不远,可为警诫者也。

于是,吕光决定大飨将佐,商议留龟兹还是回长安之事。

酒宴上,吕光与将佐边饮葡萄酒边议事。他自然绝口不提想做龟兹王,托言主上无有命令,请文武僚属就进止问题畅所欲言,并作一假设,引发讨论:"若主上有令,是令我等留龟兹,还是回长安?"

众人纷纷猜度,多数人说主上当令大军班师回东,也有几人说当留龟兹。杜进说:"自前年西征以来,迄今主上无有命令,揆其形势,恐是道绝不通之故。主上不会弃七万大军不顾,若有令,当是班师回东。"

这里补叙一笔:苻坚听说吕光平定龟兹,下诏以光为使持节、散骑常侍、都督玉门以西诸军事、安西将军、西域校尉。因此时苻坚败亡,西域之路不通,故诏书不能传达。吕光大集文武商议进止,确实事出有因。杜进称主上无命令,恐是道路不通之故,判断不错。依苻坚之意,吕光都督玉门以西诸军事,为西域校尉,那么应该留在龟兹,或高昌、焉耆。如果苻坚的诏令能传达龟兹,则正中吕光王龟兹之心,结果龟兹很有可能成为吕光控制的独立王国,绝域万里,鞭长莫及,苻坚最终也奈何不得。如此,历史会是别一种走向,罗什也可能无缘东来弘法。

现在,文武僚属几乎都主张还东。段业说:"将士远征,必怀思归之心,古今一律,此《采薇》《东山》所以作也。'昔我往矣,杨柳依依。今我来思,雨雪霏霏。'将士出征将至三年,人心思归,望大都督明察。"

彭晃赞同,"段参军所言极是。出征时日一长,人心浮动,怨气渐生。我部有不少士卒称父母年衰,西征三年,彼此存亡不知,日夜忧思,恐还东不见父母……"

姜飞接着说:"不单思归心切,水土不服也成问题。龟兹干旱少水,冬季严寒,士卒皮肤皲裂,胃肠不适者甚多。大都督当忧此事。"

……

文武僚属异口同声:速还东土。吕光简直没有插嘴的机会,做龟兹王的念头只能更深地埋在心底,若稍有表露,必成众矢之的。博议进止的结果,证实了罗什的"速归东土为吉"的判断,吕光不由记起了罗什所说的"上上策"和"下下策"。

"众卿既然皆以班师回长安为善,本都督从众卿之议,择吉月吉日凯旋而归。"吕光作出决定后,又布置撤离龟兹前的主要工作:"多多搜集西域诸国奇珍异宝,以充实大秦国的国库,并美饰长安宫殿,表达对主上的忠心。"

吕光以献苻坚为名,掠夺西域珍宝,半是托词,半是实情。苻坚后期,确实曾悬珠帘于正殿,以朝群臣。车乘、器物,都用珠玑、琅玕、奇宝、珍怪装饰之。尚书郎裴元略进谏,苻坚才命去珠帘。

博议进止后,对龟兹及西域诸国的掠夺加速进行。条支的狮子、封牛、犀牛、孔雀、符拔、[①]安息雀;大秦的夜光璧、明月珠、珊瑚、琥珀、琉璃、琅玕、朱丹、青碧、金缕罽、火浣布、苏合香;罽宾的大狗、沐猴、珠玑、璧流离、金银铜铁器;日南的象牙、犀角、玳瑁;天竺的金、银、铜、铁、锡、铅、细布、石蜜、胡椒;大宛的汗血马;于阗的宝玉、龟兹的葡萄酒……凡是西域的珍宝特

---

① 符拔,一名桃拔。《汉书·西域传》上颜师古注引孟康曰:"桃拔一名符拔,似鹿长尾,一角者或为天鹿,两角者或为辟邪。"

产、珍禽异兽,无不搜罗。此外,百戏、眩人、①龟兹及西域诸国的乐舞,也多方搜寻。汉文帝时,西域献千里马,文帝不受,遣还,并赐道路费。数年前,大宛朝献苻坚天马千里驹,苻坚好名,效法汉文帝,将献马悉数返之,命群臣作《止马诗》"示无欲"。反观吕光,暴欲壑于天下,骇人听闻。

吕光毕竟是武夫,毕竟是掳掠成性的占领者。

《老子》说:"天下有道,却走马以粪。"②吕光不懂这道理。

罗什在龟兹的日子越来越短,与白罗吉分离的日子愈来愈近。

白罗吉深思熟虑,不愿意随罗什去东方。原因主要有二:

一是为了罗什。罗什的破戒,主要不是他本人的欲念之盛,而是吕光的戏弄。若吕光尊重罗什,尊重佛教的戒律,便不会有饮以醇酒,逼他与自己同闭密室的后果。自己敬重这位表哥,崇拜他超群的智慧,欣赏他讲经时的高雅风度,谛听他滔滔不绝的言辞,好像觉得佛就在眼前,龙树菩萨再世。若无吕光的恶作剧,自己怎么可能做他的妻?罗什怎么会破戒,毁了道行?婚后两情相悦,罗什的温存礼貌使自己感动。但作为一个得道高僧的妻子,白罗吉觉得自己完全多余。僧人娶妻是最大的犯戒,其罪不可饶赦。那么,自己也是个不可饶赦的存在。"僧人的妻子白罗吉",多么难听、多么滑稽的称呼啊!我和罗什站在一起,或并肩而行,人们投来惊异的目光。从目光中看出人们的质疑:娶妻的僧人,不可能是得道高僧。僧人怎么讲禅法?有人相信他的讲经吗?白罗吉强烈地意识到,赶快从罗什身边消失,让罗什重新获得僧俗的尊敬和信从。自己犹如缚住罗什的绳索,松开了,他才能重获身心的自由,才能在东土大弘佛法。

二是为了故国的尊严。我白罗吉是龟兹王的女儿,是故国龟兹的女儿。为什么离开父亲,离开龟兹,越险度艰去万里之外的长安?龟兹虽比不上东

---

① 眩人:犹今之魔术师。《汉书》卷一二三:"以大鸟卵及黎轩善眩人献于汉。"《索隐》:"韦昭云:'眩人,变化惑人也。'《魏略》云:'黎轩多奇幻,口中吹火、自缚自解。小颜亦以为今之吞刀吐火,植瓜种树、屠人截马之术皆是也。"

② 此二语见于《老子道德经》四十六章。王弼注:"天下有道,知足知止,无求于外,各修其内而已。故却走马以治田粪也。"

方幅员辽阔,延城虽然没有长安壮丽,但龟兹是生我养我的故国,延城是绿洲边的明珠。这里,充满庄严中的祥和,让人愉悦,给人宁静。延城,我熟悉的、深爱着的、丰富多彩的城市啊! 世上再也找不到比龟兹、比延城更让我留恋的地方。我决不相信吕光他们的大秦国会比龟兹美好。据说,东土正在混乱中,到处是杀戮和鲜血。只要看看吕光给龟兹带来什么,就不能不相信东土正在发生什么。我不愿去东方,宁愿老死在龟兹!

三月初的一天夜晚,白罗吉终于向罗什说出来自己的决定:

"罗什,亲爱的,我不跟你去东土。"

"为什么?"罗什对此结局虽然不无预感,但临到面对结局时,还是有点心惊。

"为了不再让你继续破戒。"

"罗吉,我已经破戒,不在乎再破戒。"

"不。你在龟兹破戒,在东土不应该再破戒。"

"罗吉,你是好妻子,我需要你陪伴。这不妨碍我弘法。"罗什看着烛光下的罗吉,严肃而略带忧伤,似乎更加楚楚动人。一阵本能的欲念瞬间传遍全身。

"我自知业障深重,当堕阿鼻地狱……但我也会度无数人。"罗什请求道:"罗吉,你还是跟我走吧。"

"何苦在自我堕落与度人彼岸之间两难呢? 罗什,这样你会永远痛苦的,永远不会成佛。"

"痛苦也是空,佛也是名为佛,不必执著的。"

"罗什,你虽信从一切皆空的教义,但在内心深处,仍然相信法相的存在。否则,一个比丘,为什么难以割舍爱欲?"

罗什深深震动。罗吉的责问,可以用空观学说解释,不过,来自本能的欲念,却实实在在,难以否认和抑止。眼前罗吉的美妙容颜和体态,每次欢爱时拥着的白皙柔软的胴体,那种飘飘欲仙的感觉,多么真实难忘啊。请求罗什一起去东土,是不是肉欲的需要? 与弘法真的有关吗? 罗什在心里逼问自己,觉得无法回答。

　　终于，罗什叹了一口气，"罗吉，我没法说服你。我尊重你的意志。"

　　罗吉开颜，"太好了，罗什！你走后，我要学你母亲耆婆，出家为尼。"

　　罗什好像没听清似的，问："出家为尼？"

　　罗吉答："是的。我打算拜佛图舌弥为师，搬出冬宫，住阿丽蓝寺。"

　　罗什："如此甚好。罗吉，我们要分别了，可能永远不会相见。"他握住罗吉的手，充满温情地、久久地抚摸着。

　　罗吉美丽的眼睛泛出晶莹的泪花，"罗什，我们虽然天各一方，但佛光永远照着我们，照着龟兹，也照着东方。我们会在佛国相见。"

　　……

　　龟兹冬宫的这一夜，永远铭刻在罗什的记忆里。从此他失去了妻子。虽然与白罗吉的情缘只有短短的半年，但这半年对他来说真正是天翻地覆。吕光逼他破了戒，体验到肉欲是何等强烈，何等难以驯服。严酷的宗教戒律与难抑的爱欲的激烈冲突，几乎让他发疯。半年多的消瘦，便是明证呵。

第十一章　漫漫东去路

> 佛告诸比丘：“释提恒因三十三天自在为王，常行忍辱，亦复赞叹行忍者。汝等比丘正信非家，出家学道，当行忍辱，赞叹忍者，应当学！”
>
> ——《杂阿含经》卷第四十

东晋孝武帝太元十年，即前秦苻坚建元二十一年（385），三月末的一天，吕光率领七万多将士班师回长安。

延城北边的白山，依然白雪皑皑。城外的山坡和旷野，积雪也未融化。几乎看不到绿色——春天的脚步还在远方。前秦的军队踏着积雪，迎着寒风，开始漫长的归程。

这是一支胜利的大军，满载而归。在此之前的所有征服过西域的军队，若论战利品的数量和品种，与吕光的军队相比，都会相形见绌。二万多匹骆驼，一万多匹骏马，驮着从龟兹及西域搜寻来的无数珍宝、奇伎异戏、殊禽怪兽，种类多达一千余种，无声地诠释着吕光的“恩威并著”的真实涵义。

驼群好像一条缓缓流动的长线，长得不见尽头。这些韧性非凡的“沙漠之舟”，驮着木箱、革囊、一捆捆的锦褥，迈开沉重的脚步，往东，不断地往东。十几只关在木笼子里的孔雀，惊恐得收拢翅膀。吕光觉得这些美丽的鸟，食其肉，味道平平，但羽毛的炫耀让人惊喜。可惜从上路开始，它们就再也不愿开屏。两只符拔关在大笼子里，装在二辆牛车上。一只单角，一只双角，常常向着对方哀鸣。看得出来，它们互相诉说着恐惧和痛苦。战利品中，还有几个康居的眩人，十几个胡腾舞、胡旋舞的男女演员，以及《五方狮子舞》的狮子郎。木箱中，有龟兹的各种乐器。吕光要把龟兹的乐舞带到长安，献给主上观赏。

所有的战利品中,还有一件最特别,这就是鸠摩罗什。吕光至今都不明白:为什么主上耗费不计其数的财力物力,似乎就为了得到这个比丘。太不可思议!吕光骑着一匹健壮的大马,偶尔回头看看后面不远处的罗什,好像在马背上打盹,心想,这个和尚有甚稀奇?西域的比丘多如牛毛,在延城街上走,一不小心撞上的准是比丘。符拔和辟邪才叫稀罕呢!似鹿非鹿,尾巴长长的,有的独角,有的双角,五色光耀,见所未见,闻所未闻。与其让一个和尚占一匹马,还不如用一匹马驮两革囊葡萄酒。想到这里,吕光鼻孔里"嗯"出一股气,轻蔑随之而出。

时近中午,太阳渐渐显出热力。罗什裹着黑色僧袍,骑着一匹黑瘦马,不紧不慢地跟在吕光的卫队后面。僧袍吸足了阳光的热量,罗什觉得身上暖洋洋的,半闭着眼,回想离开延城的情景:龟兹王白震率领王室成员及文武大臣送行,却不见白罗吉的身影。罗什明白罗吉不来的用意,是勉励自己专心致志去东方弘法。吕光却奇怪起来,问罗什:"白罗吉为何不随军东去?"罗什回答:"公主已出家了。"吕光惊讶:"竟有此事!传命……"欲说又止,改口说:"算了,罗什,东土美人如云,到了长安,本都督第一件事即为你续妻。"罗什一笑:"大都督又说笑话。"吕光一脸正经,"怎么是笑话!本都督命你与白罗吉结婚,是否立时就办了?"罗什好像被刺痛了,呐呐地说:"世尊啊,我必堕阿鼻地狱,必堕阿鼻地狱……"

这时,卫队突然停下来,前头传来七嘴八舌的声音。原来,卫队中有一士兵被路上的石头硌了脚,痛得不能站立。卫队长请示吕光如何处置。吕光想起刚才看到的罗什在黑瘦马上眼睛似开似闭,好像很舒服的样子,心里就觉得不爽。于是指示卫队长,把罗什骑的黑瘦马换下来,让伤脚的士兵骑,让罗什骑牛。西域民俗犁田或负载用牛,代步则马。罗什自然从未骑过牛。牛背不配坐鞍,光溜溜的,又无缰绳可控。所以,骑牛得全神贯注,尽力保持身体平衡。牛背上的罗什,再不能半闭着眼养神,必须提振精神,双手时刻抓住牛脊梁。幸好牛行迟缓,否则必从牛背上摔下来。吕光回过头,瞥见一个穿黑僧袍的比丘,紧张地坐在牛背上,高而瘦,滑稽而可笑,忍不住偷着乐,不爽之感完全消失。

一天又一天,罗什骑在牛背上,忍辱劳累,默然不语,与那缓慢前行的公牛浑然一体。

七天之后,吕光反而憋不住了。他所期待的罗什会从牛背上摔下的场面没有出现,而罗什也始终未提出改骑马的请求。罗什若无其事,既无怨言,也不喊累。牛背上黑色僧袍裹着的比丘,最初几天显得滑稽可笑,到后来稳坐牛背,看上去十分舒坦。偶尔有风吹起僧袍,罗什似乎也像个得胜的将军。吕光看见了,不爽又上心头。

离延城一天比一天远。吕光想着龟兹王之梦的破灭,总摆脱不了沮丧。文武将佐博议进止,所言与罗什一般无二,皆以为班师回长安是上上之策。现在大军返回东土,证明罗什有先见之明。我欲王龟兹的野心,恐怕一开始就被罗什窥破了。想到这一层,吕光更加不爽。归程万里,看不完的山川旧景,令人生厌,何不再寻寻外国和尚的开心? 也许,心情会好起来。

第二天早晨出发,卫队长按照吕光的指示,给罗什牵来一匹大宛马,"罗什法师,你骑牛多日,想必很累,今天换马骑骑。此马善走,四蹄生风,日行千里。"

罗什斜睨大宛马:汗血斑,红鬃毛,体毛成五色,四腿如铁。果然是匹骏马! 罗什踩上马镫,跃上马背。大宛马咴咴直叫,前蹄跃起,随后往斜刺里狂奔。罗什紧紧拉住缰绳,大宛马又叫着扬起前蹄,原地转了一圈,然后奔上不高的土丘,一阵狂颠。罗什从马背上摔下,一脸土灰,黑僧袍的下摆撕裂。吕光和卫队士卒看着罗什的狼狈相,大笑不止。

原来,这是一匹尚未驯服的大宛马。

罗什从地上爬起来,用袖子擦擦脸上的土灰,依旧不言不语,不怨不艾,好像什么事也没发生。

卫队长对土丘上的罗什大喊:"罗什,再骑啊! 马在你后面。"

罗什回头,大宛马在不远的地方"咴咴"地叫。罗什走过去,再次跨上马背。马举起前蹄,作一停顿,积蓄了力量,从土丘上直冲下来,连续跳过几块大石头,再突然转向,往旁边狂奔。就在转向的瞬间,罗什从马背上摔下来,在山坡上翻滚,最后四肢伸直,躺在地上一动不动。吕光与卫队又一次爆发出大笑,士兵们狂叫:"罗什,起来!罗什,起来!"

罗什仍然一动不动。他清楚吕光在有意捉弄。他非要叫你摔几个筋斗不可,否则不会罢休——这是不可逃避的苦难。这时罗什听见了,听见了佛的告诫,如天鼓响在耳边:"须菩提,忍辱波罗蜜。何以故?须菩提,如我昔为歌利王割截身体,我于尔时,无我相、无人相、无众生相、无寿者相。何以故?我于往昔节节支解时,若有我相、人相、众生相、寿者相,应生嗔恨。"(《金刚般若波罗蜜经》)罗什一动不动,重温着佛陀的故事:佛于过去世为忍辱仙人时,一日,恶世无道歌利王率宫人出游,遇到忍辱仙人在树下坐禅。宫人乘歌利王睡觉不醒,去忍辱仙人处听法。歌利王醒来不见宫女,四处寻找,后在忍辱仙人处找到。歌利王遂生恶心,将仙人节节支解。此时四天王雨金刚砂,歌利王见此心生恐怖。仙人发愿来世成佛后,第一个先度歌利王。这歌利王就是后来释迦牟尼佛的第一个弟子憍陈如。罗什重温佛的教导:不见我、不见人、不见法、不见忍辱相,视一切外在的侮辱和伤害为不存在。这才是第一波罗蜜啊!

罗什一动不动,佛又来告诫:

> 我于尔时,修习忍辱,不行卒暴,常亦能称赞忍辱者。若有智之人欲修吾道者,当修忍默,勿怀忿铮。(《长阿含经》卷二一)

罗什默默地说:"伟大的佛啊,我听见了你的教导。此时正是我修习忍辱的好机会。我想大弘佛法,自然能忍默,不仅不忿铮,而且日后第一个要度吕光。"

再说吕光遥见罗什躺在山坡上一动不动,不由紧张起来。主上要我俘获罗什后以快马传送至长安,若罗什出意外,归程万里刚走了几步,就把他摔死了,我如何向主上交代?捉弄罗什,看来太过分了。于是大声命令卫队长:"快,快去看罗什!"

卫队长快步奔向山丘,刚走出几十步,罗什竟然坐起来了!双手一撑,又站起来,扭了扭腰,用手敲敲大腿,迈步从土丘下来。大宛马朝他不断鸣叫,不知是向他表示歉意呢,还是表示不甘驯服。罗什拉住马缰绳,牵着马回归队伍,神色平静得让人不明所以。吕光见罗什若无其事,不由心生惭愧。自己一再捉弄罗什,连卫队的士兵也看得清清楚楚,罗什岂会不知? 然这比丘神色夷泰,如此度量,岂不胜过我吕光? 别人称自己"宽简有大量,喜怒不形于色",其实是溢美之词。这比丘才是喜怒不形于色呢! 不知如何涵养成这等度量?

罗什走过吕光身旁,吕光对卫队长说:"还是让罗什骑黑瘦马,把这匹马换下来。"

"大都督,不必不必。它摔了我二次,刚才已向我道歉了。往后的路上,我还要感谢它哩。"罗什说完,轻轻地从马颈上拔下二根红鬃毛,分别在左右手的小指上绕成团,左手的一团塞在马的右耳里,右手的一团塞在马的左耳里,然后嘴巴凑近马的左右耳,分别咕噜咕噜几句。动作快得令人眼花缭乱。完了,一步跨上马。那马不声不响,服服帖帖,如铁的马蹄敲响地面,稳步向前,气宇轩昂。吕光、卫队长及所有的卫兵看着罗什的怪异举动,全都莫名其妙,面面相觑。

军队缓缓向东。吕光有时回头看看罗什,看到的是黑色僧袍裹着的比丘,在马背上稳如泰山,比坐在牛背上神气多了。这时,吕光难免会纳闷:这比丘莫测高深。刚才他说恶马摔了他二次,已经向他陪了不是,这话好像在影射我呢……

一个只知攻城掠地,只知炫耀权威,欲壑难填的武夫,岂能识鉴大智慧者? 至于佛所说的般若波罗蜜——超乎世俗智慧之上的无上智慧,更是永远无法理解。吕光不识罗什的智慧,不识罗什的大志,不识罗什的忍辱波罗蜜。因为不识,不断地戏弄智者,甚至给智者制造苦难。后人对这样一个有眼无珠、不知义理的专横者,除了鄙视和谴责,还会有什么呢?

在中国佛教史上,出现过许多弘道者、求法者,经历寒暑风霜之苦,高山流沙之险。罗什遭受的苦难,不仅来自恶劣的自然环境,更来自人为的精神折磨。逼他娶妻、逼他骑牛、骑烈马,败其德行、毁其尊严,遏其大志,种种精神的摧残,在古往今来的高僧中,以罗什为最。读者如果能了解此,思及此,能不同情怜悯之?虽然罗什遭遇种种苦难,但他以佛为榜样,体悟忍辱波罗蜜,为实现在东土弘法的大愿,即使身当炉镬之苦也无恨。我等能不由衷敬仰赞美之?

罗什遭受精神苦难的历程,如东去的路一般漫长。

出了龟兹东界,进入焉耆。

已是傍晚时分,戈壁滩上的落日红得出奇。晚霞欲燃,照得左边山坡上的树木的新叶,也泛出红光。突然,卫队中发出惊奇声:"快看呀,西天的红霞在飞呢!"

果然,一片片红霞似接受指令,快速向西北方向飘去,不一会就幻化成一团奇怪的云状。卫兵又嚷起来:

"真好看,像一头狗追前面的马呢。"

"不,像女人拉着一个小孩。"

吕光闻声,跳下马,抬头看云状:果然像长发女子拉着孩子,暗暗称奇。

段业也在看,略作思索,对吕光说:"确实似女子与小孩。女有子,岂非'好'字?祥瑞之象啊!"

吕光恍若有悟,"段参军所说极是,好兆头。"随即下令:"在此安营扎寨,埋镬造饭!"

这时,只有一个比丘置身于众人的惊奇之外。当将士忙着安营造饭时,只有他注意西天的云,以为并不是吉祥之兆。又仔细观察戈壁滩上的鼠穴,发现许多老鼠排成极长的一线,慌慌张张地正往山上窜。

罗什走进吕光的大帐,报告道:"大都督,不可驻军于戈壁滩上,恐有危险。"

吕光翻起眼睛,问:"有何危险?"

罗什说:"似有异象,恐非吉祥。"

吕光心想,众人都说吉祥,偏这比丘称是异象。便问:"你所谓异象何指?是指西天的云吧?"

罗什："是。天示以怪异之象，便非吉兆。我尤注意者，乃戈壁上的野物，纷纷窜入山中，此亦是异象。"

吕光嗤笑道："七万大军在此安营扎寨，挖地埋镬，升火造饭，草中野物岂有不逃之理？"

罗什："不。野物遁逃，正是此地不可居之象。军队宜驻于山坡上，方为安妥。"

吕光大不以为然，"现在饭已半熟，过一时半刻，军士休息。若重新移营山上，非一个时辰不能安定，半夜前休想安寝。本都督行军打仗几近三十年，难道还不懂何时何地可以驻军？"

"大都督……"罗什还想劝告，吕光不耐烦，挥挥手，"去念你的经吧！"

罗什无奈退下。

将至夜半，先是西北方狂风突至，吹翻了不少毡帐。随即，倾盆大雨自天而降。军队驻扎的地方正是戈壁中的一块地势较低的小盆地。四面八方的雨水全汇集于此，积水深达数丈。黑暗中，士卒大呼小叫，一片混乱。不少骏马挣脱缰绳，在水中狂奔。安静沉稳的骆驼终于慌乱，发出低沉的叫声。吕光为将三十年，从未见过如此糟糕的场面，大声命令诸将，速带士卒及辎重往山上转移。

恐怖惊悚的一夜。

天明，吕光清点遭致的损失：士卒淹死将近三千，骆驼淹死二百匹，骏马逃散近千匹。西域的珍宝、珍禽异兽，损失更可观。从山坡望去，小盆地上漂着人畜的尸体，惨不忍睹。可怜关在木笼子里的十几只孔雀，全部遭殃。一只独角的符拔，也不知去向。吕光顿足连连，悔恨不已。

"召罗什！"吕光怒气冲冲，正要传命，一想罗什不是事先劝告自己，再三说下面不宜驻军吗？召罗什何用？是想迁怒于比丘？损失的责任叫他负？荒唐！只能归咎自己了。吕光的目光搜寻着罗什，看到罗什坐在山上的一块大石头上，双掌合一，对着山下的积水念念有词。再仔细看，奇怪比丘的黑僧袍好像毫无水浸的样子。又联想到他在大宛马的耳朵里塞进两小团鬃毛的怪异动作，心里终于有点明白：这龟兹比丘，智力超群，匪夷所思，日后再不能小觑。难怪主上必欲致之。

识鉴是一种能力,更是一种智力。鉴别非凡的智者绝非易事。识鉴的高低与对历史的理解、对文化的理解密切关联。由于吕光对佛教历史和佛教文化茫然无知,势必妨碍对罗什的认识与理解。吕光经此惨痛的一夜之后,才开始认识到罗什非凡庸沙门可比。但是否从此尊敬智者罗什? 后来的事实将会说明。

吕光的大军继续向东,驻军于宜禾。

凉州刺史梁熙打算闭境拒吕光。高昌太守杨翰对梁熙说:吕光刚平定西域诸国,兵强气锐,其锋不可挡。猜度其意,必有异图。今关中扰乱,京师存亡未知,自黄河以西迄于流沙,地方千里,带甲十万,鼎峙之势,实在今日,良机不可错失。要是吕光走出流沙,其势难测。杨翰主张距守高桐、[①] 伊吾二关,夺取水源。吕光既穷且渴,自然投戈不能战。

犍为人张统也进言梁熙说:今关中大乱,京师存亡不知,吕光东来,其志难测。此人智略过人,拥有思归之士,乘战胜之气,其锋不易挡。梁将军世受大秦恩德,忠诚夙著,应立勋王室,云云。

杨翰、张统都主张阻遏吕光于流沙中,称吕光是个其志难测的野心人物。可是,梁熙一概听不进去。

再说吕光,已闻杨翰之谋,又始知符坚伐晋大败,犹豫不敢东进。杜进进谏说:"梁熙文雅有余,机鉴不足,终不能纳善从他说,愿不足忧之。闻其上下意见不合,宜从速东进。若进而不捷,请受过言之诛。"前年吕光西进时闻符坚伐晋,打算停留高昌待命;如今闻符坚伐晋失败,犹豫不敢东进。可见吕光畏首畏尾,张统称其"智略过人",其实难副。吕光麾下诸将,只有杜进较有智略。这回又是杜进审时度势,以为不宜停留高昌,抓住战机,从速东进。吕光又听从杜进,进攻高昌。高昌太守杨翰见梁熙不纳其计,索性以郡投降吕光。

---

① 高桐:《通鉴》卷一百〇六作"高梧"。胡注云:"当在高昌西界。"《读史方舆纪要》引他人之说,以为"高梧,交河之讹"。

吕光进驻高昌城。休整数日后,向东南方向的玉门关进发。高昌至玉门,相距千余里,中间横着一段数百里的沙漠,那是最危险的行程。西去时流沙中难觅水源,将士失色;返东时遇到别一种危险,同样致命。这一次是沙漠中的热风。夏天的太阳,火一般的烧灼沙漠,常会形成热风,给旅行者造成极大的威胁。一天中午,烈日当空,死寂的沙漠,没有一丝风。罗什看到几匹老骆驼,一边鸣叫,一边围在一起,将口鼻埋在沙中。骑在骆驼上的士卒,拉紧缰绳,想把骆驼控制住。但老骆驼似中了邪似的,不断鸣叫,非要聚在一起。士卒十分奇怪,但束手无策。

罗什拍了一记大宛马的屁股,马奔到吕光旁边,大声禀告:"大都督,热风将至,速命将士多人围立一处,用衣物、毛毡掩蔽口鼻。快!"

吕光抬头看天,看四围,毫无起风的征候。正欲质疑罗什,一想到不听罗什移军山上的建议,遭水淹损失惨重,尽管半信半疑,还是传命将士以衣物掩蔽口鼻。

果然,不知起于何处的热风,挟着大量的极细极细的沙粒,疾速而过。热风吹得人难以站立,围立在一处的士卒紧紧抱成一团,闭紧双眼,拉住头上遮盖的衣物。瞬间,热风过尽。极少数不曾防备的士卒,口鼻中塞满了细沙粒,窒息而死。

多亏罗什,军队度过一厄,只损失了少许士兵。

吕光看着大宛马背上的罗什,再次感到这个龟兹比丘不同寻常,太有利用价值了。并且渐渐明白,为什么主上不惜出兵西域获致这个非凡比丘。

走出流沙后,离玉门关越来越近。

终于,罗什望见了玉门关。这座著名的边关,蹲踞在午后强烈的阳光下,划出东土与西域的畛域。跨进关隘,意味着踏上了东方的土地。罗什望着玉门关高耸的城楼,不由生出一阵轻微的激动。地大物博的华夏邦国,即将揭开神秘面纱。大弘佛法的志愿,能在东土实现吗?自离开龟兹几个月里,罗什根据五明推断未来,结果忧喜参半——东土弘法的道路不会平坦。这是因缘和合的结果,自己无法改变。

正如前面杨翰所说,若吕光走出流沙,其势难敌,虽有张良之策,无所施

玉门关

矣。吕光一出流沙，便至玉门。此时，昏愚的梁熙传檄，谴责吕光擅命还师，遣子梁胤与姚皓、卫翰率众五万，在酒泉拦阻。吕光由玉门东进，发现沿途的亭障几乎无人扼守，军队长驱直入，敦煌太守姚静、晋昌太守李纯以郡降。吕光传檄凉州，责梁熙无赴国难之诚，数其遏归师之罪，遣彭晃、杜进、姜飞等击梁胤，大败之。武威太守彭济执梁熙请降。吕光入姑臧，自领凉州牧、护羌校尉，表杜进为辅国将军、武威太守。凉州诸郡县从此落于吕光之手。

这时，是前秦苻坚建元二十一年（385）九月，距吕光自长安西征，已有二年九个月了。边远的凉州，将要翻开新的历史篇章。但新篇章令人失望，几乎每页上都写着饥饿、杀戮、阴谋。

旁观者罗什，对世事无能为力。其实，凡是落在权力之外的天才，几乎都无法影响历史的走向。即使伟大如孔子，很想参政，很想走近权力，然而很快就被逐出权力圈，只能以老师的身份终其一生，更不要说是西域的沙门罗什了。何况，他本来就是超俗者。

鸠摩罗什是谁？

一个可有可无的外来和尚。

一个失去自由的龟兹沙门。

第十二章　智者的困境

> 我为一众生故，一劫之中代受泥黎苦，为彼众生受
> 此苦恼。
>
> ——《僧伽罗刹所集经》卷下

西来的高僧，止步于凉州。

葱岭可以悬度，流沙也能险涉。凉州却是不可逾越的关隘，阻遏了罗什往东弘法的脚步。

伟大的天才，受制于掌控生杀予夺大权的武夫。武夫嘲弄智者、驱使智者、甚至迫害智者。这是中国历史上屡见不鲜的现象，是民族的耻辱和不幸，直至今天仍无法彻底消除。

平定西域的统帅吕光，成了凉州的新主人。这无论对于凉州，还是对于罗什，都不是幸事。

翻开唐之前的历史地图，凉州是中原最西边的一个州。西行复西行，出了玉门关和阳关，便是广袤万里的西域。在汉武帝之前，无凉州之名。自武威以西，本属匈奴之地。秦时的美阳、甘泉宫，原是匈奴铸金人祭天之处。匈奴既失甘泉，又使休屠王、浑邪王等居凉州之地。二王后来以地降汉，武帝置张掖、酒泉、武威郡；其后又置金城郡，谓之河西五郡，改周之雍州为凉州。凉州者，盖以地处西方常寒凉之故也。南隔西羌、西通西域，战略地位重要，当时以为是断了匈奴的右臂。这里地广人稀，山中宜畜牧，居民或来自关东的贫民，或是罪犯及其家属，故习俗杂而不一。

由于凉州处于西部边陲，当中央政权百病丛生、自顾不暇之时，凉州往往成为最宜割据独立的地区。吕光之前，凉州是张氏割据的地盘。西晋惠

帝永宁元年（301）正月，散骑常侍、安定人张轨为凉州刺史。当时，司马氏政权笼罩在"八王之乱"的腥风血雨中，张轨暗生"保据河西之志"，求为凉州。所谓"保据河西之志"，即割据河西五郡之志。西晋愍帝建兴二年（314），张轨死，以子张寔为都督凉州诸军事、凉州刺史。东晋元帝太兴三年（320），张寔为人暗杀，寔弟张茂为凉州刺史。明帝太宁二年（324），张茂死，张骏立为大将军、凉州牧、西平公。在张氏据凉州期间，张骏较有作为，尽有陇西之地，士马强盛，表面上称臣于晋，实际上不行晋正朔，舞六佾、建豹尾，所置官僚府寺拟于王者，又于姑臧城南筑城，起谦光殿，穷尽珍巧。张骏也有平西域的辉煌。他遣杨宣率众越流沙，伐龟兹、鄯善，西域并降。鄯善王元孟献女，号曰美人，立宾遐观处之。焉耆、车师前部、于阗王并遣使者进贡方物。永和元年（345）张骏死，其子重华立。重华死，其子耀灵继立。不久，为重华兄张祚废黜，寻又害死。祚篡立三年而亡。耀灵弟玄靓立，叔父张天锡专政，后天锡害玄靓。东晋太元元年（376），天锡降于前秦苻坚。凉州自张轨至张天锡凡七十六年，先后九易其主，至此归属前秦的版图。

然而，曾几何时，苻坚败亡，凉州来了新主人吕光。这位新的割据者又能占据凉州几时呢？

吕光的军队进了凉州首府姑臧。这座城市本匈奴所筑，南北七里，东西三里，称故葅臧城，后人音讹为姑臧。初，汉末博士敦煌侯谨对门人说，未来城西泉水当竭，有双阙起其上，与东门相望，中有霸者出焉。到了曹魏齐王曹芳嘉平中，郡官果然起学馆，筑双阙于泉上，与东门相望。西晋末年，张氏遂霸河西，正应了侯谨"霸者出焉"的预言。

吕光进城时，远远地看见了城西的双阙。颇通文墨的参军段业向吕光讲起双阙的典故。当吕光听到"霸者出焉"一语时，不无得意，心想：霸者张氏已灭，连张天锡的世子大豫也已斩于姑臧，新的霸者非我而谁！

这时，吕光才知苻坚已为姚苌所害。苻秦历五世，凡四十四年，苻坚是最有作为的国主。鸠摩罗什东来及吕光据凉州，都与苻坚有莫大的关系。因此，这里不能不简略补叙苻坚最后的悲剧。

东晋孝武帝太元八年（383），苻坚率百万大军欲鲸吞江南，于淝水大败，自己也为流矢所中，单骑遁还。苻坚收集残兵，回到长安，原先投奔苻坚的前燕慕容垂、慕容泓起兵叛坚。第二年春，慕容垂自称大将军、大都督、幽王，帅众二十万攻邺。三月，慕容泓聚众数千，屯于华阴。苻坚遣子叡讨之，以姚苌为司马。平阳太守慕容冲亦起兵攻蒲坂。苻坚命窦冲讨之。苻叡与慕容冲战，兵败被杀。姚苌遣使诣苻坚谢罪，坚怒，杀使者，姚苌惧奔渭北，西州豪主，推为盟主。苌自称大将军、大单于、万年秦王。太元十年（385）春正月，慕容冲即皇帝位于阿房宫，改元更始。苻坚与慕容冲战，各有胜负。四五月间，长安城中有谶书云：“帝出五将久长得。”之前又有谣曰：“坚入五将山长得。”苻坚大概被淝水大败击昏了头脑，居然十分相信谶书和谣言，对太子苻宏说：“上天似在启示我出长安城，汝善守城，勿与贼争利。吾当出陇，收兵运粮以给汝。”于是带着少子中山公诜、张夫人出奔五将山。谁知苻宏守不住长安，带母妻、宗室男女数千骑出奔，百官逃散。慕容冲攻入长安，纵兵大掠，死者不可胜计。八月，后秦王姚苌遣将围五将山，苻坚被执，神色自若，表现出帝王的尊严风度。姚苌缢苻坚于佛寺，终年四十八岁。中山公诜及张夫人皆自杀。在五胡十六国君主中，苻坚本来是很有作为的君子，可惜“由骤胜而骄”（司马光语），一概听不进臣下和道安的谏言，最终落得身死国灭的下场。

若苻坚不伐晋，则不会有淝水之战的惨败，也不会有后燕、后秦之兴，不会有吕光割据凉州，鸠摩罗什也能顺利达到长安。

但历史不容任何假设。

历史总是曲折的，常常出人意料。人物命运因历史的曲折而曲折，因曲折而愈见精彩，也因曲折而愈显苦难。

再说吕光得知苻坚被害的消息，向着长安方向奋怒哀号，下令三军缟素，大临于姑臧城南，遥祭苻坚，谥之曰“文昭皇帝”，长史百石以上服斩缞三月，庶人哭泣三日。

吕光隆重治苻坚之丧，不是没有原因。先前，时人莫识吕光，唯有王猛异之，曰：“此非常人。”言之苻坚，举贤良，除美阳令，迁鹰扬将军。苻重镇洛阳，以吕光为长史。后重谋反，苻坚知悉后说：“吕光忠孝方正，必不同也。"不久为太子右率,甚见敬重。符坚平山东后,命吕光讨西域,给予大军七万,也是信任之举。符坚有恩于吕光,故光为故主治丧极为隆重志诚。

治丧毕,吕光大赦凉州全境,建元曰太安,自称使持节、侍中、中外大都督,督陇右河西诸军事、大将军、领护匈奴中郎将、凉州牧、酒泉公。虽然仍名为符秦大臣,实际上是凉州王。

一天,吕光突然想起当初罗什劝自己返回东土,说是"中路必有福地可居"。看来,凉州就是罗什所说的"福地"了。至于长安,已为姚苌所占,回长安已是不可能之事,唯有此凉州,是日后进军东土的基地。思及于此,吕光召见罗什。

吕光对罗什说:"和尚,你曾说'中路有福地可居',现在看来,中路之福地就是凉州了。但不知何以称凉州是福地?"

罗什答:"顺天爱民,君臣同心,百姓安乐,此即福地之谓也。"

吕光面有忧色:"如今谷价腾贵,一斗值五百金,凉州人相食,死者过半,加之战乱,商贾路绝。福地福地,此可称福地乎?"

罗什:"为政宽简,让百姓休养生息,凉州自会成福地。"

吕光:"本都督尽力而为。"说着,改换话题,"当初主上嘱本都督平定龟兹,即驰驿送你至长安。憾恨主上未及见你,升遐而去。每念及此,无复可言!"

罗什心想:若你速送我至长安,不逼我与白罗吉成婚,何至于今日滞留凉州?如今留滞凉州,自然也是因缘和合,非人力所能改变。确实,如果吕光平定龟兹后立即驿送罗什,符坚很可能会见到罗什。但罗什即使抵长安,长安城外也是战火纷飞,想要弘法也难。不久,长安为慕容冲占领,符坚死于姚苌,罗什侥幸身存于乱世,也不知落于谁人之手。可见,罗什东土弘法的曲折,的确是因缘和合的结果,非人力所能预料,所可改变。

吕光见罗什沉思不语,以信任的口吻说:"和尚,你应尽力辅佐本都督,若遇大事,我会咨询你。"

罗什说:"贫道只会一心念佛,不谙俗事。"

吕光正想说"念经何用",外面通报武威太守杜进求见。

罗什退下。

杜进从装饰华丽的马车上下来,见罗什出来,作揖道:"和尚,主上召你说些什么?"

罗什不搭理,鼻子嗅了嗅,上上下下打量着杜进说:"杜太守,你的马车轮子上好像有血腥气呢!"

杜进白眼对罗什:"莫名其妙!和尚,我直道而行,不信邪术。"

罗什说:"贫道非戏言,望杜太守知微杜渐。"

杜进转过身:"我有事,不听你罗嗦。"说着,大步进殿。

吕光召见罗什,要其辅政,遇事咨询。这与从前不断戏弄罗什当然不可同日而语了。但吕光是否真正认识到罗什的价值?其实并没有。东土上层统治者对西域来华传法的高僧基本上有两种态度。一种是统治者的文化程度较高,例如东晋简文帝司马昱、前秦国主苻坚、后秦国主姚兴,因本人受佛教影响较深,颇通佛理,能同高僧一起切磋义学,弘扬佛教文化;另一种是统治者的文化素养较低,例如后赵国主石勒、石虎,后凉国主吕光,都茫然不解佛教文化,把佛教等同左道旁门,把西域高僧看作通晓阴阳术数的方士。西域高僧碰到两种不同的国主,待遇当然迥然有别。龟兹高僧帛尸黎密至江东,丞相王导一见奇之,以为"吾之徒也"。周颛领选,抚其背而叹曰:"若选得此贤,令人无恨!"为简文帝座上客。① 庾亮、周颛、桓彝等一代名士,一见帛尸黎密,"披衿致契",大得江南帝王和名士的尊敬。岂止尊敬,甚至引为精神上相通相契的同类。反观同为西域高僧佛图澄,西晋永嘉年间到洛阳,正值寇乱遍地,只能躲在草丛中以观世变。石勒敬重佛图澄,事必咨而后行,号为"大和尚";石虎朝令之日,引佛图澄升殿,太子诸公扶翼而上,主者唱大和尚,众坐皆起,以彰其尊。但石氏尊重佛图澄,不过是咨以政治、军事,并不是认同佛教文化,更无精神上的契合。石虎令太子及诸公扶佛图澄登上车舆,无非说明这个能知过去未来、卜蓍吉凶、转祸为福的胡僧,实在不可缺少。仅此而已。

---

① 见《世说新语·言语》三九及注引《高坐别传》。

　　吕光对待罗什,甚至还不如石季龙尊重佛图澄。吕光不引罗什升殿,也无人扶其上下车。罗什谒见吕光时,主者不唱大和尚。吕光把罗什留在凉州,是敬异,不是敬重。他看中的是罗什的异术,预知吉凶,因之必须敬,不得不敬。若是没有异术的一般和尚,也许早就驱之出境。诵经不辍有什么用?石勒、石虎崇信佛,说佛是戎神,国民纷纷信佛,最后不也亡国了吗?所以吕光不信佛,也不鼓动百姓信佛。说白了,罗什是吕光控制的工具,以前戏弄之,如今敬异之。因为敬异,不让他跑出凉州,也绝对不让别人从凉州把他挖走。

　　姑臧城里,谁人识得罗什的智慧?

　　有人识得罗什的智慧,以为这和尚就会阴阳星算,占候卜筮。

　　吕光太安元年(386)正月,姑臧刮起大风,整整刮了三天。先是北风,接着西风,最后东风,刮得飞沙走石,暗无天日。第一天,凌厉的北风越过城墙,从姑臧城中呼啸而过,武威太守大府前的高高的旗杆折成二段。杜进仰头望着半截旗杆,连说"妖风,妖风"。第二天西风扫过吕光的美阳宫,将一只殿角吹落,咣当一声巨响,摔得粉碎。吕光大惊失色,忙遣人召罗什,问昨天北风,据报吹折了太守府的旗杆,今日又吹落了殿角,究竟是凶是吉,此风何时停息。罗什说:"此为不祥之风,大都督部下将有人奸叛。但不必惊慌,容易平定。明天半夜,此风自会停息。"

　　吕光一听将有人奸叛,吃惊不小。他首先想到杜进。不论是平定西域,还是平定河西诸郡,杜进功劳都不小,故以为辅国将军、武威太守,成为姑臧城最高的军事、行政长官。杜进权高一时,出入羽仪,与吕光差不多。吕光外甥石聪自关中来,光问:"中州人说我政化如何?"石聪回答:"中州人只知有杜进,不听说有舅父。"吕光听后默然不语。现在罗什说将有人奸叛,莫非杜进欲取我而代之?而昨天得报称大风吹断了太守府的旗杆,此莫非如罗什所说"容易平定"之兆?

　　想到这里,吕光问:"和尚,有人奸叛,能推算而知吗?"

　　罗什说:"奸叛之人反形尚未全萌。"

吕光压低声音："杜进此人如何？"

罗什心知其意："杜进功高，一人之下，万人之上，谅不会反叛。"

"哦。"吕光微微点点头。

……

吕光召见罗什的第二天夜里，姑臧的大风果然停息。

美阳宫的殿角还没修好，传来了徐炅和彭晃反叛的消息。彭晃随吕光平定西域，光据凉州后，晃为张掖太守。吕光讨徐炅，炅奔彭晃，东结康宁，西通王穆。吕光议将讨之，诸将都说："今康宁在南，大驾西行，宁必乘势而出。彭晃、王穆未平，康宁复至，进退狼狈，势必大危。"吕光力排众议，以为彭晃始为叛逆，与宁、穆之情不密。在其仓促之时，取之为易。于是，吕光自率兵骑三万，日夜向西。既至张掖，攻之二旬，彭晃将寇颐斩关迎纳吕光，遂诛彭晃。

此时，占据酒泉的王穆嫉妒同党索嘏为敦煌太守威名甚著，率众攻嘏。吕光觉得这是极好机遇，对诸将说："二虏相攻，此成擒也。"准备攻王穆。然诸将以为不可。吕光不纳众将之言，以为"不可以累征之劳而失永逸之举"，机不可失，以求一劳永逸。于是，率步骑二万攻酒泉，王穆兵败被杀。吕光二次不从众议，不误战机，攻克酒泉，固然可见吕光确实具有军事才能，但罗什"奸叛容易平定"的预言，着实也壮了他的胆气。

吕光攻占酒泉之后，以谋反罪杀了杜进。杜进本是吕光麾下诸将中最有才具、也最受信任的人，可吕光猜忌心极重，容不得别人比他强，外甥石聪所谓"中州人只知有杜进，不闻有舅父"之言，给吕光不小的刺激，遂生除掉杜进之心。苦于凉州全境尚未稳固，蠢蠢欲动者不在少数。为笼络人心，吕光装扮成一副宽容的面孔。不过，罗什称杜进功高，不会反叛的话，吕光听了总觉得浑身不舒服，始终不放心。谁能保证功高者不反叛？相反，功高者反叛的例子俯拾皆是。近世司马懿父子、锺会、石季龙，功高盖主，无不以谋反终。罗什称杜进不会反叛，岂可信之？

吕光的杀机不可动摇。

太元十三年（388）三月，吕光以飨宴群臣的名义召杜进进宫。杜进坐着华丽的马车,车由五匹壮硕的马拉着,前头由羽仪开道,紧接着一队卫兵,器杖鲜明。刚到宫门,宫中冲出百余禁卫军,缴了太守卫兵的器杖。随后廷尉出现,手执黄诏,宣读吕光的诏令,称杜进暗通陇右的乞伏乾归,图谋不轨,押赴大牢。杜进束手就擒,从马车上被拉下来。顷刻之间,权高一时的武威太守,以莫须有的谋反罪身陷囹圄,并很快被处决。罗什曾说杜进的马车轮子上有血腥气,不意为时不长,杜进果真遭血光之灾。

太元二十一年(396)六月,吕光即天王位,大赦境内,改年号为龙飞,立世子吕绍为太子。

初,张掖卢水胡沮渠罗仇,是匈奴沮渠王之后,世为部落之帅。吕光以罗仇为尚书,从光伐西秦,吕延败死。吕光年老昏庸,听信谗言,以败军之罪杀罗仇及三河太守沮渠麹粥。罗仇弟子蒙逊雄杰有策略,涉猎书史,以罗仇、麹粥之丧归葬,会葬者万余人。蒙逊哭着对众人说:"吕王昏荒无道,多杀无辜,今欲与诸部雪二父之仇,复上世之业,何如?"众人咸称万岁。于是结盟起兵,攻陷临松郡,屯兵金山。蒙逊从兄男成也聚兵数千叛吕光,进攻建康,遣使说建康太守段业倒戈反光。段业先前不从,后来想想同意了。男成、蒙逊等推段业为大都督、龙骧将军、凉州牧、建康公。

吕光命庶子秦州刺史、太原公吕纂率兵五万讨段业。时论以为段业、蒙逊等为乌合之众,吕纂有威声,必获全胜。吕光仍不放心,亲自咨访罗什。

罗什所在的寺院原是前凉张轨时的一处台观,位于姑臧城中心。吕光后期,将台观改建成寺院,让罗什居之,七八个小沙弥侍候,也算表示对这位西域高僧的重视。吕光车驾来到寺院门口,小沙弥见国主幸临,急忙要去通报罗什。吕光示意且慢,悄悄地进去。还未走到佛堂,就听见诵经的赞呗声繁促悦耳,犹如百鸟朝凤。吕光除布阵攻守之外,真说不上还有什么雅趣,唯对音乐舞蹈感兴趣。那异域的赞呗声一点也听不懂,只是觉得这是非人间所有的乐曲,给人以特别的感受。他停下脚步,谛听那异响。此时,罗什正在诵唱《维摩诘经》中童子宝事在佛前的偈赞:"清净金华眼明好,净教灭意度无极,净除欲疑称无量,愿礼沙门寂然迹。既见大圣三界将,现我佛国

特清明，说最法言决众疑，虚空神天得闻听……"（《佛说维摩诘经》卷上）

罗什似觉佛堂外有人，收住梵音。背后传来吕光的声音："和尚，此是何等乐曲，朕从未听到过。"

罗什转身答："陛下，此乃天竺赞偈。"

吕光："真像乐曲一样好听，可惜朕一句也听不懂。"

罗什："赞偈是说沙门清净，佛国清明，法言能决众疑。"

"沙门清净"、"佛国清明"之类，吕光自然不懂也不感兴趣，他听明白的只有"法言能决众疑"一句，心想，我此来正为决疑，便道出咨访目的："和尚，段业、蒙逊作乱，朕遣吕纂讨之，克与不克，实难预卜。试为朕卜之。"

罗什闭目凝神片刻，回答吕光："贫道观察太原公此行，未见其利。"

吕光不解："满朝文武皆说吕纂必能克定，和尚何以见出不利？"

罗什分析说："自彭晃谋叛，叛者接二连三，士卒多思东方故土，人人厌战。再者蒙逊足智多谋，为报二父之仇，必拼死一战，士气高昂，胜券未必为太原公所操。"

吕光顿觉心烦："和尚，不出师则又如何？"

罗什："段业、蒙逊有备而来，决一死战。剑在弦上，不得不发也。"

吕光："既然不得不发，则发也未必败啊。"

罗什："贫道祈望陛下者，唯在应天顺民，避祸消灾。"

吕光默然。

祸端百出，自己又年老，灾如何消？

战事一如罗什所料，蒙逊进屯临洮，为段业声势。两军战于合离，纂军大败。

吕光平定河西，实出于侥幸。占据姑臧后，直至吕氏政权覆灭，谋叛者一茬接一茬，吕光父子就像灭火机，扑灭此处，燃起彼处，疲于奔命，仍无宁日。

吕纂败于段业不久，吕光散骑常侍、太常郭黁叛变。郭黁明天文、善占候，与王详等夜烧洪範门，东苑、西苑之众皆归附之。事发，吕光诛王详，郭黁遂据东苑以叛，与吕纂战于白石，纂大败，差一点被俘。吕光西安太守石元良率步骑五千赴难,与纂军共击麝军,遂入姑臧。麝据东苑时,得吕光孙儿八人,及军败,怒极,将八孙悉数投于锋刃之上,枝分节解,饮血盟众。军士都掩目,不忍睹此惨状,而郭麝悠然自若。

吕光先绝孙,随后就要断子了。

这时,吕光中书监张资病重。张资文翰温雅,吕光甚器重之。资病,吕光多方疗救。遣御医赐药,无效;亲往南郊祭天,亦无效;又于黑山祠中为资祈福,许神牛一头、羊二头,亦无效。最后,吕光遣内臣请罗什为张资诵经。罗什对内臣说:"即使佛祖在此,亦不愈资病。贫道又何能为?"内臣问:"张公可得几时?"罗什答:"二个月。"

过了月余,有西域僧人罗叉来到姑臧,谒见吕光。吕光问罗叉能给张资治病否,罗叉答曰"能"。吕光大喜,赏赐罗叉甚厚。罗什知晓此事后,上奏吕光:"罗叉不能治病,白白浪费钱财而已。冥运虽隐,但可以试之而见。"于是,罗什以五色丝绞成绳,打成结,烧作灰末,再将灰末投于水中。若灰末出水还成绳,则病不可愈。不一会,水中的灰末浮聚在一起,重新现出绳形。吕光等看得目瞪口呆。然仍不甘心,再治张资病,无效,不多几日资亡。至于那个胡僧罗叉,听说罗什以法术试之,赶快溜之大吉。

晋安帝隆安三年(399)十二月,吕光病重,立太子绍为天王,自号太上皇帝,以吕纂为太尉,吕弘为司徒,告诫诸子"兄弟缉穆","若内自相图,则祸不旋踵"。此月,吕光卒。父亲尸骨未寒,吕纂杀绍自立,改元为咸宁。

咸宁二年(400),有猪产子一身三头,龙出东厢井中,到美阳殿前蟠而卧。第二天早晨,蟠龙不知去向。吕纂以为美瑞,改美阳殿为龙翔殿。过了几天,又有黑龙升于当阳九宫门,吕纂也以为美瑞,改九宫门为龙兴门。罗什上奏:"潜龙屡出,豕犬见妖,将有下人谋上之祸,宜增修德政,以答天戒。"吕纂却不以为然,照常游猎无度,荒耽酒色。

围棋也是吕纂所好。一天,吕纂召罗什进宫,于湛露堂下棋。吕纂手执棋子,杀罗什棋,并恶狠狠地叫:"斫胡奴头!"中原人统称西域人为胡人,故吕纂称罗什为胡奴。罗什挺直腰,两眼直盯着吕纂,然后加重语气说:"不能斫胡奴头,胡奴将斫人头!"吕纂却头也不抬,再杀罗什棋:"就斫胡奴头,就斫胡奴头！"

罗什"不能斫胡奴头,胡奴将斫人头"二句,其实别有深意。但吕纂好像没听见,更别说听懂了。原来吕光弟吕宝的儿子名超,小子胡奴。吕光死,吕绍嗣位。吕超数次劝吕绍除了吕纂,但吕绍不许。吕纂发动兵变,吕超率卒二千赴难。吕绍自杀,吕超出奔于武。吕纂篡位后,作出姿态,称吕超为忠臣。超上疏陈谢,纂复其爵位。晋安帝隆安五年（401）二月,吕超擅自讨伐鲜卑思盘。吕纂召超入朝。超至姑臧,大惧。纂见超,怒斥之。超顿首曰不敢。纂因引超及其诸臣宴于内殿,吕隆不断劝纂酒,直至昏醉,乘步挽车带着吕超等游于内苑。吕纂的亲信窦川、骆腾将剑靠在墙上,超飞步上前抢到剑,击纂,纂下车擒超。超剑刺吕纂,前胸进,后胸出,并斩其首。罗什所谓"不能斫胡奴头,胡奴将斫人头",吕纂之头,果然为吕超所斫。吕纂临死之际,是否明白罗什所说的"不能斫胡奴头,胡奴将斫人头",没法考证。

吕纂被杀后,吕隆即天王位,改元神鼎,时在晋安帝隆安五年（401）二月。

吕纂未杀之前,后秦国主姚兴曾遣使姑臧,求罗什东去长安。姚兴当时广纳人材,每于听政之暇,引一批饱学之士,讲艺论道,错综名理。姚兴文化素养较高,这可能同他曾作太子舍人有关。罗什声名广被符秦,符坚为得罗什,遣吕光出兵西域。姚兴既做过符坚太子舍人,应该早知罗什声名。然罗什拘于凉州积年,不能东来长安弘道,姚兴必会憾恨不已。因思得罗什心切,便遣使者至姑臧求之。

吕纂于龙翔殿接见秦使。秦使告知来意,吕纂问:"一个外国道士,你们求他作甚？"

秦使答:"我主崇儒奉佛,讲论道艺。鸠摩罗什是佛学理窟,我主欲求其研讨玄旨。"

吕纂很有点不屑的样子:"胡僧每天面壁,形若枯槁,念念有词。秦主所说的理窟,难道指这个？"

秦使微露鄙夷:"恕我直言,陛下不识眼前瑜璧也。"

　　吕纂反问："即使是瑜璧,又有何用?"

　　秦使也问："陛下及先王留罗什于凉州十余年,留他作甚?"

　　吕纂："此非东国使者所应知也。"

　　秦使："陛下,其实臣已知。"

　　吕纂："已知什么?"

　　秦使："知陛下及先王拘罗什于凉州,不过视其为术士,重其神异而已。"

　　吕纂脸一沉："既知此,何必西来求罗什?"

　　秦使："此事陛下未必深知也。"

　　吕纂一拍龙椅："放肆!"

　　秦使："陛下,窃以为还是放罗什至长安为好。"

　　"不放!"吕纂发怒,命侍臣:"逐秦国使者!"

　　秦使施礼："陛下,告辞,告辞。来日疆场再晤。"

　　吕纂及吕光不放罗什至长安,原因正如秦使所说,罗什悟解非凡,所言皆验。这样一位举世无匹的法术之士,岂能为敌国所得? 石勒、石虎、吕光、吕纂,以及稍后的沮渠蒙逊,都把佛教看作方术,把高僧当作术士。中天竺来华高僧昙无谶以方术教化蒙逊,拓跋焘欲得谶,蒙逊不愿放谶,竟然暗害之。吕光、吕纂不放罗什,未损其肤发,算是不幸中的大幸。

　　自东晋孝武帝太元十年(385)三月吕光从龟兹还东,至晋安帝隆安五年(401)十二月,首尾十七年,罗什落在吕光父子手中,"蕴其深解,无所宣化"。这十七年,是罗什一生中最艰难困苦的岁月。不论是佛学的精深造诣,还是矢志弘法东土的大愿,在骨肉之间相互残杀的凉州,又有何用? 吕纂对姚秦使者说:瑜璧又有何用? 确实,当无道政治无视天才、甚至迫害天才时,天才又有何用? 当年,道安颠簸于战乱中,为保存佛教的种子,分张徒众,感慨道:"今遭凶年,不依国主,则法事难立。"道出了魏晋南北朝的佛教依傍世俗权力才能发展的真相。不仅彼时的佛教,这也是自古迄今中国学术的不幸,中国学术行步维艰的主要原因。那么,依了国主,法事就能立足而圆满吗? 未必,须得看这个国主是否懂得文化、尊重文化、热爱文化。如果无奈依了吕光父子一类以萧墙之内,屠兄戮弟为能事的国主,法事更加难立,学术更为不幸。

在西域东来的高僧中,找不出第二人比罗什更困顿、更无望。

罗什的龟兹前辈佛图澄,处境与罗什有些相似。澄于西晋末年至洛阳,正值战火炎炽,千里焦烟,无奈依后赵国主石勒、石虎。这两个历史上罕见的杀人魔王,根本不信佛教。如果说他们还容许佛教的存在,那也仅仅是从佛图澄身上看到了佛教的"灵异"。读《晋书·佛图澄传》,全篇皆是咒语、预言、法术,佛图澄成了"神僧",佛教几与原始巫术相同。其实,《晋书》中的佛图澄只是反映了这位西域高僧的部分真实。《法苑珠林》卷六一记载:佛图澄"少出家,清贞务学,诵经百万言,善解文义。虽未读此土儒史,而与诸学士论辩疑滞,皆暗若符契,无能屈者。自云再到罽宾,受讲名师。西域咸称得道者。"又说澄"风姿详雅,妙解深经,傍通世论,讲说之日,正标宗致,使始末文言,昭然可了。……佛调、须菩提等数十名僧皆出自天竺、康居,不远万里,足涉流沙,诣澄受训。樊沔释道安、中山竺法雅并跨越关河,听澄讲说,皆妙达精理,研测幽微。"佛图澄"妙解深经,傍通世论",佛学造诣极高。《法苑珠林》所记的佛图澄,才是最本质最真实的。石勒、石虎根本不懂佛理,佛图澄在凶残的国主面前,只能装神弄鬼。只有名僧才服膺佛图澄的义学,不远万里拜其为师。佛图澄弟子中颇多高僧名僧,这说明他终究比罗什幸运。石勒、石虎尚能允许佛图澄讲经弘法,邺中百姓半数信佛,大起佛寺。这比罗什"蕴其深解,无所宣化"强多了。

罗什是彻底的不幸。十七年的漫长岁月,有几回月缺月圆?几多忍辱负重?罗什失去的实在太多,难以详述。这一切,该归咎于谁?一个不世出的天才,佛学造诣独步天下,却被俗人戏弄,无所宣化,这究竟是为什么?唯一的答案是,命运!无从解释的命运!不能预知的命运!无法控制的命运!冥冥之中的命运,是罗什悲剧人生的根源。然而,他在凉州是否一无收获?如果有,收获了什么?

第十三章　新门徒与老相识

> 而此长者数生诸子，年皆童稚，辄便命终，最后生子名提多迦。颜貌瓌玮，聪明黠慧，善能受学诸论经记。过去修行，深种善本。忧波毱多往从索之。长者欢喜手自付与。

> ——《付法藏因缘传》卷五

后秦姚兴皇宫中的东堂内，耆儒硕德济济一堂。

国主姚兴三十多岁，坐于正中面南的椅子上，稍显瘦弱，举止斯文。他一身便服，手执书卷，与左右两边的儒者随意交谈。自由的环境，融洽的氛围，与朝堂上严肃的景象迥然不同。

在五胡十六国的所有国主中，最有文化素养的非姚兴莫属。《隋书·经籍志》谓此时的中原，"战争相寻，干戈是务，文教之盛，苻、姚而已。"意思说，旷日持久的战乱中，文教兴盛之国，只有苻坚时的前秦、姚兴时的后秦。若苻、姚相较，姚兴的文治更胜苻坚一筹。这位羌族的首领，喜爱汉文化，深受汉文化的熏陶，并大力提倡汉化。

此刻，姚兴坐直了身子，清清嗓子。顿时，刚才的随意交谈声消失了，东堂安静下来。姚兴说："今日天气晴好，诸位贤达聚于东堂，讲论《易经》。讲论之前，诸位先见一见年轻沙弥僧肇，想来诸位对这沙弥必有所闻。"说到这，命黄门侍郎宣僧肇进来。

随黄门侍郎进来的是一位年未及冠的年轻沙弥，仪容英俊，风韵秀举，如临风玉树。东堂内的老少儒者，不论见过或未见过僧肇的，当看到年轻沙弥的风度时，无不暗暗赞叹。

僧肇合掌："沙弥僧肇拜见陛下,祝陛下圣体日康强,圣智烛幽微。大秦更昌盛,长安照光辉。"那清亮的嗓音犹如音乐,动听悦耳,响遍东堂。

姚兴看着僧肇,颔首微笑,心里说:好个沙弥,果然声名不虚! 随即命黄门郎,赐僧肇坐。对于饱学之士,姚兴皆礼遇优渥,而于僧肇,更是异乎寻常的重视。因为认定这个智力超群的年轻沙弥,将来必成大器。

僧肇是长安人,家贫,以给人抄书为业。借抄书的机会,遍观经史,博览坟籍。他爱好玄微,喜欢深思,以庄、老为心要。曾读《老子·德章》,叹曰:"美则美矣,然期神冥累之方,犹未尽善也。"后来读旧《维摩诘经》,欢喜顶爱,披寻玩味,称"如今始知所归矣"。于是出家,学习并擅长佛经中的方等类经典,兼通三藏。僧肇学问途径先是学习中国的儒家典籍,尤其喜爱《庄子》、《老子》。但《老》《庄》哲学的思辨仍不能满足他的玄思妙想,最终归依思辨性更高更精致的佛教哲学。僧肇先儒家、后道家、最后佛家的学问三阶段,始于中国的传统学术,终于西来的佛教哲学,这在当时读书人中具有代表性。佛教以其形而上的品格,"期神冥累"更胜《老》《庄》,渐渐征服了中国的知识人。

僧肇十几岁就学贯中西,名震长安及关中。那些好名之徒,莫不预言这位年轻沙弥早达。有的甚至不远千里,负粮来长安,与僧肇辩论。僧肇才富思深,又善谈论。应答机敏,词锋所向,无不披靡。当时京兆及关外的宿儒与英彦,个个挹其词锋,屈居下风。所以当姚兴对在坐的耆儒硕德说,"诸位对此沙弥必有所闻"时,众人都不由紧张起来。

待僧肇坐定,姚兴即宣布论题:"上次研讨《孝经》已毕,今日讲论《易经》。《易经》中有三龙:飞龙、潜龙、亢龙。龙为一,何以有三? 此为所论者一。飞、潜、亢,三者可变不可变? 此为所论者二。诸位畅所欲言,朕将折衷之。"说完,转过头点右边的天水姜龛的名:"姜先生可先讲说之。"

姜龛须发皓白,为长安儒者之首,于坐上说:"老夫昏髦,姑且抛砖引玉。龙为圣人之喻,'飞龙在天,利见大人',言圣人居上位,有利群生。'潜龙勿用',阳在下也,言圣人居下位亦不忧。'亢龙有悔,盈不可久也',言圣人在位日久,久则有悔,灾害生也。飞龙、潜龙、亢龙,三者可变也。"

东平淳于岐说："姜先生所言大体是。然亢龙有悔，当从孔子之意。孔子曰：'贵而无高，位高而无民，贤人在下位而无辅，是以动而有悔也。'"

此时，姚兴看着姜龛左边的僧肇欲言不言的样子，问："僧肇莫非有说乎？"

"陛下，僧肇有说。"僧肇看了一眼姜龛，"姜先生称龙为圣人之喻，窃以为太拘泥。"又看了一眼淳于岐，"淳于先生释'亢龙有悔'引孔子之说，恐亦未当。飞龙、潜龙、亢龙，以象喻物，虽为一象，但涵摄者乃万物万理也。万物万理，归之于一，曰阴阳曰动静而已。以阴阳言，飞龙在天为阳，亢龙有悔为极阳，潜龙勿用为阴。以动静言，飞龙为动，亢龙为极动，潜龙为静。与圣人贤人了无关系。圣人不论居高位下位，皆有利群生。贤人在下位亦不以动而有悔。故以圣人贤人释飞龙亢龙皆乖谬不通。该动则动，该静则静。动而不止，至于极动，则悔吝生焉；动而知止，息而不用，则祸患去焉。飞、潜、亢三者，见机而作，岂有常理哉！因缘和合，世间无常住之物。一刹那间，千变万化，飞龙变为潜龙，潜龙变为亢龙，何有常态哉！"

姚兴熟悉佛理，见僧肇以佛教缘起论解释《易经》，为前贤所无，觉得十分新鲜，也很贴切，不禁赞叹不止："妙！妙！僧肇以佛理解释飞龙、潜龙、亢龙，闻所未闻！"

姜龛、淳于岐也折服不已。"后生可畏！后生可畏！"姜龛连声赞叹。

确实，僧肇破传统旧说，以佛理解释《易经》中的飞龙、潜龙、亢龙，有全新的哲理体悟，令人耳目一新。这是那些耆儒硕德不可能达到的高度，得到姚兴及众人的赞赏，自在情理之中。

讲论结束，姚兴独留僧肇，问及未来研习学问的打算。僧肇禀告姚兴：欲往凉州依鸠摩罗什为师。姚兴一听罗什之名，来了兴趣，"鸠摩罗什？欲以罗什为师？"

"是，陛下。鸠摩罗什乃当今之世最博学的胡僧，以他为师是我多年的愿望。"僧肇显出虔诚的样子。

姚兴问："汝何以知罗什在凉州？"

僧肇答："我出家不久，就由凉州僧人处得知罗什在彼，且境遇困窘。"

姚兴叹了口气，"可惜天下第一智者，多年拘于昏庸之主手中，真是大教的一种劫难。"

僧肇："陛下，我从罗什为师，若能得其学问之少许，学成后回长安，也利于弘法。"

"僧肇，汝志可嘉。"姚兴点头，命侍臣赐以僧肇路费，并说，"凉州荒远，朕遣两个骑士，护送汝出境。"

僧肇婉拒："谢陛下。然我决意独往凉州。看那些东来的胡僧，不远万里，飘然一人，不辞艰险，我也能度越关山，抵达姑臧。"

姚兴赞赏僧肇的自信，"汝有此不畏艰险之志，必能达到姑臧。等时机合适，朕当致罗什于长安。"

晋安帝隆安三年（399），僧肇背着几卷经书，独自从长安出发。经过乞伏乾归占领的地区，呈现在眼前的景象触目惊心：残破的村落，树木稀疏，有的还冒着烟，飘来焦味。远离驿道的荒地上，几乎看不到庄稼。偶尔看见横卧的死尸，引来几只乌鸦在上盘旋。战乱和死亡，扼杀了凉州的所有生机。

走了二个多月，姑臧城南的谦光殿高耸的殿顶，已经依稀在目。

僧肇决定由姑臧东门进城。到东门时，天色将晚，夕阳一半已经沉入山海。几个守门的士卒正要关门。僧肇奇怪为何这么早就闭关，要是今晚进不了城，麻烦就大了。于是急忙跨大步奔到城门口。关吏握刀，大声喝问："哪里来的沙弥？"

"从长安来。"

"有关牒吗？"

"有。"僧肇从背囊中摸出一张黄纸，递给关吏。关吏接过，也不认真看，将黄纸往僧肇手中一塞，"天色晚了，要闭关了，今晚不能进！"正在此时，不远处传来一阵凌乱的脚步声，只见二三十个衣衫褴褛的百姓往城门口奔来。

"关门！关门！"关吏大声命令守关士卒。僧肇一看不妙，急忙从背囊中摸出一块黄金，往关吏手中一塞，撒开腿就往城内急奔。关吏一看掌心中金灿灿的东西，转过头命令士卒快关门，挡住出城寻活路的城内饥民。

　　昏黄的余辉斜照着饥饿的姑臧城，城内街市萧条，门可罗雀，百姓个个脸有菜色。僧肇目睹姑臧的惨状，觉得心疼；又想到高僧鸠摩罗什十余年困于此地，又发浩叹。

　　好在罗什寺院无人不知。走到城北大街，一座寺院赫然在目。

武威罗什舌塔　（高建新摄）

　　寺院的主人正在烛光下读《老子》。最近三五年来，罗什基本已经通晓华语，开始博览中国典籍，并比对华语的表达与梵文、胡语之间的差异。他以为中土典籍与佛经的差异虽然巨大，犹如石块与土块，诚属异质，但二者仍有相通的东西。比如这部《老子》中的一些格言，就是极好的例证。《老子》一章说："道可道，非常道；名可名，非常名。无名天地之始，有名万物之母。故常无，欲以观其妙；常有，欲以观其徼。此二者，同出而异名，同谓之玄。玄之又玄,众妙之门。"老子说"无",龙树菩萨说"空"。老子说"有",龙树菩萨说"假名",二者之间区别明显,但不无相通处……

"什师,外面有姚秦国沙弥求见。"寺里小沙弥通报,打断了罗什的思考。

"请他进来。"

僧肇进僧房,合掌施礼:"长安沙弥僧肇,拜见鸠摩罗什大德。"

罗什立起身还礼,见眼前站着一个还未及冠的年轻沙弥,烛光下红红的脸,眉清目秀。而僧肇眼中的罗什五十多岁,穿着麻布质地的西域袈裟,身材高挑,宽阔的额头,已有几条皱纹,目光深沉,鼻子挺拔。这就是名震中外的佛学大师鸠摩罗什吗?向往多年,如今就在面前,僧肇难抑激动。

罗什问:"长安繁华,凉州边鄙之地,姑臧饥者塞途,小师父来此何干?"

僧肇答:"长安繁华,少有高明。姑臧僻远,智者藏焉。'云谁之思,西方美人。彼美人兮,西方之人兮。'(《诗经·邶风·简兮》)僧肇思归大师有年,今喜至姑臧,欲拜大师为师。"

罗什见此沙弥风度秀颖,应答敏捷,文辞清雅,便有八分喜欢,听僧肇美人美人,不禁笑出声来,"'西方美人',莫非指贫道乎?"吩咐小沙弥,供茶设座。

西方大师和东方沙弥在烛光下夜谈。

僧肇说:"什师,姚秦国皇帝陛下要沙弥我致意大师,愿大师保重玉体,早日至长安弘法。"

罗什感叹道:"贫道立志弘法东土,不意止步凉州,积十余年无所宣化。犹如飞鸟,折翮于此。虽是因缘和合,但佛旨不宣,坐待岁月流逝,毕竟难堪。"

僧肇劝慰道:"什师如《庄子·逍遥游》中的北冥之大鹏,大鹏徙于南冥,水击三千里,抟扶摇而上者九万里,去以六月息者也。什师由西域来,止于姑臧,如大鹏以六月息者,此后必定会背负青天,一无阻碍,直飞南冥。什师必会有徙于姑臧,直飞长安的一天。"

罗什听僧肇言及《庄子》,并以大鹏鸟喻己,颇为好奇并觉兴趣。《庄子》此书断断续续读过,然毕竟不熟华语,有些地方不能彻底领会。比如"扶摇"

一词,就不甚明白。现在僧肇说到《逍遥游》,正是请教的机会,便问"扶摇"一词何义。

僧肇解释:"据《尔雅》,扶摇谓之飚。江南博学之士郭璞解释说:暴风从下上也。抟扶摇,谓旋转而上行之暴风。"

罗什恍然,"我昔读《尔雅》,只知飚风,今听君以《逍遥游》释之,方始明白扶摇之确切含义。与君谈,能发懵开悟。"又问:"'培风'何义?"

僧肇:"'培风'即'冯风'。冯,满也。"

罗什:"'培'何以与'冯'义相同?"

僧肇:"培、冯声相近,冯义为满,故培义也可训为满。华语声相近之字可以互训。"

罗什点头:"华语单音字,与梵音、胡语之拼音不同。原来华语因声相近,故义亦相同。"

僧肇:"什师之言是了。"

罗什:"君刚才将贫道比作培风,背负青天而一无阻挡的大鹏,此又何义?再者,喻我为西方美人,又是何意?"

僧肇:"华语有直指的意义,也有字面之外想像和类比的意义。培风,直指意义是乘大风,想像、类似的意义是指凭借某种力量。美人也是。直指意义是称容貌品德端正的好女,想像意义则宽泛,君王、君子、贤人,都可以美人喻之。什师在姑臧学通华语,来日在东土大弘佛法,一无阻碍,岂非如大鹏培风,莫之夭阏而图南乎?沙弥我一直想从什师学习,岂非思西方美人乎?"

罗什抚掌称叹:"僧肇,僧肇,贫道自滞留姑臧至今,你是我所遇第一快人!"

僧肇说:"什师精通梵语及西域各国语言,于华语亦多通晓,小徒刚才所言,无甚深意,不值一赞。明日我将从师学习佛经奥义。"

夜已深,罗什挑亮了烛光,谈兴尚浓,"僧肇呀,我作你佛经师,你作我华语师,何如?"

僧肇:"什师作我佛经师天经地义,徒弟作什师华语师不敢。"

罗什："东方圣人孔子说，三人行，必有我师也。我十余年来以姑臧城中百姓为师，请教凉土方言。你精熟东土语言和典籍，作我华语师有何不敢？"

……

罗什拘于凉州十余年，之所以"蕴其深解，无所宣化"，因为无人懂其深解，无人可以宣化。从根本上说，吕光父子不知宣化的妙用。佛教自天竺传至葱岭内外，再沿着丝绸之路东传，最先接受并推动宣化及于大众者，一定是上层统治阶级中的知识人。只有知识人才有可能理解深奥的佛理，懂得宣化的意义。普通民众信奉佛法，多半是为了祈福消灾。罗什是当世首屈一指的佛学大师，文化素质低下的吕氏政权，岂能认识罗什深解佛理？一个只对杀戮和掳掠感兴趣的武夫，怎么可能理解文化的传播？怎么可能心领神会宣化佛法的社会效用？边鄙小城姑臧，难找可以与罗什对话者。罗什在凉州损失了十多年的宝贵时光，一片文化沙漠中，深解的佛理只能藏之于心。归根结底，机缘是时代给予的。罗什大弘佛法的机缘还在远方，正一步步地走来，还需要一定的时间。

不过，罗什在凉州也有收获。在这里，他凭籍杰出的语言天赋和努力，不仅通晓了凉土方言，也博览中土的各种典籍。《论语》《诗经》《老子》《庄子》《说文》《尔雅》，近来又读汉朝和魏晋的诗歌。华语水平的不断提高，为日后广译佛经打下了良好的语言基础。

罗什居凉州后期，僧肇的到来不啻是佛祖送给他的最好的礼物。自己的佛学深解终于有人懂得，有人欣赏。更让他高兴的是，僧肇熟悉东土典籍，言辞雅丽，文化素养深厚，这对于他学习华语帮助极大。从此，他不仅理解华语字词的表面意义，而且懂得了言外之意及比兴等象征意义。

僧肇呢？幸运自己找到了世上最博学的老师。

罗什学问的广博、渊深令僧肇惊叹。自己仅仅擅长方等类，而什师华严、方等、法华、大乘论、小乘论、律部，无一不熟，无一不精。他觉得自己似小舟，驶入大海，茫茫无际。然星汉灿烂，若出其中。什师对于佛经的深解，是他未曾见过的奇异的智慧之花，喜欢玄想的他为之入迷。

罗什在西域弟子无数，而在中土的门徒，迄今为止僧肇是唯一。中土的沙门对佛教的兴起及传播,对西域佛教的历史和现状,由于时空的阻隔,所知甚少。故罗什向僧肇讲授佛教的传播史,描述葱岭内外诸国有关佛陀的圣迹。僧肇对此极感兴趣,犹如进入宏富、神奇的宝藏。释迦牟尼成佛的故事,阿育王弘法的传说,罽宾众多的圣迹,月氏、康居、于阗、龟兹的寺庙和高僧,僧肇简直被迷住了,引发他无边的遐想。

同时,罗什指导僧肇广泛学习佛经,尤其是大乘类经典。罗什年代的佛经,有的有写本,有的无写本。无写本者,皆经师口传。罗什年轻时暗诵各种经典数百万言,至凉州后,仍每日暗诵不辍。当僧肇依照外国僧法跪受罗什口传的佛经时,再次惊叹这位西域天才的博闻强记,虽年过半百,暗诵流利异常。罗什先诵梵文或胡语,再口译为华言,僧肇受之。口口相传佛经的方式,使僧肇得到非常严格、非常有用的训练,记忆力及用志不分的专注,得到明显的提高。

从此,罗什寺院中的诵读声此起彼伏。罗什暗诵梵文及中土诗歌,僧肇暗诵罗什口授的佛典,一老一少师徒俩,为大弘佛法的伟大目标精进不懈。

离开龟兹已经整整十六年了。

诸法皆空,十六年前的龟兹,如梦如幻。旧事旧景旧情,确定无疑已成空幻。但对于故国的思念,毕竟实在。龟兹王宫、雀离大寺、王新寺、北山石窟、龟兹王白震、妻子白罗吉、师父佛图舌弥,还有远往天竺的母亲,战乱中不知去向的父亲……难道我的思念也是虚幻不真?

有一天,罗什忽然停止诵经,呼唤身边的小沙弥,"外面有驼铃声,龟兹的商队快到了,快去看看。"

小沙弥心生疑惑:哪有驼铃声?尽管疑惑,还是走出寺院探看。街道上空空荡荡,根本不见驼队的影子。小沙弥回寺报告:"什师,根本看不到西来的商队,哪有驼铃声呢?"

"我听到了。叮当叮当。你在寺院门口等着。"罗什侧耳谛听。"哦,驼铃声越来越近了。"

小沙弥只好再出寺院,站在街口等。片刻,果然看到不大不小的一支龟兹商队走过来。十几匹骆驼踩在泥土大街上,扬起一路尘土,响着一路铃声。驼队在寺院门口停下来,为首的一个年长的商人招呼小沙弥:"小师父,请告罗什大师,龟兹延城商队借宝寺小憩。"小沙弥连忙进寺通报。

原来,罗什寺院是龟兹及西域商队来往的落脚之处。罗什很高兴故国龟兹商队的到来,而商队极尊敬罗什,带给他西域的资讯,还送上西域的各种物品。二年前,商队告诉罗什,佛陀耶舍正在龟兹弘法,遭吕光摧残的龟兹佛教再度兴盛起来。罗什听说佛陀耶舍法化甚盛,高兴之余想到自己在姑臧的困境,遂萌生邀请耶舍来姑臧,一起弘法译经的念头。

龟兹商队卸下货物,商队首领进佛堂谒见罗什。寒暄毕,罗什拿出一封信,请商队转达佛陀耶舍。

几天后,商队离开姑臧,缓缓西去。叮当叮当的驼铃声,渐远渐小,直至消失。罗什则满怀希望,盼望佛陀耶舍能来姑臧。

又过了一年,佛陀耶舍音讯全无。

时光流逝,又似凝固。日复一日,罗什与僧肇诵经不辍。因为来了僧肇,罗什的华语水平迅速提高。

晋安帝隆安五年,即后秦姚兴弘始三年(401)七月,姚兴叔父姚硕德率领步骑六万攻伐凉王吕隆。精骑越过陇右,似利剑直刺姑臧。

姚兴征讨吕隆,主要原因是吕隆多杀豪望,以立威名,致使内外嚣然,人不自保,且百姓饥馑,死者过半,乘凉土有崩溃之势,可一举歼灭之。另外一个原因是欲得罗什。这与从前苻坚遣吕光平定龟兹相似。若论招致罗什的迫切心情,也许姚兴更胜于苻坚。不久前姚兴遣使见吕隆,想让后者送罗什至长安。吕隆执意不肯,既不让罗什宣化佛教,又视其为可居之奇货。秦使被逐出姑臧之际,公然对吕隆说"战场再晤"。如今,为了得到罗什,姚硕德果然与吕隆兵戎相见了。

吕凉政权摇摇欲坠,怎敌他苻秦六万步骑的冲杀?吕超出战,大败,俘斩一万。吕隆将吕他率众二万五千,以东苑降。群臣上表求与姚兴通好,吕隆不许。吕超上谏,劝吕隆与时屈伸,"大人知机",保全宗族。吕隆想想只有投降一条路,于是请降。

随着吕隆的投降,罗什十七年的逆境从此大转折。

长安向西域高僧敞开大门。罗什人生的第三阶段即将启幕。

佛陀耶舍在哪儿? 为何不闻音讯?

佛陀耶舍正在赶往姑臧的路上。

数月前,龟兹商队从东土返回延城,将罗什的信转交耶舍。耶舍一听罗什有信,难抑激动。昔日吕光破龟兹,罗什被俘,耶舍感叹:与罗什相识虽久,但未尽怀抱,如今忽遭羁掳,相见何期! 不意罗什自往东土,十七年不通音讯,只知困顿姑臧,详情不悉,更是相见何期。当年未尽之怀抱,恐怕永远都无机会倾诉了。

耶舍拆开信,罗什那熟悉的笔迹多么亲切:

> 耶舍我师:弟子十余年前离故土而东往,不意淹留姑臧,蹉跎岁月,无所宣化,弘法大愿,似流沙中之虚景。人生苦谛,逃避何处? 六根难净,岂复可言! 数年前,闻我师于龟兹大弘佛法,信众万千,此真可喜者也。今奉短札,邀师来姑臧,一者尽师徒别后怀抱,二者切磋佛理,共同译经。我师以为如何……
>
> 弟子鸠摩罗什顿首

"可惜! 可惜!" 耶舍读完信,仰天长叹:"罗什如高鸟剪翮,羁于牢笼,否则不知能度多少人!" 回想起当年在疏勒相识罗什的情景,又悬想罗什羁于姑臧的处境,欲见罗什的迫切心情不可压抑。耶舍准备行囊,决定东去姑臧。但龟兹人一再挽留,只得又呆了一年。

晋安帝隆安五年(401)夏,耶舍想见罗什的愿望越来越强烈,决定无论如何也要离开龟兹。他对弟子说:"吾欲寻罗什,可充分准备路上所用物品,夜里出发,不使人知。"弟子说:"恐怕明日被追及,还得返回。"耶舍不作声,取清水一钵,用药投其中,咒数十言,与弟子洗足。当一轮弯月逐渐沉没,田野一片漆黑时,耶舍带领众弟子出发。第二天天明,耶舍与弟子已走了数百里。问弟子："何所觉耶？"弟子答："只闻疾风之响，眼中泪出耳。"耶舍又取清水投药其中，命弟子洗足休息。此时，龟兹人才发觉耶舍走了，立即骑快马追之。然相差数百里，追骑无奈望茫茫东路，怏怏返回。

耶舍与弟子们紧张地赶路，走了半年，才抵达姑臧。遗憾当耶舍踏进城内的罗什寺院，小沙弥就报告：什师二个月前已经离开姑臧，这时恐怕已到长安了。耶舍懊恼万分：为什么不多用几次咒术呢？

确实，如果耶舍真有咒术，且不吝啬咒术，用一钵清水加一点药，让弟子洗洗足，半夜就能走数百里，那么耶舍和弟子应该轻轻松松，早就达到姑臧了。

咒术灵不灵？究竟信不信？

咒术属佛教密宗。密宗部中咒经很多，如《孔雀王咒经》、《六字大陀罗咒经》、《佛说安宅陀罗尼咒经》、《大吉义神咒经》等，以证明佛有大神力，佛法无边。来华的西域高僧中会咒术的不少。例如佛图澄常用神咒，消灾避祸。高僧单道开于石季龙时从西平来，一日行七百里。（见《晋书·单道开传》）西域神僧涉公"日能行五百里"，（见《高僧传》卷一〇《涉公传》）与耶舍半夜行数百里相似。天竺神僧耆域，疾行之速，更是匪夷所思。同一天，有人见他在河南城，而贾客在傍晚时见域于流沙，算下来已行九千里。（见《高僧传》卷一〇《耆域传》）耶舍若真有咒术，那就多洗几次脚，多念几次咒，一定不会迟到姑臧，想见罗什就只差一步。

如今，轮到耶舍滞留姑臧了。耶舍在罗什寺院徘徊，当他走进罗什曾住过的僧房时，看到简陋的床铺上铺着龟兹产的一条旧毡毯。他用手摸了摸，感觉粗糙冰凉，不禁想像起罗什在姑臧的艰难岁月。

第十四章　罗什入长安

承佛圣旨,自恣讲说,演此法门靡不解了,如来在世,故为建立,亦是卿本善愿所致。清净行业,而谛庄严一切法界,又救众生之所惑乱,以致法身至圣慧体,具足诸佛本所志愿,其身所行,皆越世俗,普过世间无益之业,严饰清净,度世之法。

——《渐备一切智德经》卷一

在中国古代典籍中,不乏这样的记载:杰出人物出场前,往往出现异乎寻常的天象或者祥瑞。

让时光倒流至姚兴弘始三年(401)三月,长安永贵里前面的大道上,出现不可思议的异象:两棵本是独立的槐树,一夜之间主干竟然长在一起。观者络绎不绝,都说树木连理,乃是祥瑞,这是《瑞应图》早就有记载的。无独有偶,位于城东北的皇家苑囿逍遥园中也出现美瑞:一畦葱变成了香草白芷。

太史将此两处美瑞上奏国主姚兴,称树木连理,葱变为茝,有智人应入。姚兴心想,此智人莫非姑臧鸠摩罗什?记得当年作苻坚太子舍人时,太史曾奏"有星见于外国分野,当有大德智人入辅中国",苻坚以为见于外国分野之星,应西域鸠摩罗什。后来吕光获罗什,把他羁于姑臧至今。今两处美瑞,太史奏称"智人应入",看来,智人必是鸠摩罗什!美瑞及太史所奏,给予姚兴强烈的自信和兴奋,随即遣使至姑臧求罗什。岂料吕隆执意不肯放罗什至长安。于是,姚兴遣姚硕德率六万大军西伐吕隆。捷报飞传,吕隆投降,鸠摩罗什很安全地归于大秦国。

"文化君主"姚兴意识到罗什这件战利品的无价,授意姚硕德自始至终要以隆重的礼遇迎接西域智人的到来。

姚硕德接受吕隆投降时就问:"龟兹高僧鸠摩罗什大师无恙乎?"

吕隆忙不迭地回答:"罗什大师安然无恙,安然无恙。"

"这就好。"姚硕德眼光盯着吕隆,口气十分严肃:"今次算你运气,罗什大师未遭伤害。若大师遭不测,你吕氏非关门户不可!"

"是,是。"吕隆惶恐至极,额头直冒冷汗。

姚硕德处理完吕氏投降之事后,立即拜访罗什。当他跨进罗什寺院时,罗什与僧肇如平日一样在诵经。硕德恭恭敬敬向罗什施礼:"尊敬的鸠摩罗什大师,大秦国征西将军姚硕德,奉我皇帝陛下之命,迎大师回长安。"

罗什合掌还礼:"姚大将军,贫道有礼了。谢皇帝陛下及姚大将军!"

硕德:"罗什大师,皇帝陛下命我以国师之号称大师。后天,送国师先回长安,僧肇随返。"

罗什、僧肇:"谢姚大将军!"

广袤的河西大地上,秋色渐深。扑入眼帘的都是苍茫、荒凉和贫瘠,绵绵不尽。远方的山峦,裸露着褐色的单调,几乎不见绿色。只有路旁的芦荻,细长的茎杆上抽出白色的花,在风中晃动。后来,偶尔见到农舍旁的柿子树,挂着几只开始变红的柿子,这才觉得毕竟还有一点微不足道的活气,不自量力地点缀着巨大的、荒芜的山川背景。

一队后秦国的军队,护送罗什往东。

罗什坐在华美的马车里,由二匹马拉着。真是今非昔比。十七年前离开龟兹时,吕光捉弄自己先骑牛,后骑烈马,摔了许多跟斗。十七年后离开姑臧时,姚大将军亲自扶自己上马车,千叮万嘱军务必送国师安全抵达长安。罗什确信无疑,姚兴与吕光父子绝不相同,往东土弘法的大愿即将实现。

一阵北风扫过大地,罗什裹紧了披在身上的毛毯。东方的太阳越升越高,照着铜制的马车车门的边框,金色的光芒一闪一闪,直刺眼睛。罗什闭目养神。但不一会儿，各色人物及种种画面浮现在眼前，再不能宁静其心。

他想起了母亲。远在天竺的母亲，早已得圣果了。优入圣域的母亲必定会时时惦念儿子，惦念他是否尽其一生精力，弘法东土。母亲离别之际对自己的希冀，虽过了几十年仍响在耳边："方等深教应大阐震旦，传之东土，唯尔之力。但于自身不利，其可如何？"母亲把大阐佛经，传之东土的期望寄托于我，儿子岂能忘记？母亲又担心实现此宏愿的过程中，于自己无利。十七年羁于凉州的困境，正印证了母亲的担心。但儿子当时就回答："大士之道，利彼之躯，若必使大化流传，洗悟矇俗，虽复身当炉镬，苦而无恨。"儿子在凉州的苦难，与"身当炉镬"相近了。但我苦而无恨，心中弘法东土的大愿，就像太阳，虽有沉没与升起，却永不熄灭……

一阵颠簸，罗什睁开了眼睛。从车门望出去，左前方的亭障扼守要道，齿形的城堞，如怪兽的巨牙，在阳光下一片惨白。矗立其上的烽火台，好像还在冒烟。远望前方弯曲的山路上，又有一座亭障。罗什看着亭障，想像着凉州境内的战争。他觉得整个儿东土就是大战场，是大苦难的地方。杀、淫、欲、贪、痴、愚，什么叫人生的苦谛，只要看看东土不断的战争，看看满山遍野的白骨，就不难悟解。虽然太阳从东方升起，但照不亮黑暗的东方。可怜啊，无数贪痴的人！这正是我去东土弘法的原因啊！可是，我目睹并亲历战争，对吕光、吕纂这类痴人、狂人，欲度却无法度。冥顽不灵的人，佛祖也无法度，只能任其堕入阿鼻地狱，不脱轮回之苦。《中论》说："虽复勤精进，修行菩提道，若先非佛性，不应得成佛。"（《中论》卷四《观四谛品》）东土如吕光、吕纂那种先无佛性之人，岂能成佛呢……

到第十天时，罗什看见了中国北方最长的河流——黄河。它如一条巨龙，自西南来，蜿蜒向东北而去。虽然没有辛头河的遄急，但它充沛的水量，奔流向东的浩大气势，一样令人震撼。已是傍晚时分，夕阳西斜，罗什乘坐的马车涂上了一层金色。当马车向右转弯时，罗什看到了一幅壮观的画面：水面上一轮落日，如一个火红的大圆盘，映得河水通红。

当晚，罗什一行宿在黄河边上的小村庄里。僧肇总是和罗什在一起，这时，两人谈起了中国诗歌。罗什说："中国诗歌和天竺、西域诸国的诗歌都不同,句子简短,字数多固定,每句的意思也简单。西方诗歌音节长短参差,每句包含的内容多。"

僧肇:"什师所言是。《诗经》四字句居多,读来语气短促。到了后汉、魏晋,出现了五言诗和杂言诗,语气宽缓,涵摄的意义也丰富了。"

罗什:"《诗经》难懂,我爱读五言诗,觉得曹子建的诗写得好,辞藻华丽,感情真率,很合我的口味。"

僧肇:"弟子赞同什师的看法。自有五言诗以来,曹子建确实写得最好。"

罗什半闭着眼,口里喃喃地吟着:"伊洛广且深,欲济川无梁。泛舟越洪涛,怨彼东路长……"(曹植《赠白马王彪》诗)吟完,看着僧肇:"僧肇,我在路上吟成一首诗,你听听像不像诗:姑臧日已远,修途车辚辚。亭障扼险隘,萧瑟客心惊。大河流不息,日暮四野冥。大鹏复振翮,直至长安城。"

僧肇刚听完,就高兴地说:"什师,你吟的诗很有中国诗歌的味道,什师的华语已经相当娴熟了。"

罗什说:"梵文及胡本佛经中的偈颂,都应该译成中国诗歌的样子,或者五言,或者四言。"

僧肇极表赞同:"什师所言极是。偈颂译成中国诗歌,体现佛经偈颂的诗歌特性,也符合中国信徒的习惯。"

"如此说来,我要在路上多吟成几首诗。"

……

第二天,借来几条船,十几只羊皮筏子。罗什一行渡过黄河,进入金城(今甘肃兰州)。补充粮草后,继续往东。山坡上的树木明显比河西多了,还能看到清清的河水。而沿途的亭障越来越少,渐至消失。罗什坐在马车上,一边欣赏陇上的秋景,一边口吟成诗。

离开金城的第三天,不知为什么,罗什脑海中浮现出妻子白罗吉的影像。他极力想把白罗吉从记忆中挤出去,用吟诗的办法抵挡她闯进来。可是,无论怎样努力,都无法奏效。在离开龟兹的最初几年里,白罗吉有时会出现在脑海中:白皙的皮肤,高耸的乳房,依然风致绰约。在酒醉状态中的破戒产生的生理、心理体验,虽事隔多年,仍堪回味。他也曾向驻足姑臧的商队打听过白罗吉的消息。年复一年,白罗吉的影像逐渐淡化。可现在,白罗吉倔强地冒出来,怎么也赶不走。这难道是道路修远,寂寞无所事事所致?不,这是我欲念纷飞,皆是爱欲所起,奉律不严之故。佛祖啊,快给我智慧和定力! 罗什开始暗诵佛经:

> 佛言:"不念五阴、六情,是为般若波罗蜜念。不念色声香味细滑识法,是般若波罗蜜念。不念不净,是般若波罗蜜念。不念四禅、四等及四空定,是般若波罗蜜念。不念三尊、不念三福,是般若波罗蜜念。不念灭尽、不念安般守意,是般若波罗蜜念。不念无常相、苦相、非我相,不念四颠倒、十二因缘,不念吾我、寿命及知见相,是般若波罗蜜念。……"(《放光般若经》卷一七)

佛言不念五阴、六情,不念色声香味细滑识法,不念不净,我却时隔十余年,仍念及与白罗吉的感情,甚至回味与她同眠共枕时的细滑的触觉。罪过啊,我无有般若波罗蜜念。罗什感觉痛苦,闭眼再诵:"佛言:不念五阴、六情,是为般若波罗蜜念……"可是,诵了多遍,白罗吉的影像好像戈壁滩上的胡杨,根扎得深深的,休想撼动它。无法驱除的杂念,折磨得罗什面红耳赤。

诵经无用,干脆让杂念如野马一般狂奔吧!

突然,"呼"的一声,下坡速度很快的马车车轮撞在路中央的一块大石头上。罗什被抛起来,头重重地撞向马车车厢的顶板。车轮一歪,马车侧翻在路边。

原来,御者也为杂念困扰——眼前老是出现在洛阳的妻子,此刻,媚笑的妻子正向他招手呢。所以完全没注意到挡路的石头。

御者跳下车,急忙去拉车厢里的罗什,"国师,没受伤吧? 小人有罪! "

罗什摸摸头皮,似乎有个小小的肿块,"不碍事。"

"小人该死,小人该死! "

这一跌,把杂念跌得粉碎,白罗吉的影像也随之消失。罗什看着山路两边的景致,头脑终于清静下来,继续吟诗:"枯草凝秋霜,寒鸟翔云间。漫漫长安路,不知几由延……"

由姑臧延伸过来的长安路,又走了将近二个月。

后秦姚兴弘始三年十二月二十日,罗什在姚硕德军队的护送下,终于抵达长安。

从三月在长安出现连理树及葱变为白芷算起,过了九个月。

从前秦苻坚建元二十一年(385)三月吕光还东算起,过了十七年。

十七年,才艰难地走完了龟兹至长安的路。自天竺、西域往东土弘法的高僧中,再也找不出第二人比鸠摩罗什走得更曲折、更艰辛、更惊心动魄、更瑰丽、更传奇。"天将降大任于是人也,必先苦其心志,劳其筋骨,饿其体肤。"东土哲人的话,同样适用于西域高僧,适用于一切名符其实的担当"大任"的非凡人物。

后秦国的都城长安,为迎接这位迟来的高僧,做好了充分的准备。那是漫长、持久的期盼,落空与失望,而期盼终于实现的喜悦和满足。

是日,姚兴率领文武近臣由宫中太极殿出发,仪羽侍卫,旌旗猎猎,浩浩荡荡,出平朔门迎接罗什。

此时罗什坐在马车上,举目远望长安城。城墙崔嵬,蜿蜒不见尽头。果然气象峥嵘,非延城可比。东方的大都市长安,从前常在梦中,如今就在眼前。罗什难免激动了。他把身上的毡毯放在一边,坐直了身子,遥望长安城及周围的山形地貌。

他不是遥望陌生的长安,他在遥望自己的未来。

长安平朔门外。护送罗什的队伍停下了,士兵下马,有人把罗什从马车车厢里扶下。僧肇站在师父的旁边。

国主姚兴由侍卫簇拥着,面带微笑,看着罗什由礼官引过来。

罗什双手合掌:"龟兹国沙门鸠摩罗什,叩见大秦国皇帝陛下。祝陛下身体康强,万寿无疆!"

"免礼,免礼。国师一路安适喜乐否?"姚兴打量罗什:将近六十岁的和尚,身骨略显瘦弱,若孤松挺立,不见衰疲之相,一对眼睛,奕奕有神。心中暗赞:"智人,果然是智人之相!"

罗什:"谢陛下,贫道一路安适。"

"如此甚好。"姚兴命侍臣:"请国师上车,送逍遥园安憩。"

侍臣毕恭毕敬地扶罗什上了一辆华丽、宽敞的马车,由三匹马拉着,紧随姚兴的乘舆。更为浩荡的队伍,直往城东北的逍遥园。

车队行进在长安城内的大街上,百姓汇集于道旁驻足观看。他们看到了罗什,安安稳稳地坐在装饰华美的马车上,诧异这个胡僧何以得到皇帝如此高的礼遇。长安城中的和尚已经不少,也经常看到西域来的胡僧,但从未见过外来的和尚这般风光。

长安民众当然不会理解罗什到来的意义,以及罗什的价值。后来,当长安城内大起寺庙佛图,十家有九家焚香献花于佛像前,甚至西域及关外的僧徒络绎不绝而来长安从罗什学道时,方才明白这个胡僧的非凡影响力。

趁罗什还未进逍遥园,我们简单回顾一下长安佛教的历史。

源于天竺的佛教,由海陆两路向外传播。陆路越过葱岭而东,广泛传播于西域诸国。尔后,沿着丝绸之路向东,经敦煌、武威、至长安、洛阳,再至荆州、庐山、建康。由于地理位置的原因,佛光先照亮长安。后汉建都洛阳,决定它成为北方佛教的重镇。佛经的翻译也始于洛阳。相传汉明帝感梦神人,遣使诣大月氏,译写《四十二章经》,还洛阳,藏于兰台。

西晋时,长安成为除洛阳之外北方又一佛教中心。这与竺法护的贡献分不开。竺法护,其先月氏人,世居敦煌,年八岁出家。晋武帝之世,游历诸国,通三十六国语言,得到大量胡本佛经,携归中夏,自敦煌至长安,沿路传译。据僧祐《出三藏记集》卷十三,竺法护译出佛经总计为一百五十四部,三百余卷,其中多数译于长安。后来立寺于长安青门外,精勤行道,德化四布,声盖远近,僧徒千数,从之学佛,宣隆佛教二十余年。

竺法护殁后六七十年,以道安的到来为主要标志,长安佛教再度兴盛。兴盛的原因有三:首先是世俗政权的支持。上面说过,五胡十六国君主中,苻坚与姚兴最有文化素养,文治武功颇有可述。苻坚信奉佛法,罗致道安至长安。秘书郎赵整精通佛理,扶持佛法。其次是道安来到长安。道安是佛图澄之后北方僧团公认的领袖,弟子众多。苻坚非常重视道安,敕内外学士,有疑皆师于安,故京兆为之语曰:"学不师安,义不中难。"道安成为长安学术的带头人。三是中原与西域的交通畅通。前凉张骏时,遣其将杨宣伐龟兹、鄯善,西域并降,诸国献汗血马、火浣布等各种方物。稍后,前秦苻坚又遣吕光平定西域,中外交通空前畅达。西域高僧纷纷来华,著名者如昙摩持、僧伽跋澄、昙摩难提、僧伽提婆、鸠摩罗跋提。国主、僧团领袖、西域来华高僧,三者为弘道的目标形成合力,促使苻坚时长安佛法大盛。

后秦姚兴时代的佛法兴盛,可以看作苻坚崇佛的文化政策的继续,当然是规模更大、学术层次更高、影响更深远的佛教兴盛的高潮。这一高潮的到来,同样是世俗政权、僧团领袖、外国道士三者的凑泊。若无姚兴,鸠摩罗什很有可能老死凉州,至死无所宣化;若无鸠摩罗什,长安群龙无首,大乘佛教的重要典籍不可能在此时传入中土。若佛陀耶舍、弗若多罗、昙摩流支、佛陀跋多罗不相继东来,《十住律》《四分律》等重要的佛典,不知会迟至何时译出。天时、地利、人和,不期而遇,共同铸造了后秦长安佛教的灿烂辉煌。

从历史再回到现场。

越近逍遥园,驻足观望的民众越多,前头仪仗队的旌旗在北风中翻飞作响。这样的场面与形式,与西域诸国有不同之处,但体现出来的隆重和尊敬是一样的。罗什在西域讲经说法,这种场面见过和享受过太多了,因此他很平淡。他现在考虑的是先译哪些佛经,先小乘经还是大乘经。在凉州,经常考虑这些问题,却无法实施。现在,实施的时刻到了,重新考虑和确定是必要的。

大约半个时辰不到,前面的依仗队停下不走了。队伍分为左右两列,中间形成宽阔的通道。呈现在罗什眼前的是高大、黄色的围墙,圈住里面高耸的楼观、蓊郁的树木。姚兴、罗什及文武大臣的车队走完通道,由大门缓缓驶入深深院落。罗什抬头看,高大的门楣上三个大字:逍遥园。

第十五章　逍遥园中

尔时,佛在王舍大城竹林精舍迦兰陀鸟所居之处,
与大比丘五百人俱。尔时,世尊依诸佛法,乃至说于清
净梵行,告诸比丘:"汝诸比丘! 谛听谛受! 如世尊教。"

——《佛本行集经》贤劫王种品第三上

逍遥园是长安城之北的皇家苑囿。①里面有亭台楼阁的华丽,曲径通
幽的宁静,藕池碧水的荡漾。渭水的一条支流由西东来,注入逍遥园中的藕
池,池中建有台观。倘若在夏天,莲池覆水,定是可赏可瓻的地方。可惜时
值岁暮,百花早已凋零,木叶所剩无几。

逍遥园自从来了罗什,不再仅仅是寻莲访藕、赏瓻佳景的所在,它成为
北方佛教中心的中心,译经和讲经的学术领地。随着罗什的驻足,佛光照亮
了逍遥园,照彻了长安城。

姚兴、文武大臣及罗什,进了园中的西明阁。坐定,姚兴对身旁的罗什
说:"国师,如今长安佛法方兴未艾,僧徒不少,然群龙无首,国师驻锡长安,
大秦国欣逢大兴佛法之最佳契机,未知国师有何打算?"

罗什从容回答:"贫道自姑臧东来长安途中,反复思之,以为中土对天竺
龙树菩萨、龙树之弟子提婆及世著、世亲等论师的大乘经论,几乎茫然不知。
故当以翻译大乘经论为首务。其次,方等部佛经奥义精深,如《大宝积经》、

---

① 逍遥园:《水经注》卷一九"渭水":"渭水又东与沉水枝津兮,水上承沉水,东北流迳邓艾祠
南,又东分为二水,一水东入逍遥园,注藕池。池中有台观,莲荷被浦,秀实可瓻。其一水北流
注于渭。"僧叡《大品经序》:"以弘始五年,岁在癸卯四月二十三日,于京城之北逍遥园中出
此经。"据上大体可知,逍遥园之方位,当在长安城北,渭水流经其中。

《自在王菩萨经》《弥陀成佛经》《首楞严三昧经》《维摩诘所说经》等,皆学道之津梁,亦须译出。再次,般若类经典如《小品般若经》《金刚般若经》《摩诃般若经》等,深义大旨存焉,若不知晓,则中土理解般若之偏颇,无从纠正。"

罗什依次道来,姚兴不断点头,"国师高见,甚切中东土佛教发展的症结,为学道者开示门径。然前代已译之佛典,是否有再译的必要?"

罗什:"贫道在凉州读前贤所译佛经,以为义旨不合之处甚多,且质木无文,失缺梵文之藻绘,故即便已译之佛典,仍有重译之必要。"

姚兴转过头问司空姚嵩:"司空留心佛典,以为国师所言如何?"

姚嵩为姚兴之弟,与姚兴一样读经信佛,对佛理很有研究,回答道:"臣于西国僧人处听闻大乘小乘,然很不明白二者之区别。国师欲大译大乘经典,必将为中土僧俗开一新境界,功德无量。至于国师欲重译旧有佛典,臣以为国师梵文、胡语、秦语皆通,必能超轶旧译,后来居上。"

姚兴:"国师,司空极赞成依国师之意译经。朕亦以为有国师主持译场,必能广出众经,得佛典真正义旨。朕及长安僧众,将助国师译经,大弘佛法,使大秦国佛光普照,国泰民安。"

罗什:"谢陛下!贫道将不遗余力,大阐佛典于长安。"

"大弘佛法,有赖国师。"姚兴吩咐侍臣:"国师一路辛苦,送澄玄堂安憩。命僧肇亦住僧房,原有沙门侍候,米、菜、僧衣等用品供养皆须丰赡。"

当年,少年罗什得到罽宾王的敬异,给予外国道士的上供,也不过是"日给鹅腊一双,粳米、面各三升,酥六升",再派几个比丘和沙弥"营视打扫"。这一回姚兴优宠罗什,远非罽宾国可比。米菜、酥油、奶酪、僧衣、法器、被褥,应有尽有。澄玄堂旁的僧房,其实是逍遥园中的寺院,建筑精美,殿堂巍峨。僧房也洁净,比丘、沙弥数十,专门有人打扫。罗什早就誉满西域,声被东土,如今皇帝陛下称之为国师,礼敬有加,逍遥园中的僧人简直把罗什看作西天活佛降临,欢喜无限。

罗什住进逍遥园后做的第一件事,是去五级寺凭吊道安墓。

　　罗什凭吊道安墓大有深意,这是东西方哲人之间的心灵感应和精神接续。心灵感应须赖形体的存在,精神接续则凭借精神的不灭体认,并不需要形体的存在。因为形体虽化去,精神却永恒。十六年前,道安与罗什心心相印。道安听说西域有鸠摩罗什,深解法相,超悟非凡,世所罕及,很想与罗什研讨佛理,遂多次劝苻坚罗致罗什。至于西域的罗什,也早知东方有道安以及他的事业,称安为"东方圣人",经常向万里之外的道安致敬。罗什在凉州十多年,又与僧肇相处有年,不会不知道十六年前道安劝苻坚罗致自己之事。如此说来,道安岂非是自己的知己? 自己东来长安弘法的机缘最早源于道安。令人痛心的是,十六年后历经磨难而至长安,东方圣人早萎,知己已逝,与谁共同讲析佛理? 罗什思及于此,悲慨无极!

　　长安城内的五级寺是道安生前组织译经的寺院,寺内有五级佛塔,故名。罗什由僧肇及十几个沙门陪同,走进五级寺的山门。先瞻仰大雄宝殿,里面几百尊大大小小的佛像。佛殿后面,便是五级佛塔。佛塔虽不很高,塔上的砖雕很精美,与西域佛塔的风格相近。

　　正欲细看,有凌厉的北风飒然而至,五级佛塔檐角上的铜铃叮叮咚咚响个不停。一会儿,北风又突然而止。可十分奇怪,风停了,铜铃仍叮咚作响,声音一点不弱。罗什凝神屏息,似在谛听。好像听清了什么,嘴里咕罗咕罗说了几句胡语。那铃声突然就停了,竟像是罗什命令它停似的。众人看看罗什,又抬头看看佛塔上的铜铃,一脸疑惑。罗什则面容悲哀,像是解答众人的疑惑,慢慢开了口:"佛塔上的铃声说:'胡僧呵,你来迟了! '我说:'我终于来了,相见在今日。'"

　　众人一听,脸上的疑惑顿时变成了惊奇。有几个张开了嘴,以询问的眼光看着罗什身边的僧肇。僧肇默然不语,只是微微点了点头,随后,引着罗什绕过佛塔。

　　佛塔北边不远处就是道安的墓塔。高近二丈,共有十二级。塔前一方墓碑,上书:大和尚释道安葬于此。罗什脸色哀伤,合掌立于墓塔前,念诵一串梵文的赞呗,谁也听不懂。看懂的只是一行热泪,从他深邃的眼窝里滚下来,跌碎在冰冷的北风中。

道安辞世十六年后,罗什与先哲的精魂照面。

弘法的大业,必定会薪火相传。

罗什从五级寺回到逍遥园,一个五十左右的僧人已在佛殿恭候。

僧人名僧叡,魏郡长乐人。年十八岁出家,依僧贤法师为弟子。年二十二,博通经论。曾听僧朗讲《放光经》,屡有机难,朗称叡为僧贤贤弟子。至年二十四,游历名邦,处处讲说,常感叹:经法虽少,足识因果;禅法未传,措心无地。意谓东土自有佛经以来,经藏虽少,已足识十二因缘。唯禅法未传,致使修炼不知门径。这也是当时僧人的普遍看法。在此之前,僧叡曾师事道安,协助其译经。

僧叡听说罗什刚入关,驻锡逍遥园,便迫不及待前来请教禅法。所谓禅法是修禅之法。禅是禅那的简称,华语译为静虑,即静息思虑之意。佛教以为禅法是学道的门径,成佛的必由之路。僧叡曾说:"禅法者,泥洹之津径也。"又以为之前"此土先出修行大小十二门大小安般,虽是其事既不根悉,又无受法,学者之戒盖阙如也"。(《关中出禅经序》,见《出三藏记集》卷九)据庐山慧远说,关于禅法,当时佛教分为五部之学,皆惧大法将颓,遂各述赞禅经。(《庐山出修行方便禅经统序》,见《出三藏记集》卷九)可见,禅经、禅法各有派别,传授各不相同。

僧叡问罗什禅法,罗什欣然传授。不久抄撰究摩罗罗陀、马鸣、婆须蜜、僧伽罗叉、沤波崛、僧伽斯那、勒比丘各家禅法之要,名为《禅要》。后又依《持世经》益《十二因缘》一卷,《要解》二卷。到了弘始九年(407),重加检校《禅要》。东土有系统的翻译禅经,传授禅法,罗什为第一人。

罗什译出禅经后,后秦沙门纷纷坐禅。北方沙门严格的宗教实践,与南方僧徒偏精义理、尚空谈的风气殊异。据《晋书·姚兴传》,罗什时沙门坐禅者恒有千数。有的坐于寺院,有的定于山林。罗什弟子坐禅者也不少,其中僧叡尤为突出,竟至日夜修习。白天,在逍遥园闲静处;夜晚,在唯有寂寞的僧房。闭目禅定,形若枯木。禅法的精义是去欲净己,方法是"应教观不净"。《禅法要解》指导众生去欲净己,方法之一是"观死尸臭烂不净。我身不净,死尸一等无有异也";方法之二是"自观身中,三十六物不净",自身是种种污秽的聚集。僧叡按照禅经修习,静思五蕴(色、受、想、行、识),即一切自身感觉到的客观对象皆臭恶不净,所有的人相,无论男女、老少、美丑、贤愚,皆是白骨。内视自身,毛发、齿牙、涕泪、皮肤、五脏、六腑,皆臭烂生虫。

僧叡修炼一段时间后,所见所受所想所识,以及自身,总之世间一切事物皆不净厌恶,甚至遇见熟人也是将烂未烂的一堆白骨。僧叡为之心情不爽。于是请教罗什,罗什说:禅定最难,难在摄心。心生诸法,不净观仅是一种观法,还有慈悲观、因缘观、念佛观、数息观。循序渐进,最终一切过失、谬误、倒见,皆止于心,而终极目的,乃由五停心观而悟一切法是假、是空也。经罗什的指点,僧叡大为开窍,逐渐以心制一切欲念,由禅得智、以智习禅,最后忘照,天地与自身皆处于空寂状态。僧叡总结说:"心无形故力无上,神通变化八不思议,心之力也。心力既全,乃能转昏入明。明虽愈于不明,而明未全也。明在于忘照,照忘然后无明非明。无明非明,尔乃几乎息矣。几乎息矣,慧之功也。故经云:无禅不智,无智不禅。然则禅非智不照,照非禅不成。大哉,禅智之业,可不务乎!"(《关中出禅经序》,见《出三藏记集》卷九)这段话,既是僧叡习禅的体会,应当也是罗什关于禅法的理解。

群龙有首。罗什成为长安学术的中心人物。

姚兴是罗什最大的崇拜者,所谓"超级粉丝"是也。从前是听政之暇讲论道艺,现在不暇听政,频频往逍遥园,向罗什咨以义学,或者听罗什讲经,或者了解西域的圣迹。兴趣之浓,流连忘返。

姚兴不解实相,问罗什:

"国师,何谓实相?"

"无相之相,名为实相。"

"既然无相,何以名实相?"

"实相不坏,真实常住,故名实相。"

"世间有真实常住之相吗?"

"有。"

"请国师明示之。"

"内空、外空、内外空、空空、大空、胜义空、有为空、无为空、毕竟空、无际空、散空、无变异空、本性空、自相空、共相空、一切法空、不可得空、无性空、自性空、无性自性空。(《大般若波罗蜜多经》卷四七)一切法皆空,此即实相。"

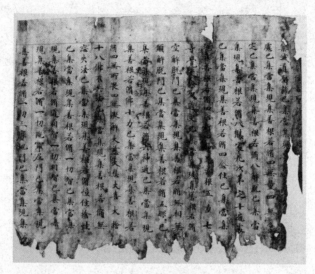

《大般若波罗蜜多经》卷一七〇

"如此说来,实相即是空?"

"陛下所言是,亦非是。"

"此话怎讲?"

"是,谓诸法皆空。非是,谓假名是有。以真谛言之,实相为空;以俗谛言之,实相为有。执著于空或执著于有,皆非实相。不分别有无二边,即为实相。"

"朕常以为实相是实有之相,今日始闻实相义。"

"陛下,贫道今日所言,仅是要点,俟稍有暇,撰成经论,呈陛下过目。"

为时不久,罗什撰成《实相论》二卷,以呈姚兴。姚兴初读一过,觉得义理深奥,并不好懂。读过三遍,方才若有所悟,但又觉得闻所未闻。如此反复研读,终于悟解实相即非有非无。实相如虚空,不是有,也不是无。甚至不能说,你一说,就不是实相了。只可意会,不可言传。

姚兴自读《实相论》后,奉罗什若神,并命沙门僧䂮、僧迁、道标、僧叡、道坦、僧肇、昙顺、慧常等咨询罗什。这些人是长安佛学素养很高的僧人,如今成了罗什门下弟子。罗什周围名僧云集,群星璀璨,形成中国佛教史上最有声势、最有学术创造力的宏大僧团,不仅空前,而且绝后。

一天,姚兴听政,京兆尹上奏:"自罗什国师至长安,东至洛阳、西至西域、南至江南,四方沙门度越关山,络绎不绝来到长安。据关尉报告,已有千余人之多。究竟限与不限,望陛下定夺。"

姚兴指示:"四方沙门慕义向化来长安,乃秦国之光荣。国师罗什,乃秦国之大宝。岂能阻遏求道者之脚步?命四方关尉,凡欲至长安之义学沙门,勿予阻隔,任其出入。"

数年前,天水姜龛、东平淳于岐、冯翊、郭高等大儒教授长安,诸生自远而至者万数千人,姚兴敕关尉让诸生任意出入。如今又敕关尉给四方义学沙门提供方便,显示出姚兴在文化上的自信及开放的态度。姚兴,不愧是具有高度文化修养的政治家。后秦的长安,在姚兴治理下的短短十多年时间,迅速成为北方的佛教重镇,佛寺林立,几乎家家诵经,户户礼佛。

逍遥园里简直"僧满为患"。每天成百上千义学沙门,进进出出,诵经、讲经、坐禅、辩论、吃饭,是逍遥园不变的景观。远远近近的宗教信徒,似水流汇集于此,激起澎湃的文化浪涛,催生出许多汉译佛典,义旨幽远的佛经论著,惬人心意的辩论场面,不世出的佛学大师,名扬千古的高僧,还有引人遐想的往古传奇。

四月八日佛诞节。

逍遥园中的数千沙门争先恐后地往逍遥宫方向跑。尤其是外郡来的沙门,跑得更快,边跑边喊:"快去看神佛相遇!快啊!"

"神佛相遇"是逍遥园中极有趣的节目,每年举行数次。现在,逍遥宫前人头簇攒,仰头看大殿左右的两座楼阁,高百尺,相去四十丈。一根碗口粗的长麻绳,两头各拴在楼阁的大柱上。片刻,随着"神佛出来了"的一声喊,两人一穿僧衣,一穿仙服,各从楼内出,踩着绳子相向而过。粗麻绳微微晃动,神与佛展开两手平衡身体,凌空而前。观者凝神屏息,等待相遇这一最紧张、最精彩的时刻:佛双手抱住神的腰,举起,神双脚踩在佛的肩头,成神佛相叠；然后，神跳落在麻绳上。绳子左右晃动，神佛稳稳地立于其上。观者阵阵喝彩声，传遍逍遥园。尔后，神佛各转身作相对状，由神举起佛，佛跳落于绳上。喝彩声又起。最后，神佛各自走回出来的楼里。

姚兴、罗什也在观看"神佛相遇"。

看毕，姚兴问罗什："国师，西域是否也有神佛相遇一类节目？"

罗什："西域无。西域无中土的神仙之教。"

姚兴："中土有'老子化胡'说，国师以为此事可信否？"

罗什："所谓老子化胡成佛，乃不可能之传说。于阗国西五里有比摩寺，云是老子化胡成佛之所，其实羌无事实，语怪不经。然老子所言与佛经义理确有相合处。依此而言，神佛可以相遇。逍遥园神佛相遇，盖陛下以为神佛皆可礼敬，乃兼收并蓄、两不偏废之意。"

姚兴莞尔一笑，暗赞罗什机警，己之用意，已为彼所窥知。

"国师所言深得朕心。然朕信佛之虔诚，终究胜于信神仙也。"

"陛下信奉大法之虔诚，为贫道所仅见。"

说完神佛相遇，罗什转换话题，谈及尚在姑臧的佛陀耶舍。罗什说："陛下，贫道有一事禀告：我师佛陀耶舍与贫道分别积年，去年，耶舍师特地至姑臧寻贫道，然贫道为陛下所征，先至长安，彼此依然暌隔。耶舍师善解《毗婆沙》，陛下若下诏征至长安，必大有助于译经。"

姚兴语调平淡，"朕有国师足矣！况长安城内胡僧已多，非义学卓杰者，官家不再供养。"

罗什还想争取，"我师耶舍义学高明，绝不减贫道也。"

"容后再说。"姚兴起身。

罗什见姚兴不纳，深为遗憾。

不过，没过多久，佛陀耶舍之事就有了转机。在计划译出《十住经》时，罗什对姚兴说："夫弘宣大教，宜令文义圆融。贫道虽能暗诵其文，但未善其理旨。唯我师佛陀耶舍深达幽致。其人之姑臧，愿陛下下诏征之。一言三详，然后落笔，使微言不堕，取信千载也。"罗什称自己"未善其理"，或许是谦虚，或许是借口。总之，他要姚兴下诏征耶舍，只有等耶舍来后，与其反复讨论,才可著笔。

这回,姚兴欣然同意,遣使至姑臧,并赏赐耶舍丰厚的礼物。耶舍一概不受,笑对使者说:"明旨既降,便应载驰。檀越待士既厚,但若如待鸠摩罗什一样待我,则未敢闻命。"在秦使面前,耶舍玩了一点小花招,以退为进,其实是摆架子。使者回禀耶舍言行,姚兴不以为意,反倒叹赏耶舍的机敏和慎重,再遣使者敦请劝喻。耶舍这才动身至长安。姚兴亲自出宫迎接问候,在逍遥园别立住处,厚加供养。耶舍却一概不受,至分卫之时一食而已。[①]

耶舍至长安,分别几十年的故人欣慨交至。罗什既慨相聚不易,又喜老师的到来,在译经时可以一起参酌商讨。罗什虽想译《十住经》,一月有余疑难犹豫,不曾操笔。耶舍既至,一起商讨文辞理义,得以写定,道俗三千人都赞叹文旨得当。

自从为僧叡抄撰众家《禅要》开始,罗什不间断地译经。他感到年将六十,在姑臧耽误了宝贵的十六年,时不我待,把暗诵及收集到的梵本、胡本佛典译出,流布当世,惠及后人,是一生最大的愿望。这也是佛祖的嘱托,母亲殷切的期望。姚兴则以朝廷之力,支持罗什的译经,有时亲自参与,折中各种意见。罗什至长安不到二个月,即弘始四年(402)二月八日,译《阿弥陀经》一卷。三月五日译《贤劫经》七卷。夏天,在逍遥园西明阁,开始译《大智度论》。

中国佛教史上以国家之力组织译场,始于前秦。道安与秘书郎赵整共同主持长安译场,译出《婆须蜜》、《中阿含》、《增壹阿含》、《毗昙》、《三法度》、《阿毗昙八犍度论》等佛典。但若论国家支持的力度、译场的规模、国主参与的热情程度,前秦都不如后秦。后秦的译场多由国主姚兴亲自组织、主持,罗什为首,什弟子人才济济,文辞、义理修养极高,共同考核梵汉文字。加上京师义学沙门、公卿中信奉佛教者。宏大的译场,成为佛教文化的盛宴,高层学术研究的论坛。如此规模空前的译场,只有后来唐玄奘主持的译场才

① 分卫:《善见论》云:"此云乞食"。《僧祇律》云:"乞食分施僧尼,卫护令修道业,故云分卫。"

能相比。

《大智度论》的译出，姚兴是支持者和组织者。罗什来到长安，姚兴如获至宝，常至逍遥园与其晤言相对，研微造尽，淹留终日，"遂以莫逆之怀，相与弘兼忘之慧"。（僧肇《摩诃般若波罗蜜经释论序》）于此可见，姚兴与罗什，已超出君臣或主仆的关系，而是两个文化人之间的契合，基于同一种理想与事业。前秦苻坚虽然礼敬道安，但离"莫逆之怀"的境界还远。因此，当罗什一说出翻译《大智度论》的想法，姚兴当即赞成，并组织译场。

大智度论

姚兴命长安义学沙门及公卿中信佛者五百余人，集于逍遥园西明阁。銮舆停在园外的渭水边，禁卫布于周遭的树林间。西明阁中，中土从未见识过的佛学新思想以精彩的形式登场。罗什手执梵本，口宣华言：

> 若法因缘生，是法性实空。
> 若此法不空，不从因缘有。
> 譬如镜中像，非镜亦非面。
> 亦非持镜人，非自非无因。
> 非有亦非无，亦复非有无。
> 此语亦不受，如是名中道。（《大智度论》卷三）

佛经由梵本即时译成华言，非精通梵汉两种语言不办。罗什几乎不假思索，即成流利的华言，如奶牛一边吃草，一边挤出牛奶。尤其是偈言，五言一句，近于中土的五言诗。思致之速，造语之佳，令在场的数百人无不赞叹称奇。

当然，传写（记录）者、义学沙门，在完善佛经的过程中也做出了贡献。译《大智度论》时由僧叡传写，叡"含吐彬蔚"——言辞文雅华美。罗什口宣秦言，若过于质朴，僧叡便润饰之，因而经文既达幽旨，又华美可读。后世一致推崇罗什译出的佛典不乖原旨，文字精纯优美，后者与僧叡等弟子的语言文字的高水准极有关系。据传罗什译《正法华经》，至《受决品》，以前竺法护译至此，云："天见人，人见天。"罗什说："此语与西域义同，而在言过质。"僧叡略作思索，说："将非人天交接，两得相见。"罗什一听，称赞道："如此实佳！"僧叡改旧译"天见人，人见天"为"人天交接，两得相见"，鄙野与文雅之别一目了然。这是弟子辅助罗什，使经文完美的典型例子。

罗什译经的同时，还讲说经义。译经、讲经为一体，不可分割。所以，译经不是单纯的异质的文字转换，同时也是义理的介绍、阐发和探求。罗什译《法华经》、《思益经》、《维摩诘经》、《菩提经》、《大品般若》，都是边译边讲。

弘始五年（403）四月二十三日，逍遥园里又开始一桩规模浩大的译事——始译《大品般若》（即《摩诃般若波罗蜜经》）。罗什手执胡本，口宣秦言，边译边辨正文旨。实际上，在场的义学沙门都参与了译事，对译文的辞意和经旨正确与否提出了看法。国主姚兴则亲自拿着《大品般若》的旧译本，与新译相对照，验证何处为得，何处为失。释慧恭、僧䂮、僧迁、宝度、慧精、法钦、道流、僧叡、道恢、道标、道恒、道悰等五百余人，反复讨论佛典的义旨，审定译文的辞义，然后写成定本。如此广泛参与，反复研讨，严肃认真，一丝不苟，译事成为真正的学术活动，无论对于提高译文的水准还是沙门的佛学修养，作用之大不可估量。

譬如当译到经中第二十七品《问住品》以下一段："须菩提语诸天子：一切诸法皆是梦，无说、无听、无知者。诸天子！譬如二人转大深涧，各住一面赞佛法众，有二响出。于诸天子云何，是二响展转相解不？"罗什口宣秦言时，作"二人声音"，僧叡以为当改作"二响"。"展转相解"，罗什作"此声解释，彼声解释，彼此互相解释"。道恒作记录，以为罗什所译冗长无文采，若改成"展转相解"，语简而意明。罗什由衷赞叹："我得诸善男子相助，实未有之快事！"数百人如沐春风，兴高采烈。

罗什译经不辍，并得到众弟子及众多义学沙门的帮助，以及姚兴的大力支持，共二十七卷，数十万字的《大品般若》半年多就大功告成。

弘始六年（404），罗什应姚兴之请，重译《百论》二卷。

后秦佛教的兴盛，姚嵩此人也有贡献。史称姚嵩"留心经典，专精释道"。从他上表姚兴《述佛义表》多次引《中论》等佛典看，他对佛学有相当研究，"留心经典"云云，并非虚语。弘始四年（402），罗什初译《百论》，由僧叡作序。但这个译本并不完美，所以姚嵩请罗什重译，由僧肇作序。序文说："先虽亲译，而方言未融，致令思寻者踌躇于谬文，标位者乖迕于归致。"可知初译本的毛病是"方言未融"，文字有谬，致使乖迕经旨。重译本质量有了很大提高，僧肇的序也写得好，所以隋代高僧吉藏称赞"文义既正，作序亦好"。（吉藏《百论疏序》卷一）罗什至长安二年之后，华语由未融而至美善，语言水平实现了飞跃。

罗什才高当世，万人宗仰，"笃性仁厚，泛爱为心，虚己善诱，终日无倦"。（见《高僧传》本传）仁厚、爱心、谦虚、诲人不倦的个性，决定他不仅弟子众多，而且也能和来华的西域高僧精诚合作，共同译经。《十诵律》的译出便是典型例子。弘始六年（404）十月中，罗什在长安中寺与罽宾高僧弗若多罗交谈，一致决定译出《十诵律》。弗若多罗早以戒节著称，专精《十诵律》，为外国师宗，时人都说他已阶圣果。多罗大概在罗什至长安前后振锡入关。姚兴待以上宾之礼，安置于中寺。罗什也推崇其守戒严谨，十分宗敬之。考虑到中土律藏未得弘扬，既然多罗擅长《十诵律》，此经又是一切有部的根本戒律，重要性不言而喻，于是集义学沙门数百人于中寺，延请多罗诵出《十诵律》。

《十诵律》没有写本，全由多罗暗诵而出：

> 妄语堕地狱，作之言不作。
>
> 是二俱相似，后皆受罪报。
>
> 夫人处世间，斧在口中生。
>
> 以是自斩身，斯由作恶言。
>
> 应呵而赞叹，应赞而呵骂。

口过故得衰,衰故不受乐……(《十诵律》卷四《十三僧残法之余》)

当梵语的佛偈和经文从弗若多罗口中流泻出来时,在坐的数百义学沙门无不赞叹。一部卷帙浩繁的大经,一卷、二卷、三卷……每天从多罗的口中汩汩而出,如溪流,如山泉,好像永远流不完。多罗的惊人的记功,给人留下深刻印象。是原始佛教口口相传的方式,才造就了弗若多罗这样的人才。

罗什的传译同样令人匪夷所思。梵音刚从多罗口中流出,罗什即刻口宣秦言。真是世所罕见的天作之合,由无形的记忆立刻变为有形的文字,妙不可言。

可惜,《十诵律》译到三分之二,多罗不幸遇疾身亡。大业未就而匠人殂往,罗什和众沙门有逾常痛。

不过,佛法的流传常有不可思议的机缘。弗若多罗奄然而卒不久,西域高僧昙摩流支来长安。流支以律藏驰名,庐山慧远正痛惜多罗弃世,以致《十诵律》译事中途而寝,听说流支带此经自随,十分高兴,便写信通好,希望流支能续译《十诵律》:"冥运之来,岂人事而已耶?想弘道为物,感时而动。叩之有人,必情无所吝。若能为律学之徒,毕此经本,开示梵行,洗其耳目,使始涉之流,不失无上之津。参怀胜业者,日月弥朗。此则慧深德厚,人神同感矣。"(见《高僧传》卷二《昙摩流支传》)流支得慧远书,深为庐山高僧的弘法热忱所感动。同时,姚兴殷勤敦请。于是流支与罗什共译《十诵律》。这部重要律藏经典的得以译成,正如慧远所言,"冥运之来,岂人事而已耶?""冥运之来",难道是佛的法力吗?

自弘始三年末至弘始七年(405),罗什在逍遥园生活、工作了四年多。弘始八年之后,罗什的译场主要在长安大寺,而住处另有地方。

逍遥园因为有了罗什而名扬后世。

在短暂的后秦时期,逍遥园云集了西域高僧及中土的义学沙门,成为中国佛教史上的弘法圣地,从而为后人记住,并被不断言说。逍遥园里译出的重要佛典,更是中国文化史上的永恒存在。

第十六章　高足弟子

> 彼时,世尊告曰:"阿难!此处所中,迦叶如来,无所著,等正觉在此处坐,为弟子说法。"
>
> ——《中阿含经》卷第十二

　　独木虽也能成一景,譬如孤松独立,傲霜斗雪,但总不如千年古松,周围众树或仰或偃,似拱似卫,根与根相连,枝与枝交错,风过处,涛声一片,彼此呼应。即使古松老死,也有新松百尺,接续传之永远。

　　独木难成林。大师也是如此。无有弟子的大师,固然也称大师,但犹如划过长天的彗星,光芒灿烂一时过后,便是长久的黑暗。相反,弟子济济的大师,则薪火相传,光芒不灭。比如大师中的大师孔子,弟子三千,"受业身通者七十有七人",皆异能之士,学有专攻,各有所长:德行、言语、政事、文学,如群星璀璨,各具异彩。孔子死后,弟子传师之业。孔子之学,历二千余年仍有生命力,当然同孔子弟子的代代相传有莫大关系。

　　佛教史上的鸠摩罗什,堪比儒学史上的孔子。历史上的高僧,如果论弟子众多且有异能,传老师之学问以久远,无人比得上鸠摩罗什。更传奇的是,罗什是西域来的大师,而绝大多数弟子却是中土沙门,这与同时代的其他两位大师——道安和慧远——很不相同。西域佛学大师与中土众多异能弟子,形成中国文化史上的独特景观,不唯具有研究价值,甚至也具有欣赏价值。

　　罗什一抵达关中,各方沙门闻其大名,纷纷至长安,不远万里。明德秀拔者如道恒、僧标、僧叡、慧叡、僧弼、僧肇等三千余僧,禀访精研,务穷幽旨。罗什自称有"三千徒众",应该不是虚夸。其中知名者不少于数十人。时人评罗什的杰出弟子有言:"通情则生(竺道生)、融(道融)上首,精难则观(慧观)、肇(僧肇)第一。"或云:"生、叡(慧叡)发天真,严(慧严)观洼流得。慧义惨悖进,寇渊于嘿塞。"①慧皎《高僧传》卷三论译经,特举罗什最著名弟子八人:"时有生、融、影(昙影)、叡(僧叡)、严、观、恒(道恒)、肇,皆领悟言前,词润珠玉,执笔承旨,任在伊人。"隋唐时,罗什弟子有八俊十哲之目。吉藏《中论疏》说:"门徒三千,入室唯八,叡为首领。"又指出八人老少:"老则融、叡,少则生、肇。"

罗什入室弟子中,僧肇之名后世最高。僧肇是罗什第一弟子,追随罗什时间最长,也最得师之真传。罗什亡后,他作诔悼念亡师,与罗什感情最深。

罗什在逍遥园译、讲《大品般若》,国主姚兴及什门弟子共五百余人,坐中数僧肇提出问题最多最有深度。

罗什手执胡本,"《经》说:'诸天子!众生如幻,听法者亦如幻;众生如化,听法者亦如化。诸天子!我如幻如梦,众生乃至知者、见者亦如幻如梦。诸天子!色如幻如梦,受想行识如幻如梦,眼乃至意触因缘生受如幻如梦。内空乃至无法有法空、檀那波罗蜜乃至般若波罗蜜,如幻如梦。'"(《摩诃般若波罗蜜经》卷八幻听品第二十八)

众沙门面面相观,迷惑不已:你也空,我也空,罗什亦空,陛下亦空,佛也空,般若波罗蜜亦空?

僧肇站起来问:"一切法如梦如幻,是否因一切法无自性?"

罗什双目放光,"善男子所悟良是。一切法无自性,皆缘会而生,缘灭则灭,故如梦如幻。"

僧肇又问:"一切种智相是否也如梦如幻?"

罗什颔首,"正是。般若波罗蜜亦如梦如幻。"

僧肇稍作思索,"我得之矣:般若如梦如幻,故般若无相无名。"

罗什:"般若诚无相无名,此即实相。但般若可照有智,无所不知。真谛为无知无名,俗谛为有知有名。"

---

① 汤用彤解释此四句说:天真,聪悟发于天性。洼,深也。深思留连,始可继足也。惨悖,努力方得前也。寇渊,道渊姓寇。嘿塞,《僧传》谓渊潜光隐德,世莫之知。

僧肇:"般若之能照,在于无知;般若之所照,在于无相。"

罗什大加称赞:"如善男子所言,可谓深知般若矣!"

罗什与僧肇的问答,在许多义学沙门听来,简直如绕口令,始终不知所云。

罗什译出《大品般若》不久,僧肇将听罗什讲经所得所悟,写成《般若无知论》二千余言。罗什读后称善,对僧肇说:"吾解不谢子,辞当相挹。"意谓我解悟不少于你,文辞当推崇你。《般若无知论》是僧肇早期对般若的理解,在罗什看来自然不是尽善尽美,故说"吾解不谢子"。至于《般若无知论》的文辞,确实是漂亮。那是纯粹的中国文体,虽时时袭取《老》《庄》语言,但能准确传达出深奥的佛学体悟。中国古代的哲学论文,很少能超越《般若无知论》(包括僧肇的其他论文)。如论般若为物一段:

> 然其为物也,实而不有、虚而不无。存而不可论者,其唯圣智乎。何者?欲言其有,无状无名;欲言其无,圣以之灵。圣以之灵,故虚不失照;无状无名,故照不失虚。照不失虚,故混而不渝;虚不失照,故动以接粗。是以圣智之用,未始暂废;求之形相,未暂可得。故《宝积》曰:"以无心意而现行。"《放光》云:"不动等觉而建立诸法。"所以圣迹万端,其致一而已矣。是以般若可虚而照,真谛可亡而知,万动可即而静,圣应可无而为。斯则不知而自知,不为而自为矣!复何知哉?复何为哉?

文字有力、精练、准确。文句整齐中见出疏荡,流动中见出曲折。语意前后照应,一气呵成。真是魏晋哲学论文中的极品!读者首先为优美的文字所吸引,有罗什所说"辞当相挹"的感受,然后叹服哲理的高妙。

后来,《般若无知论》传至庐山,隐士刘遗民读后赞叹:"不意方袍,复有平叔(何晏,字平叔)。"并将此文给慧远看。远边读边抚几称赞:"未尝有也。"可是,南方的僧徒只是欣赏僧肇文章的漂亮,而难晓大乘般若。刘遗民不解,致书僧肇,列出了一些疑问,请僧肇解答。僧肇答书解释之。由此可见，南北沙门对般若的理解差距很大。

僧肇的佛学论文还有《不真空论》、《物不迁论》、《涅槃无名论》。

《不真空论》谓不真即空。不真指"假名"。文中引《放光经》云："诸法假号不真。"假号不真，故空。这是《不真空论》题目的由来。《不真空论》批判当时有代表性的三家（"心无宗"、"即色宗"、"本无宗"）对性空的误解，以"万物之自虚"为通篇主旨。指出"心无宗"是心无但物有；"即色宗"是心以为色空，而色本身为有；"本无宗"是以无为本，有即无，无亦无。① 《不真空论》以中国话语解释、发皇罗什所传达印度龙树的性空学说，一扫关中三家对性空问题的偏执与误解，大为罗什赞赏，称"解空第一，僧肇其人"。《物不迁论》论证动静未尝异，住即不住，不住即住，从而破执著"无常"，亦破执著"常"。② 《涅槃无名论》有人怀疑非僧肇作。事实上此文也不如前面三论精妙。《般若无知论》等四论后人总称为《肇论》，是中国佛教史上最有价值的论文，汤用彤誉为"无上精品"，后世难以企及。

罗什入长安之初，有一段时间因大乘性空学说少有人理解而心生苦闷。罗什之前，大乘经典虽已传入中土，东土的僧人虽然也知道大乘小乘，但不清楚二者之间的区别，尤其不闻印度龙树的大乘学说。罗什至长安后，译出许多大乘经典，他本人由小乘改宗大乘，深刻理解大小乘之间的区别；而东来的目的，就是弘扬大乘。罗什入关，带来了大乘学说，随之传播于中国北方。然而，一种异质的新学说的出现及流传，难免发生不解、误解及曲解。龙树的中观学说超乎言象，超乎常识，岂止钝根人不解，中根人也难悟。虽说罗什门下弟子三千，但悟解超群者并不多。罗什因之苦闷。有一次，他作

---

① 吕澂解释《不真空论》说：《不真空论》把有与无两个方面统一起来，……就是说，有是有其事象，无是无其自性。——自性不是事物本身固有的，而是假名所具有的。因此，假象之象非无，但所执自性为空，这就叫做不真空："言有是为假有以明非无，借无以辨非有，此事一称二其文。"见《中国佛学源流略讲》第104页—105页。中华书局，1979年第一版。

② 汤用彤解释《物不迁论》说："僧肇之说，虽有取于《庄》《老》玄学，但亦得之于鸠摩罗什。因什公注《维摩》已发挥此义。据僧肇学说之背景言之，一则常人惑于有物流动。而二则玄学家贵无，又不免以静释本体。僧肇契神于有无之间，以为二者各有所偏，因而建立此不偏不二之说。"见《汉魏两晋南北朝佛教史》第十章《鸠摩罗什及其门下》。

颂赠沙门法和："心山育明德,流薰万由延。① 哀鸾孤桐上,清音彻九天。"并作十偈,辞意相同。这篇颂由相反相成的两截组成,前二句是述怀,是理想,是弘法东土的大志。后二句是现实,是孤独,是无人理解的哀伤。他的哀伤源于明德不能流薰,寓意自己的学说少有人懂得。哀伤是深重的——孤桐上的哀鸾,清音响彻九天。而且同样的意思,竟然再写十偈。

那么罗什为什么独独赠颂给法和呢? 大概法和年齿最长,德高望重。法和年长罗什十岁多,早年与释道安同学,以恭让知名,善能标明论纲,解悟疑滞。法和虽也从罗什咨禀,可罗什视之为前辈硕学。罗什赠法和颂偈,可能后者劝勉过他。据《高僧传·慧远传》,罗什一度有过想回龟兹的念头。备尝拘于凉州十六年的苦厄,好不容易抵达长安,受姚兴敬重,得到弘法的极好机会,为何萌生欲还故国的念头? 赠法和的颂也许就是答案。罗什最终没有回龟兹,坚守长安,译出大量佛典,这很可能与法和等什门弟子的劝说有关。历史证明,罗什留在长安完全正确。如果回龟兹,就决没有中国佛教史上伟大的鸠摩罗什。

僧䂮以律行清谨著称。

僧䂮俗姓傅氏,北地泥阳望族,其父是西晋河间郎中令傅遐。僧䂮少出家,在长安大寺为弘觉法师弟子。后游学青、司、樊、沔之间,通六经及三藏。谨守戒律,能匡振佛法。姚苌、姚兴早知其名,素所敬重。姚兴崇信佛教,盛弘大化,建会设斋,国中信奉佛教者十室其半。自罗什入关,各地沙门纷纷集于长安。所谓"林子大了,什么鸟都有",僧尼既多,难免鱼龙混杂,犯戒者时有所闻。姚兴说:"凡未学僧未阶苦忍,安得无过? 过而不纠,过遂多矣。宜立僧主以清大望。"于是下诏:"大法东迁,于今为盛,僧尼已多,应须纲领,宜授远规,以济颓绪。僧䂮法师学优早年,德芳暮齿,可为国内僧主。僧迁法师禅慧兼修,即为悦众。法领、慧斌共掌僧录。"并且配给僧䂮车舆及所

---

① 由延:又作俞旬,揄旬,由旬,或踰阇那。新称踰缮那。为计里程之数目。《西域记》二曰:"数量之称,谓踰缮那,旧曰由旬,又曰踰阇那,又曰由延,皆讹略也。踰缮那者,自古圣王一日军行也。旧传一踰缮那四十里矣,印度国俗乃三十里。"(见丁福保《佛学大辞典》)

需人员,传诏羊车各二人,僧迁等并有优厚物质供给。在僧䂮管理下,"五众肃清,六时无怠",(《高僧传》卷六《僧䂮传》)长安的僧戒得到明显的好转。

弘始七年(405),姚兴勅加僧䂮亲信和贴身随从各三十人。䂮以身作则,廉洁奉公,步行而不乘车舆,让以年老有病者,所得供恤常充众用。虽年龄已高,仍讲说经律,诲僧无倦。

姚兴设立僧主,是中国佛教史上的首创之举。佛教徒虽说是出家之人,声称断绝六根七欲,其实作为现实世界的个体生命,很难摆脱情欲的主宰。为防闲情欲,必须有戒律的束缚。诸如《摩诃僧祇律》《四分律》《十诵律》、《大比丘尼戒》等为代表的戒律,都是为严格佛教徒的纪律,从而保持佛教的独立面貌。随着僧尼数量的急剧增加,出现犯戒者不可避免。与姚兴并世的东晋桓玄,曾下令沙汰沙门,理由便是沙门违反了佛教的"无为"和"绝欲"的宗旨。他说:"佛所贵无为,殷勤在于绝欲。而比者凌迟,遂失斯道,京师竞其奢淫,荣观纷于朝市。天府为之倾匮,名器为之秽黩。避役钟于百里,逋逃盈于寺庙,乃至一县数千,猥成屯落。邑聚游食之群,境积不羁之众。其所以伤治害政,尘滓佛教,固已彼此俱弊,实污风轨矣。"(《弘明集》卷一二桓玄《与僚属沙汰僧众教》)对佛教的弊病,遍加指责。中国北方的佛教比较偏重行业,即修行的实践,坐禅者比南方佛教徒多。不过,僧人多了,不遵五戒的情况,恐怕不会比南方好多少。姚兴看到僧人犯戒的问题严重,设立僧主,用行政措施加强管理,严肃僧律,尽量消除各种漏愆,无论目的和手段,都远比桓玄沙汰沙门高明得多。

姚兴命"律行清谨"的僧䂮为僧主,确实是知人善任。僧䂮兢兢业业,忠于职守,成效显著,允惬时望。作为中国佛教史上的第一位僧主,僧䂮可以名垂青史。

僧叡是罗什最著名的几个弟子之一。吉藏《中论疏》甚至以为"门徒三千,入室唯八,叡为首领"。其实早在罗什入关之前,僧叡已有声誉,司徒公姚嵩深相礼贵。姚兴问嵩:"叡公何如?"嵩答:"实邺卫之松柏。"姚兴召僧叡见之,公卿悉集,欲观其才器。僧叡风发韵流,吐属彬蔚。姚兴大喜,非常叹赏,当即敕给俸禄人力和车舆。姚兴后来对姚嵩说:"叡公四海标领,何独邺卫之松柏!"于是美声远布,四方归德。他年岁较长,罗什入关时,已年过五十。罗什大出佛典,先在逍遥园,后在大寺和中寺,僧叡参正、润饰译文,成为罗什最重要的助手。僧叡所作的出经序最多,现在能看到的有《大品经序》、《大智释论序》、《中论序》、《十二门论序》、《百论序》(以上《出三藏记集》)、《小品经序》、《法华经后序》、《维摩诘经序》、《思益经序》、《自在王经序》、《道行经序》、《关内出禅经序》、《十部律序》(以上《众经目录》第六)等。由此看来,吉藏称罗什门徒"叡为首领",并非没有道理。

罗什多次向僧叡介绍西方辞体,并和他讨论东西方文体的同异。他说:天竺国甚重文体制式,其宫商体韵以入弦为善。凡觐见国王必有赞德,见佛之仪,以歌叹为贵。经中偈颂皆其式也。但梵文译为秦言,丢失其藻蔚,虽得大意,殊隔文体,有似嚼饭与人,非徒失味,乃令呕吐也。罗什所谈的是天竺文体的音乐特质,以及梵文转译成华言产生的弊病。僧叡吐属很讲究文采,自然对梵文"以入弦为善"深感兴趣,便问:

"什师,请用梵音诵一段经中偈颂。"

"确切言之,不是诵,乃唱叹也。"

"则什师唱叹之,让弟子谛听梵音。"

"好。"罗什以梵音唱叹尊者乌陀夷在佛前,与龙相应颂赞世尊:

> 正觉生人间,自御得正定,
> 修习行梵迹,息意能自乐。
> 人之所敬重,越超一切法,
> 亦为天所敬,无著至真人。
> 越度一切结,于林离林去,
> 舍欲乐无欲,如石出真金。
> 普闻正尽觉,如日升虚空,
> 一切龙中高,如众山有岳。

称说名大龙，而无所伤害，

一切龙中龙，真谛无上龙。（《中阿含大品龙象经》第二）

从未听过如此美妙的声音！它来自舍卫国吗？还是灵鹫山？来自菩提树下狮子座？还是忉利天？这声音似虎啸，似龙吟，似清晨林间，百鸟在歌唱。虽然不明梵音的意义，但心知尊者乌陀夷颂赞世尊，而大龙的吟声与之相应。僧叡眼前出现了世尊的法相：如光芒万丈的太阳，冉冉升上虚空……

当罗什收住梵音，僧叡感动得泪水盈眶，"太动人了！闻所未闻。"

罗什却说："尊者乌陀夷颂赞若译成华言，天竺辞体的入弦特质顿时消失，美妙的歌唱不复存在。译经实在是吃力不讨好。这便是我所说有似嚼饭与人，非徒失味，乃呕吐也。"

僧叡说："什师所言诚是，然嚼饭与人，总胜于无饭饥人，失味毕竟强于无味。佛典传播东土，非得译成华言不可。"

"是啊。"罗什叹了口气，"我等乃勉力为之，尽量使译文少失味。"

僧叡说："梵文中之赞、颂、偈尽量译成诗的样子，而诗是可以歌唱的。"

罗什说："善男子所言极是。贫道十余年来颇注意中国诗歌，用意即在翻译赞、颂、偈时有诗歌的味道，与梵音接近。诵读佛经中的赞、颂、偈时，要是配上乐曲就更好了。"

"好，好，什师此意真好。"僧叡对罗什说起康僧会的译经，"相传昔日康僧会在吴地译经，传泥洹呗声，清靡哀亮。然究竟如何诵读，不得其详。假若诵读时使钟鼓磬钹谐鸣，天竺辞体以入弦为善的风貌，或许能再现了。"

……

罗什、僧叡关于天竺、华言文体殊隔的讨论，涉及佛典的翻译音、义两方面的问题，此暂且不论。可以想像，罗什介绍的西方文体的音乐特质，必定会影响僧叡作为译场主要助手的工作水平。罗什译经的语言具有西域的文化气息，准确且雅致，优于之前的旧译，这固然同他熟悉天竺及西域的文体有关，同时，也与僧叡等助手的高水平的语言修养密不可分。

弘始十四年（412）九月，《成实论》译毕。罗什让僧叡讲说此经，称"此论中有七变文破《毗昙》，①但在言小隐，若能不问而解，可谓美才"，有意测试僧叡解析大乘经典的能力。僧叡启发幽微，果然不请教罗什，契然悬会。罗什称赞道："吾传译经论，得与子相值，真无所恨矣！"罗什至长安之初，以为"秦地深识者寡"，所以不作大乘经论。如今感慨传译时得与僧叡相值，可以无恨。事实证明，如僧叡、僧肇这样的杰出弟子，其实是能悟解大乘《阿毗昙》的"深识者"。罗什晚年遇见长安弟子中的俊才，是他一生的幸运，确实可以无恨矣。

罗什弟子中立志佛法，确然不移者，当推道恒、道标。

道恒，蓝田人，年九岁时在路上游戏，隐士张忠见之而嗟叹："此小儿有出人之相，在俗必有辅政之功，处道必能光显佛法，恨吾老矣，不得见之。"道恒笃好典籍，日夜修习。年二十余出家，游心佛理，兼通内外学，才思清敏。听闻罗什入关，立即随之咨禀。后来罗什译出众经，道恒帮助参正文字。道恒有同学道标，两人齐名。

姚兴以为道恒、道标神气俊朗，有经国之才，敕尚书令姚显，再三逼两人罢道，助振王业。两人不愿，皇帝下诏："卿等皎然之操，实在可嘉。但君临四海，治急须才。今敕尚书令姚显，令夺卿法服，助翼赞时世。苟心存道味，宁系黑白。望体比怀，不以守戒为辞也。"姚兴崇信三宝，国中奉佛者几至十室有九，为什么非要夺恒、标的法服？原因他说得很清楚：君临天下，急需治国人才。诵经礼佛不可少，治国辅政不可缺。从世俗的角度看，辅政之功比光显佛法更迫切紧要。姚兴是有作为的政治家，深知"治急须才"的道理，他逼两个沙门还俗辅政，与东晋桓玄劝慧远罢道的目的不同。前者是急需人才，后者是有意打击佛教。

然而皈依佛法，一开始就是弃世入道，是人生的重大抉择。从穿上法服之日起，就远离了世俗与荣华。所以道恒、道标不奉诏，答复姚兴说，"缁服之下，誓毕身命"，意思是一辈子穿法服，不会脱下来。以自谦之辞发誓，拒

---

① 《毗昙》，即《阿毗昙》，新译《阿毗达磨》，在南北朝时特举一切有部而言。

绝罢道。接着,用"光武纵严陵之志,魏文容管宁之操"的典故,恳求姚兴能"遂匹夫之微志"。

姚兴见恒、标不愿罢道,又致书罗什、僧䂮,请他们劝喻两人。这回姚兴彻底找错了对象。罗什、僧䂮反过来劝说皇帝,先标举大意:"古之明主审违性之难御,悟任物之多因。"举历史上尧放许由于箕山等著名例子,说明"以适贤之性为得贤"的道理,劝姚兴尊重道恒、道标的不喜荣华的个性和出家的人生抉择,这才是尊重贤人,得到贤人。然后,说明恒、标"敷析妙典,研究幽微,足以启悟童稚,助化功德",也是辅政治民。可是,姚兴仍不甘心,再频频下书。结果竟然引发全境沙门救助恒、标,两人勉强免于罢道还俗。

姚兴逼道恒、道标罢道还俗引起的风波很值得回味。照理来说,后秦辅政之才尚不至于贫乏到只能在佛门中寻找。姚兴看中道恒、道标,并且非要夺其法服,想必两个沙门确有治才。而两人服膺佛道,视世俗荣华为敝屣,无疑是真沙门。罗什、僧䂮也违旨,不阿上、媚上,反倒站在恒、道一边,劝喻姚兴。无论是恒、标,还是罗什、僧䂮,都有独立人格,坚持信仰和理想,不为世俗威权屈服。至于全境沙门,纷纷站出来保护恒、标,违抗姚兴旨意,这种情形一是说明后秦佛教势力之盛,二是可看出姚兴的度量确实不一般。当权力与个人意志、信仰及学术发生冲突时,权力能收敛,能克制,不是独裁专横,动辄施暴,这说明掌握权力的政治家具有文化素养、历史意识、宽宏大量,是难能可贵的。可惜,中国历史上的权力一直为所欲为,姚兴这样的政治家凤毛麟角。

道恒虽然免于罢道,但姚兴频频下诏欲夺其法服这件事终究是对他的沉重打击。他感叹说:"古人有言,益我货者损我神,生我名者杀我身。"于是走出长安城,躲进山林,最后卒于山舍。

罗什的另一高足道融,悟解卓绝,长于辩论。

道融,汲郡林虑人。十二岁出家,其师爱其神采,先令学外典。道融记功极好,师任其游学。年三十,才解英绝,内外经书,熟读暗记。听说罗什在长安,即往咨禀。罗什见道融神明英发,以为非一般沙门。次日,姚兴来道遥园与罗什论道,罗什说:"昨见融公,又是奇特聪明释子。"姚兴颇感兴趣,问:"道融安在?""在贫道僧房。"姚兴当即召见道融,大为叹重,敕留逍遥园助罗什译经,后来成为主要助手之一。

弘始八年(406),罗什等译出《新法华经》,[①] 让道融讲说此经。澄玄堂内,道融升高座,八百余沙门肃静谛听。罗什近高座,听道融讲《妙法莲华经》二十八品中的第五品《药草喻品》:

> 迦叶!譬如三千大千世界,山川溪谷土地所生卉木丛林及诸药草,种类若干,名色各异。密云弥布,遍覆三千大千世界,一时等澍,其泽普洽。卉木丛林及诸药草,小根小茎、小枝小叶,中根中茎、中枝中叶,大根大茎、大枝大叶,诸树大小,随上中下各有所受。一云所雨,称其种性而得生长华菓敷实。虽一地所生,一雨所润,而诸草木,各有差别……

道融边讲边疏解:卉木丛林及诸药草种类,各色各异,此喻一切众生,领解各异。密云弥布,遍覆三千大千世界,雨水平等地润泽一切草木。草木得而生长,开花结果。此喻佛法如雨泽一切众生,禀泽生长,无有差别。然虽一地所生,一雨所润,而诸草木各有差别,此喻众生因诸根有利钝,精进或懈怠之故,受教之果亦有差别也……

罗什听得很满意,称赞道:"佛法之兴,融其人也。"

道融讲《新法华经》不久,有一狮子国婆罗门找上门来,要与长安僧人辩论。

此婆罗门聪明、善辩、博学,西方俗书无不披览暗诵,为狮子国外道之宗。听说罗什在长安大行佛法,对门徒说:"岂可使释氏之风独传震旦,而吾等正化不洽东国?"遂率领门徒越过葱岭,乘骆驼负书而至长安,请求觐见国主姚兴。姚兴正弘扬三宝,四方及外国道人来长安者一概不拒,便接见婆

---

① 西晋竺法护译出《法华经》,罗什再译,故曰《新法华经》,以别于旧译。

罗门。一看婆罗门眼神活泼，娴于言辩，觉得不无魅力。婆罗门说："大秦国陛下，至道无方，各尊其事，近请与秦僧展开辩论，若胜者，即传其化。"姚兴答应了。

消息传到大寺，罗什门下弟子千百，居然一个个面面相觑，无人挺身而出。因为不知婆罗门来路，究竟道行高低，即使高足弟子，也不敢贸然应对。罗什目光扫过众弟子，最后落到道融身上，"此外道聪明绝人，怀必胜之志，若无上大道在吾徒而屈，良可悲矣。倘使外道得志，则法轮摧轴，岂可如此乎！吾所观之，唯在君一人。"众人目光，立刻聚焦于道融。

道融血脉贲张，什师的话给他内心以极大的震动：决定法轮常转还是摧轴的重大时刻迫在眉睫。大秦国高僧、名僧比比皆是，岂能折服于狮子国的一婆罗门？想到这里，道融挺直了腰，"在下道融自思才力不减婆罗门，所虑者唯有外道经书未尽披读，论辩之时，若言及，恐无法应对。"

罗什说："此事不难，速命人抄写婆罗门所读经目，送君过目。"

当婆罗门所读经目抄毕送道融，道融一读便暗诵无误。

与婆罗门较量的日子到了。

论坛设在长安宫中。姚兴及公卿皆会于阙下，关中僧众，四远毕集。两人聚精会神，各显其能，言辞如锐利的戈矛，玄思如飞鸣的锋镝。渐渐地，婆罗门落于下风，自知辞理皆屈，但犹以广读众经夸口，不甘服输。于是，道融列出其所读外道经书；同时，列出秦地经史目录，比外道经书多出三倍余。这时，轮到罗什嘲笑婆罗门了："君不闻大秦广学，怎么冒冒失失，远来长安献丑？"婆罗门愧悔至极，顶礼道融之足。数日后，怏怏而去。长安佛教度过危机，得以兴盛，道融出了大力。

罗什弟子中以神悟著称者除僧肇外，要数竺道生。

竺道生，本姓魏，巨鹿人，寓居彭城，家世士族，父为广戚令。道生幼而颖悟，聪哲若神，其父知是非凡器，爱而异之。后遇沙门竺法汰，遂出家，伏膺受业。年在志学，便登讲座，吐纳问辩，辞清珠玉。虽宿望学僧，当世名士，若遇道生，皆思竭挫词，莫敢酬抗。年至二十，随学问广博而鉴识日深，又生性机警,神气清穆,悟解非凡,长于辩论,与僧肇十分相似。道生初入庐山从慧远,幽栖七年。常以为入道之要,慧解为本,钻研群经,斟酌杂论,万里随法,不惮劳苦。大约在弘始七年(405),与慧叡、慧严、慧观同游长安,从罗什受业。

道生在长安的活动,不太清楚。《高僧传·竺道生传》仅称"关中僧众,咸谓神悟"。再有《续高僧传》卷五《释昙旻传》引王俭说:"昔竺道生入长安,姚兴于逍遥园见之,使难道融义。往复百番,言无不切,众皆睹其风神,服其英秀。"王俭之言,比较形象地描述出道生彻悟义理、辞清如珠玉的辩论风度。时人评罗什高足,或曰:"通情则生、融上首。""通情",大意指综观经义而融通之。道生后来提出一系列新说,如顿悟成佛说、一阐提皆能成佛说,"笼罩旧说,妙有渊旨"。(《高僧传》卷七《竺道生传》)在中国佛教史上影响非常深远。弘始十年(408)夏末,道生自长安南归庐山,将僧肇《般若无知论》送给慧远、刘遗民看。据此推算,道生留止长安四年左右。到庐山后,再去京师,住青园寺,为当时法匠。此为后话不提。

昙影是罗什译经时的另一重要助手。

罗什入关之前,昙影已成名,能讲《正法华经》及《光赞》、《般若》。每法轮一转,常道俗千数。后至关中,姚兴大加礼接。罗什到长安,昙影从之受学。罗什一见就赏爱之,对姚兴说:"昨见昙公,亦是此国风流标望之僧也。"姚兴敕昙影住逍遥园,作罗什译经的助手。弘始十一年(409),罗什在大寺译《中论》四卷,僧叡、昙影均有序。弘始十三年(411)九月,尚书令姚显请译《成实论》,昙影笔受。凡争论问题,皆次第往返。昙影觉得其支离,后自转为五番,完成后送呈罗什,罗什称赞说:"大善,深得吾意。"昙影注《中论》,亲承罗什音旨,什赞叹道:"传吾业者,其在道融、昙影、僧叡乎?"

罗什在中国佛教史上具有无可匹敌的崇高地位,影响如长江大河,源远流长。他不仅是译经大师,还是弘法大师。他的博大精深的学问因有许多杰出弟子的薪火相传,发扬光大,千古不灭。后世称罗什是佛教史上"三论宗"的始祖。①罗什译出三论并讲演之,传至门下弟子,弟子再传弟子,中间虽有中断,但终究不绝如缕,在中国佛教史上留下极深刻的印记。相比唐玄奘,译经数量超过罗什,而才能卓绝的弟子远不如罗什弟子之多。玄奘是唯识宗(又名法相宗)的始祖,可是后继无人,影响远不及罗什"三论宗"。此是玄奘之不幸而罗什之大幸也。当然,大师学问之能传不能传,幸与不幸,皆出乎人之意料之外,是天意,可遇而难求。

---

① 三论宗是依《中论》、《百论》、《十二门论》的学说建立的佛学流派。又名法性宗、性宗、空宗、般若宗等。

第十七章　第二次破戒

　　尔时，世尊告诸比丘："……所谓男子见女色已，便
起想着，意甚爱敬，令人不至永寂，缚着牢狱，无有解已，
意不舍离，周旋往来，今世后世，回转五道，动历劫数。"

——《增壹阿含经》卷四

　　姚兴与群臣正在讨论永贵里建造浮图的大事。是造七级，还是五级？
君臣意见分歧。

　　尚书令姚显说："陛下，朝廷正讨伐仇池，库藏易竭，当以节流为要务，臣
以为宜造五级。"

　　群臣多附和姚显，纷纷进谏，以为境内浮图已多，不宜再造高塔。

　　姚兴不以为然："前朝建五级寺，本朝崇信三宝，长安城内奉佛者过半，
德化遍被，国泰民安，超轶前代，造七级浮图有何不可！"边说，大脑中冒出
一段佛经：若人发大信心，修建庙塔，承事供奉，得大利益，获大果报，具大名
称，是人命终，即得生天。

　　群臣沉着脸，不再作声。

　　"召将作大匠！"姚兴倒要问问造塔的总管，或许能打破朝廷上的僵局。

　　将作大匠此时正在永贵里督造浮图，侍臣来召，顾不得灰头土脸，急忙
赶往宫中。永贵里毗邻皇宫，片刻即至。

　　将作大匠引进殿，一看群臣大半脸上似抹了浆糊，已猜到七八分底细。

　　"将作大匠，朕问你，永贵里造七级浮图行不行？"姚兴问。

　　将作大匠眼珠一转，发觉皇帝和群臣都盯着他，而姚兴神色尤其严峻，
似有寒气袭来，连忙回答："陛下，浮图的塔基能造七级。"

"石材、土木够用吗?"姚兴再问。

"这个……"将作大匠稍显迟疑,"够用。目前并未捉襟见肘。陛下,造浮图乃大功德,必获大果报,佛祖保佑国祚绵长,臣常与工匠如此说。臣有信心,必使七级浮图光耀长安城。请陛下放心,众大臣放心。"

姚兴听后大悦,心想这将作大匠真是明白人。

"好!好!"姚兴称赞将作大匠,"七级浮图将是大法弘扬我土之极好象征,事关国运。且目前经费无虞,卿可以放心。来日朕将视察永贵里,敕将作大匠早日完工。"

将作大匠:"是。祈盼陛下早日驾幸永贵里。"

姚兴决意起七级浮图于永贵里,基于二点考虑。一是永贵里毗邻皇宫,庄严佛塔与宏丽皇宫左右相对,气势自是不凡。二是弘始三年春,永贵里有树连理,年末,西域高僧鸠摩罗什即来长安,证明永贵里诚是祥瑞之地。关于浮图的形制,姚兴请教过罗什。罗什觉得罽宾国的浮图特别壮观,随手画出草图:塔基莲花形,塔身四方形,每层檐角悬金铃,高八十丈。复有刹高八丈,合去地八百八十尺。姚兴见图赞叹不已,送将作大匠,命按图施工。

自廷论建造七级浮图之后不久,姚兴果然驾临永贵里。昔日宁静之处,如今成喧闹工地。几百个役工凿石斫木,忙得不亦乐乎。将作大匠率领监工叩见皇帝。尔后在场役工放下手中工具,跪地,山呼万岁。姚兴接见监工和役工后,视察浮图的基座。那些巨大的条石上,雕刻的莲花含苞欲放。有的刻着佛像和梵文的经文。

这时,不远处挖掘莲花池的役工大喧哗并欢呼。姚兴问近臣何事,近臣跑去一打听,回来禀告,说是挖出三只大陶罐,揭开盖,发现全是黄金。姚兴在禁卫的保护下,走过去看,见陶罐已经从泥土中拉出来,几个监工捧出金灿灿的黄金。将作大匠禀告陛下,挖出的陶罐封泥上有中元元年字样,知是前汉景帝时物,只是不知是何王何侯所藏。姚兴大喜,对将作大匠说:"此乃神佛所赐,以助朕造塔也。"众人皆呼万岁。

将作大匠不负姚兴重望,比预定工期提前一个月竣工。永贵里七级浮图对民众开放的那一天,长安城像是喜庆佳节,民众纷纷前往观瞻。姚兴率文武大臣、罗什及千数百弟子,也早早来到永贵里。呈现在众人眼前的七级浮图拔地而起,高入云霄,去京师数十里都可遥见之。

罗什对姚兴说:"陛下,贫道为庆贺永贵里浮图竣工,贡献一件小小的方物。"

姚兴问:"国师,是何宝物?"

罗什从怀里摸出一件核桃大小的东西,黑色如饴。姚兴命侍臣取来,拿在手里细细看了一会,问:"国师,莫非是安息香?"

"陛下博识,正是安息香。"

"当年朕为前秦太子舍人,曾见过龟兹进贡的安息香,色黄,何以此安息香色黑?"姚兴不解。

"陛下,安息香有黄黑两种,而以黑色最珍贵。此安息香乃龟兹王宫百年以上物,藏于贫道之身亦有数十年。今烧于浮图之前,令奇香弥漫长安城每个角落,一月不歇,让长安民众皆来此瞻仰浮图,称扬陛下功德也。"

姚兴一听大喜,命侍臣置安息香于金碗中,引火点燃。顷刻,浓郁的香味一缕缕由金碗飘出,弥漫永贵里,扩散至皇宫、逍遥园、各大寺院,香遍了整个长安城,经久不息。民众闻香啧啧称奇,由各个方向涌进永贵里。果然如罗什所说,安息香的芳气一月之后才渐渐消歇,长安以至周边各县的民众都得以在芳香中瞻仰永贵里的浮图。

且说在安息香浓浓的香味中,姚兴、罗什与万众一起瞻仰浮图:塔身每级四面,每面皆开门户和窗户。门窗由檀木制作,饰以朱漆。门扉上五行金钉,金门环,金光闪闪。每级塔的四檐角挂着金铃,大小如一石瓮子。刹上有金宝瓶,可容二十五石。宝瓶下有承露盘三十重,周匝皆垂挂金玲。真是土木之杰构,穷极精巧。浮图北有大佛殿,殿中有丈八金佛像一躯,其余中小佛像数十躯,还有绣珠佛像五躯,皆见所未见,叹为观止。

浮图之南数十步之外的莲花池,微生涟漪。池周新植松、柏、槐、榆、柳、竹及各种花草。浮图东西两侧为僧房、楼观数十处,雕梁粉壁,青琐绮窗,华丽而雅洁。

罗什抬头仰望刹上三十层承露金盘,阳光照在上面,反射的金光将天上的云都照得透亮,好像也涂上了金色。风吹过,金玲和鸣,响彻天外,传至远方。罗什合掌赞叹:"善哉,善哉!贫道遍涉西域诸国,所见寺塔无数,从未见浮图如此壮观精丽者。此即佛世界也!"随后,率领众弟子烧香绕塔。此时,塔上的绿女由窗口向外撒花,香味浓郁的花雨自天而降,罗什僧帽上落满了香花。抬头看,见第二级窗口有一位年轻美丽的绿女探出身子,笑眯眯地看着自己,裸露着雪白的手臂,高耸的乳房在微微抖动,有意将满把香花朝自己的头上撒下来。

"白罗吉!"罗什差点喊出声来。他要细细看看,年轻绿女却从窗口消失了。"白罗吉,白罗吉!"罗什在心里呼唤,感到一阵昏眩。而花香与更浓烈的安息香味,薰得罗什头昏脑胀。终于,他受不了了,眼睛也累得不想再去搜寻绿女,无力地对身边的僧肇说:"我们先回去吧。"

用了几天时间,罗什降伏了心魔。

他觉得可以讲经了。

最近,他搬出了逍遥园,住到大寺。讲经在大寺的草堂内,故大寺又称草堂寺。草堂寺茅草覆顶,不能与逍遥园的西门阁、澄玄堂的宏大富贵相比。但罗什爱其简朴,冬暖夏凉。草堂寺门外,诸峰苍翠如画,气清景和。

他讲说译出不久的《维摩诘所说经》。一千二百余比丘集于草堂寺内,姚兴坐在前面。罗什升高座,手执新译的经卷,讲至《弟子品》第三:

维摩诘言:"一切众生心相无垢,亦复如是。唯,优波离!妄想是垢,无妄想是净;

草堂寺罗什坐像

颠倒是垢，无颠倒是净；取我是垢，不取我是净。优波离！一切法
生灭不住，如幻如电，诸法不相待，乃至一念不住；诸法皆妄见，如
梦、如炎、如水中月、如镜中像，以妄想生。其知此者，是名奉律；
其知此者，是名善解。”

罗什解释道：“维摩诘言一切众生心相无垢亦复如是。何谓妄想？罪本无
相，而横为生相，是为妄想。妄想自生垢耳，非理之咎也。诸法皆由妄想而
有，即诸法皆妄见，妄见故谓其有也。”

讲到这里，罗什忽然沉默不语。“妄想生垢”给他了重重一击，好像原
本安静的铜钟遭锤子乱敲，发出狂乱的声响，似发疯一般。这一刻，他正处
于情绪的狂乱中。佛说“心垢故众生垢”，维摩诘言“妄想是垢，无妄想是
净”。他解释佛说和维摩诘言都很正确。可是，妄想是随时随地都会冒出来
的。妄想简直是魔鬼，无孔不入。那怕你在宣讲庄严的佛法，它也会偷偷摸
摸地冒出来，袭击你，打乱你的缜密的思绪，让你从清醒马上变得糊涂，从崇
高立刻成为卑鄙。妄想太可怕，太难控制，理智根本难以束缚它。束缚妄想
如捆住大象一样困难。此刻，罗什虽在讲经，眼前却闪过永贵里浮图上双臂
裸露的绥女。不，不是绥女，她是白罗吉！瞬间，绥女消失，他觉得有两小儿
爬上了肩头。热烘烘的两个小屁股贴着左右两肩，顿时浑身燥热，体内出现
难耐的骚动。他意识到欲障又袭来了，如汹涌的洪水。佛理和戒律都挡不
住这洪水，唯有女人的胴体可以消解，让灵与肉趋于平静。他跨下高座，走
到姚兴跟前，附耳道：“陛下，有两小儿登肩，欲障来了，急需妇人。罪过！罪
过！”姚兴马上明白是怎么回事，当即宣布大师有急事，讲经暂止。

草堂寺内一千二百余僧众都很奇怪：罗什大师平素讲经神清辞利，从
未中途忽然语塞。今天怎么莫名其妙降下高座，把听法者晾在讲堂？出了
什么事？

众目睽睽之下，罗什涨红了脸，低着头，急匆匆地跟着皇帝的侍臣走出
草堂寺。

草堂寺外的一辆皇家马车，急匆匆将罗什送往宫中。摇晃的车厢里，罗

什闭着眼,忍受情欲的煎熬,满脸痛苦。片刻,罗什被送到宫中东北角一间密室里。不一会,内侍送来了一个年轻美貌的宫女。罗什一看,这不是永贵里浮图上朝自己头上撒花的绿女吗? 再盯着看,啊,这不是白罗吉吗? 二十多年前龟兹皇宫中的一幕浮现在眼前:赤裸的白罗吉,洁白滚圆的双乳,丰腴柔软的胴体,触之荡人心魄。罗什急急忙忙拥着宫女,一番乱七八糟的动作之后,欲障祛除,难耐与紧张消解,浑身舒泰极了,头脑又变得清爽起来。他推开身边的宫女,默默地重复着对《维摩诘经》的解释:"妄想自生垢耳,非理之咎也。……诸法皆从妄想而有。"心想:我虽精于佛理,却无法刮垢,此乃妄想所致耳,非理不明所致。此刻脱下僧衣,淫此宫女,再犯戒律,凡此一切不净皆从妄想而有。我自七岁出家,至今五十余年,仍有妄想,心相有垢,以至屡犯下地狱之淫罪。我虽望重,却非德高也,不仅有违佛的告诫,也辜负了母亲当年的殷切期望。想到这里,罗什感到非常痛苦。

不过,这痛苦的程度好像远不如第一次破戒。那时,吕光戏弄自己,强妻以龟兹王女白罗吉,自己虽坚拒不受,无奈硬被灌醉,破了童子身,痛悔不已。这一回不同,心相本来有垢,理不胜欲,主动要妇人以破欲障。以戒律论之,罪孽深重,不可饶恕……

"大和尚。"身边的宫女奇怪罗什一动不动,娇滴滴地叫了他一声。

罗什从沉思中回过神来,转过头看着宫女,觉得除鼻子眼睛外,容貌、身段还真像白罗吉。未免激动又上来了,心里说了二句:"理不胜欲,欲障无敌。"真的,欲障来时,佛说、戒律都无作用,只有美妇人才能消解欲障。现在欲障破了,心不是又归于宁静和愉悦了吗? 如此一想,他又一次觉得美妇人确实不是革囊中的血秽。自己是有罪孽,但用不着为此特别痛苦。

宫女见罗什不作声,问:"大和尚,你在想什么?"

"我在想,有因必有果。"

宫女不懂,"什么意思?"

罗什一本正经地说:"小女子,我俩这番温存,你必怀胎。"

"哪有这等巧事?"宫女的脸立刻羞涩如桃花。

"已经有胎了。"

"大和尚,你真乐得昏了头! 有胎无胎,难道能即时即知?"宫女转过头,十分吃惊,瞪大眼看着罗什,"别说笑话。"

"小女子,和尚不说笑话。"罗什侧过身,右手在宫女的小腹上轻轻拍了几记:"肯定有胎了。"

宫女见罗什有点装神弄鬼,倒被惹起了兴趣,"大和尚,你倒说说,是男孩,还是女孩?"

"男孩,二个男孩。"罗什语气很肯定。

"啊!"宫女紧紧抓住了罗什的手,惊奇得几乎叫起来:"二个男孩? 有这等事稀奇的事! 倘若不生二个男孩,大和尚你……"

"若生女孩,我罗什脱下法服还俗。"罗什搂过宫女的粉脸,用嘴啄了二下,"若生二个男孩,你不做宫女做母亲。到时候,好好抚养我们的孩子吧!"

"真的?"

"信不信由你!"

"信! 信! 大和尚你实在了不起! 难怪陛下把你当作神仙供养着。我算没白侍候你。谢谢大和尚!"宫女紧紧地搂抱罗什,快乐的眼泪流了许多。

罗什这回只犯淫戒不诳人。十个月后,宫女果然生下二个男孩,果然不做宫女做母亲。此是后话。

史称姚兴优待罗什,"晤言相对,则淹留终日"。两人无话不谈,研讨佛经义旨之外,自然也谈及罗什的身世。姚兴对罗什第一次破戒深表同情,又评论当年龟兹王逼鸠摩炎娶王妹耆婆,虽说让鸠摩炎破戒,但耆婆生绝顶聪明的罗什大师,总是利大于弊。并向罗什提出这样的问题:若汝父不破戒,还有你这位举世无双的大师吗? 罗什没法回答,觉得大秦国主的这番议论不过是有意卫护自己的破戒,或者是安慰自己良心的不安。

岂知姚兴另有打算。

一个多月后,姚兴召见罗什:"国师,朕赐你十个妓女,望勿拒。"

"赐我十个妓女?"罗什惊奇得几乎跳起来,"贫道要十个妓女何用?"

姚兴笑着说:"欲障来时可随时使用,免得朕措手不及,临时调遣,远水不解近渴。"

罗什面有愧色:"欲障固难除,然偶然有之,并非日日心相有垢。"

"这朕自然知道。"姚兴说出了赐十个妓女的用意:"欲障须妇女,但朕赐你十妓女,不仅仅除欲障。国师聪明超悟,天下无双。若一旦进佛国,何可使法种无嗣?赐十妓女,祈法种有后,保佑大秦国法轮永转。"

罗什哭笑不得:"有十妓女,必生智子乎?"

"国师超悟,犹良种必育良苗。"

"即或如此,亦不须十妓女。"

姚兴解释道:"朕意在广种薄收。妇人根器不一,若赐一二妇人,万一根器平庸,国师尽管聪颖难比,亦难生智子。而此十妓女,业经选拔,多聪明伶俐,其中必有上根者。国师超悟,妇人亦慧,智男慧女,岂不生智子?国师不必多虑,当为大秦国法种流传多多出力。"

罗什急了:"贫道早年破戒,罪堕地狱。如今再受十妓女,必定万劫不复,永堕地狱,入畜生道。"

"不会,不会。"姚兴连连否定:"国师广译佛经,妙演佛法,已度无数人,功德无量,前无古人。功罪相衡,功比罪不知超出几何倍,岂会永堕地狱?"

罗什还是面有难色,"谁见过比丘公然淫十妓女?"

姚兴说:"国师不必为难。道路流言朕解释之。自明日起,国师不要再住大寺僧房,朕已命将作大匠于永贵里浮图寺墙外修缮廨舍一所,房屋十余间,环境清幽,国师与十妓女居之宽绰有余也。"

"罪过,罪过。"罗什局促不安。

"非也。盼国师早生智子,法种流传。此乃国师为大秦国效力之时也,可不勉哉!"

历史再一次捉弄罗什。

当年吕光小瞧罗什,逼他破戒;今天姚兴优待罗什,也逼他破戒;吕光逼罗什淫一个女子,姚兴送罗什十个妓女;吕光出于戏弄的目的,姚兴出于法种有后的"远虑"。两个权势者,都给罗什制造尴尬、灾难和罪孽。比较起来,姚兴让罗什背负更深重的罪孽感,把他推向更深的地狱。

罗什现在成了十分矛盾和滑稽的人物,中国佛教史上一个独一无二的异数:自小学习《十诵律》,几年前又译出此经,对僧尼的戒律深有研究,可自己却犯了最不可饶恕的淫戒。僧众皆住于僧舍,他却别住廨舍,形同官府。弟子坐禅灭欲,他却与十妓女住在一起。一个佛学造诣天下无二的高僧,同时又是欲障深重的凡人。理欲并存——哲学的寻幽探微与肉欲的感官享受合于一身。这是历史上真实的鸠摩罗什吗?是的,他就是真实的鸠摩罗什。他终究是一具肉身,尽管有超凡脱俗的智慧。

罗什接受姚兴赐予的十妓女这件事,迅速成为长安城内最大的新闻,带着不可思议的恶劣影响,四处飞扬。奉佛者纷纷议论:佛经将女色比作脓血、髑髅,西域来的高僧,居然与十妓女同居一处,左拥右抱,实在匪夷所思!皇帝把妓女送给和尚,确实不妥,不过圣意难测,而和尚就能泰然接受吗?

罗什在千数百个弟子中的威望一落千丈,他的高足弟子也对师父的行为颇为反感。特别是僧䂮,本身律行清谨,自姚兴命其为僧主后,以匡振佛法为己任,治理有方,僧尼守戒情况大为好转,如今僧人中的领袖却受用十个妓女,这难道不是对谨守戒律的长安僧团的挑战与嗤笑?我何以为僧主?训勖僧尼守戒又有何用?虽然姚兴下书僧䂮反复强调:朕赐予国师十妓女,乃出于法种有后之考虑,国运为大,不可以犯戒视国师也,卿当深达朕心。可广传朕意,使长安僧尼皆知之。然僧䂮读至"法种有后"一句,冷笑出声,心里说:荒唐!至于广传圣意,僧䂮也不起劲,以为僧众私下都不信、不服,不会奏效。

僧叡也对罗什心怀不满。从前师父特地给自己抄撰《众家禅要》,授以禅法之要,并引佛言"远离尘垢,得法眼净"(《大般涅槃经》卷中)。自己依此法禅定,能不闻响雷之声。但最近僧叡在草堂寺对面的山谷中坐禅,远处大路上商人的五辆牛车过去,却能听到车声。事后反思何以坐禅之力不如从前,原来是禅定时眼前出现罗什与十妓女的影子,以致禅力稍减。

弟子的不满与不敬，罗什完全感觉到。以前他一升高座，澄玄堂或草堂寺内一片肃静。现在窃窃私议，甚至露出不屑的神气。罗什开讲之初，先来几句自我贬损："善男子，贫道讲经，譬如臭泥中生莲花，但采莲花，勿取臭泥可也。"给自己抹去头上的光环后，僧众反倒能仔细谛听。

罗什傲岸出群，并不太介意弟子们的态度敬不敬。罗什译经、讲经后回到廨舍，有时会对十妓女说："好女子，贫道是奉旨眠妓。罪过，罪过。"几个聪明伶俐的妓女笑嘻嘻地回答："小女子是奉旨服侍大和尚，愿大和尚喜乐。"和尚、妓女，彼此皆是奉旨。罗什自责"罪过"，其实是姚兴的罪过。是他导演了这场滑稽剧，逼着罗什承担法种有嗣的重任。一个不世出的天才，被皇帝硬是逼着作"种猪"。罗什播下的龙种，收获的难道一定也是龙种？谁能保证不是跳蚤？

只有亦师亦友的佛陀耶舍理解罗什的处境与心境。在逍遥园的耶舍一听到姚兴逼罗什受十妓女之事，深深叹息："罗什如一团好绵，何可使入棘林中？"确实，好绵入棘林，挂碍棘刺上，动弹不得，寸步难行。罗什被逼为非法的困境，由耶舍一语道尽。

但长安有几个耶舍呢？

大约在弘始八年（406），卑摩罗叉闻罗什在长安，便至关中。罗什在龟兹曾从卑摩罗叉受律，现在听说老师远道来此，欣然迎之，敬礼如师。卑摩罗叉新来乍到，不知道罗什被逼又破戒，问罗什："汝于汉地大有缘分，受法弟子可有几人？"罗什说："汉地经律未备，新经及诸经论，多是什所传出。三千徒众，皆从什受法，但什累业障深，故不受师敬耳。"

卑摩罗叉钦佩罗什译经之多，又听说他的徒众竟然有三千余人，不禁赞叹："你徒众多至三千，广禅佛法，实在功德无量。"至于罗什自称"累业障深"、"不受师敬"二句，罗叉还以为是从前吕光逼什娶龟兹王妹，故未曾放在心上。后来，卑摩罗叉去逍遥园拜访佛陀耶舍，耶舍谈及罗什被逼受妓女事，罗叉才恍然明白"累业障深"二语的沉痛，当即再三感叹，对罗什深表同情："罗什所受苦厄，见所未见，闻所未闻。虽身处苦境而无恨，弘法不止，其功德之大，我等望尘莫及矣。"

莫非西域的高僧,多心怀高志,历尽艰难而来东土,否则,何以如此心心相印,彼此有此同情和理解?

可叹长安的僧众终究难以理解罗什受用十妓女。不满并没有随着时间的消逝而变淡,却在不断发酵。最后,几个远来的僧徒效尤罗什,不愿住在僧房,在外租赁房舍。他们不怕,因为罗什的榜样在先。僧律是平等的。凭什么罗什可以别立廨舍,甚至享用十个妓女,而我们非得在寂寞的僧房相伴青灯黄卷?闻不到一点点女人的气味?

如何处理这件棘手的事,僧䂮束手无策。

唯有上奏皇帝,只有皇帝的权威才做得到把散居在外的僧徒收归于僧房。

一天,罗什讲完《自在王菩萨经》上卷后,僧䂮通过侍臣,请求谒见姚兴。姚兴正在与罗什谈论摩诃衍诸义,侍臣禀告:僧䂮要见。姚兴命宣其进来。僧䂮面有难色,称欲与圣上单独谈。姚兴一听就明白僧䂮想说什么,便说罗什乃国之大宝,在国师面前无秘密,何况,国师聪明绝顶,何事瞒得了国师?侍臣快宣僧䂮进来。

僧䂮只好硬着头皮进。

"䂮法师,何事遮遮掩掩?"僧䂮刚进来,姚兴便问。

"有几十个沙门不愿住僧房,住在外面的街坊。"

"令他们住僧房就是。"

"他们不肯。"

"为什么?有何理由不肯?"

"这……"僧䂮看了罗什一眼,闭嘴不语。

罗什笑起来,"贫道替䂮法师回答。陛下,罗什别立廨舍,不住僧房,故几十个僧人效尤之,不肯住僧房。"

姚兴:"䂮法师,是否如此?"

僧䂮嗫嚅着:"是。是。"

姚兴恼怒了,"这些比丘是何等人物,敢与国师相攀比?朕也送他十个妓女,能生智子吗?䂮法师,明日命他们一律搬回僧房,诵经坐禅。不服从者,僧录除名!"

僧䂮搓着手，一副为难的样子。

"陛下，此事不宜操之过急。事情既由贫道而起，该由贫道处置。"罗什打破僵局，说话了。又对僧䂮说："䂮法师，后日开讲《自在王菩萨经》下卷，请住在外面的沙门至草堂寺听法。"

"好吧。"僧䂮一脸凝重，心想，也只能由你来处置了。看你如何处置？

到了后天，罗什在草堂寺讲《自在王菩萨经》下卷。一千多沙门听讲，姚兴也坐在前面。罗什讲完经中"菩萨四无所畏"，继而讲"菩萨十八不共法"：

> ……常修梵行至于心想，不念五欲离诸欲恼，不以五欲之缘而行非法，以智为首成善身业，是谓菩萨七不共法。

罗什正要解释，坐在中间的一个年轻沙门站起来高声说："五欲难以不念，非法难以不行。"

罗什回答："只要心相无垢，心净身净，以智为首，能断欲而不行非法。"这时，一个身材较胖的中年沙门也站出来："什法师，恕我直言，若有一出家人身边依偎十个妓女，请问何以做到心净身净，不行非法？"

几十个沙门一齐哄笑。

姚兴生气了，示意坐在身边的僧䂮制止故意闹场的沙门。

僧䂮自然明白，这就是住在外面的沙门所为。他站起来，回头看看后面的沙门，又看了一眼高座上的罗什。

罗什伸手，示意僧䂮前来。僧䂮走到高座前，罗什从怀里掏出一只透明的琉璃小盒子，弯腰递给僧䂮。僧䂮接过盒子，一看里面装满了尖利的细针。

"是不是针？"罗什问。

"是，都是针。"僧䂮抬头看着罗什，莫名其妙。又低头看看手里盒子的针，更觉茫然。

罗什又从怀里掏出一只精致的银钵，再递给僧䂮，"䂮法师，请当着僧众的面，把盒子里的细针倒入钵中。"

草堂寺里的一千多僧人见罗什停止讲经，从怀里先后掏出二件东西，无不惊诧。连姚兴也看得目瞪口呆。

僧䂮面向观众，将琉璃盒中的细针倒入钵中。草堂寺里的僧人个个瞪大了眼睛。

"䂮法师，把钵给我。"

罗什接过钵，左手托着，右手三个指头撮拿着一小把细针，大概有八九根，举起来，针闪着白光，目光看着中年胖比丘，朗声说："善男子，贫道畜十女子诚是罪过，不过，若非道行高明，岂能享受十女子？如能食此一钵细针，自然也可畜女子。"说着，张开嘴，把手中的一把针悉数倒进嘴里，也不见嚼，脖子一伸，便吞了下去。然后嘴一闭，接着又说话了："善男子，有谁如贫道一般吞针吗？"边说，再撮一把细针吞下。

僧众几乎都张大了嘴，紧张得腹中似有针刺，隐隐作痛。

一会儿功夫，银钵中的细针统统吞入腹中。罗什覆钵，收入怀中。

"若想畜妇女，吞针即可。否则，不必效尤贫道。"

故意闹场的几十个沙门惭愧不已。

姚兴见罗什神技非凡，棘手之事豁然而解，甚为高兴，命僧䂮传旨：

"罗什大师别住廨舍，朕赐予十妓女，使法种有嗣，此为保证大秦国法轮长转之大计。望长安僧众明了圣意之深远，以罗什大师精进不息、探求佛理为榜样。若效尤罗什大师畜室而行非法，此乃愚妄沙门，非佛弟子也。切记，切记！"

草堂寺内僧众皆呼万岁。

一片肃静中，罗什继续讲《自在王菩萨经》。

……

读者必定要问：罗什吞针了吗？

草堂寺的姚兴和众僧都亲眼看到罗什吞针，那就是真吞了。不过，只有罗什心里知道没吞。

但他的咽喉还是痛了三天，一直有针刺的感觉。"罪过，罪过！这是佛祖惩罚我。破了色戒，还要诳人，该受惩罚。"罗什自言自语。

第十八章　长安与庐山的对话

> 大目乾连言："彼世尊释迦牟尼如来今在何方？"彼
> 佛告言："大目乾连！彼世尊释迦牟尼如来现处东方。"
> 是时尊者大目乾连即向东方五轮着地，至诚敬礼世尊释
> 迦牟尼如来……
>
> ——《佛说如来不思议秘密大乘经》卷八

　　自四世纪初至五世纪初，大约百年左右，是中国佛教史上最激动人心的时期。佛教由西东来，如星星点点的火种，撒在敦煌、凉州、长安、洛阳、邺、襄阳、荆州、庐山、建康、会稽、长沙、广州……随着政权的兴衰，交通版图的改变，僧团领袖的辞世或迁徙，有的火种爆出几股火焰，有的则成燎原大火，灿烂辉煌，经久不息。中外高僧艰苦卓绝的弘法活动，佛教与儒道思想之间的冲突和互相摄取，佛教内部不同教派之间的激辩，形成特别壮观的历史画面。那是个南北分裂和战乱频仍的时代，然而佛教文化如雄奇的天鸟，振动强有力的翅膀，越过大河长江，高山峡谷，冲决异质文化构筑的壁垒，高翔在中国大地的上空。

　　佛教新纪元已经来临。中国的知识者渐渐拜倒在佛的脚下。

　　在鸠摩罗什入关之前的几十年，北方最主要的佛教中心是洛阳。随着神僧佛图澄的辞世和石赵政权的灰飞烟灭，洛阳寺庙坍毁，诵经声销歇。四世纪中期，道安带着一批弟子在北方弘法，饱经战乱，颠沛流离，百折不回，后来在襄阳得以栖身。此时，长安在前秦主苻坚的治理下，政治、经济、文化都出现安定繁荣的局面。继西晋竺法护之后，长安又成了北方主要的佛教中心。信佛的苻坚以国家力量支持译经，译场的规模今非昔比。东晋太元

四年(379),道安至长安,长安的佛教影响力大增。同时,西域高僧僧伽跋澄、鸠摩罗佛提、昙摩难提、僧伽提婆等相继集于长安,与道安共同译经。

五世纪的第一个年头,罗什入长安,迎来了长安佛教的鼎盛时期,如姹紫嫣红的春天,令时人心醉,让后人遐想。

让我们再看中国南方。

佛教跨过长江来到江南,早在二百年前的汉灵帝末年。西域高僧安世高——安息国的太子,是佛教种子在江南的最早播种者。当时北中国关中、洛阳战乱,安世高无法传教,于是振锡江南,经过雄秀的庐山,在烟波浩渺的鄱阳湖边超度了他昔年的同学,最后死在广州。安世高的故事很怪诞,怪诞中透露出佛教初至中国南方的消息。

佛教在中国南方为统治者所知,并作为一种宗教而立足生存,是在东吴时期。两个西域高僧是必须记住的:先是月氏高僧支谦,避乱来到江南,孙权悦其有才慧,拜为博士。支谦从黄武元年(222)至建兴(会稽王孙亮年号)中,译出《维摩诘经》等四十九种。稍后,康居高僧康僧会,于孙权赤乌十年(247)也来到建邺,搭了一座简陋的茅舍,设像行道。他用一枚坚硬无比的佛舍利,赢得孙权的叹服。孙权马上立庙造塔,名建初寺,江南佛教由此而兴。康僧会在建初寺译出众经,又传泥洹呗声。

佛教在江南落地后,在异质文化的土壤里顽强地生长。东晋元帝、明帝、简文帝、孝武帝皆信佛法,上层统治者中的著名人物如王导、何充、殷浩、郗超、王谧,都是佛教的坚定拥护者。江南除建业之外,庐山是又一佛教中心。东晋太元六年(381),道安弟子慧远来到庐山,庐山很快就成为道俗宗仰的佛教重镇。

在鸠摩罗什生活的时代,中国南北有三大佛教中心:长安、庐山、建康。由于南北分裂,北方多民族的政权变更频繁,致使南北交通常常中断。由长安至江南的僧人,多沿汉水流域南至武昌,再至庐山,最后抵达建康与会稽一带。凭借地理交通的原因,长安与庐山交往最频繁。佛典的流传,佛理的探讨,南北僧人的交流,也往往先在长安与庐山之间进行。

前秦苻坚时,道安、慧远天各一方,长安、庐山之间几乎不见交往。究其原因,前秦、东晋互成敌国,交通断绝,挡住了僧人由北至南的脚步。前秦覆灭,继之建立的姚秦,忙于同前凉吕隆、西秦乾归、魏拓跋珪作战。义熙元年(即弘始七年),刘裕遣使求和于秦,并求南乡等诸郡,姚兴居然许之,遂割南乡等十二郡归于晋。后秦、东晋关系和好,南北交通顺畅,骋使不绝。随之,长安、庐山南北僧团之间的交往和对话成为常态。特别是罗什入关后,译出大量佛经,带来了大乘般若为中心的佛学新义,长安与庐山之间的对话进入更友好、更精彩的层面。

对话的主角当然是罗什与慧远。一个是西域不世出的天才,一个是东土最博学的"护法菩萨"。中国佛教史上超一流的两个高僧,炳耀南北,各呈异彩,交相辉映。这真是罕见的人文现象,历史长河中短暂的精彩,精彩得让后人惊奇并且难忘。

大约在罗什至长安不久,后秦左将军姚嵩写信给慧远,告知西域高僧的到来。慧远得知后很兴奋。对于来华的西域高僧,慧远都抱着非凡的热情,因为他们带来佛经,带来佛教的新资讯。十年前,僧伽提婆至寻阳,慧远请重译《阿毗昙心经》及《三法度论》。每逢西域宾客,慧远总是殷勤咨访,何况是名满天下的鸠摩罗什。

其实,慧远早知罗什其人。太元十六年(391)于庐山重译《阿毗昙心经》,众僧上座就有竺僧根、支僧纯。僧纯早年在龟兹寻求戒律,见过罗什。[①]慧远知龟兹有鸠摩罗什,大概得之于僧纯。

慧远得姚嵩书后,立即致书罗什。信中说:从前远绝殊域,音译未交,闻风而悦,以形乖为叹。今则"有问则一日九驰,徒情欣雅味,而无由造尽。寓目望途,固已增其劳伫",极表不能晤面的怅惘和思念。又说从前虽未能扣问佛理的门径和遗灵,但"虚衿遗契,亦无日不怀"。最后赠送法衣器物,以表微诚。这封信写得感情真挚,极有文采。

罗什得慧远书及法物,感动不已,当即回信:

---

① 《出三藏记集》卷一〇《比丘尼戒本所出本末序》云:少年沙门鸠摩罗什从佛图舌弥为师,止王新僧伽蓝。舌弥不肯令《比丘尼戒本》东来,僧纯求之至勤。据此,东土知有罗什,或得之于僧纯。

鸠摩罗耆婆和南：既未言面，又文辞殊隔。导心之路不通，得意之缘圮绝。传驿来况，粗承风德。比复如何，必备闻一途，可以蔽百。经言末后东方当有护法菩萨，勖哉仁者，善弘其事。夫财有五备、福戒、博闻、辩才、深智。兼之者道隆，未具者疑滞。仁者备之矣。所以寄心通好，因译传意。岂其能尽，粗酬来意耳。损所致比量衣裁，欲令登法座时着，当如来意，但人不称物，以为愧耳。今往常所用锡石双口澡灌，可备法物之数也。并遗偈一章曰：既已舍染乐，心得善摄不。若得不驰散，深入实相不。毕竟空相中，其心无所乐。若悦禅智慧，是法性无照。虚诳等无实，亦非停心处。仁者所得法，幸愿示其要。（《高僧传》卷六《慧远传》）

罗什引用佛经，把慧远比作"东方护法菩萨"，勉励他善弘佛法。无疑，这是对慧远极高的评价。可以想像，罗什必定从姚嵩那儿了解到慧远的精神品格与深厚学问，否则不会轻易许之为"东方护法菩萨"，又赞扬他全部具备博闻、辩才、深智等各种弘法的条件。作为礼尚往来，罗什赠慧远澡罐一件并偈一章。

这章偈，不知有几人能解？相信大多数读者读此偈，茫然不知所云。汤用彤先生说："但即就其赠慧远偈一章言之，亦已理趣幽深，境界极高，颇可见其造诣之深。"汤先生大概觉得解这章偈不容易，索性全部移用熊十力的笺释。[①] 熊先生解释后评论道："详玩什师此偈，盖以资粮加行二位之间，而拟远公之所诣。其视远公亦可谓甚高，而所以诱而进之者复至厚。余尝谓什师非经师一流，盖实有以自得者。惜其自悲折翮而无造述。此偈仅存，至可宝贵。若引教详释，则不胜其繁，又初学困于名相，益难索解，故粗略释之云尔。"照熊先生的意思，罗什此偈视慧远佛学修养甚高，勉励其更上层楼。至于这偈本身的意义，很难详释。要读懂熊先生的解释已经不容易，更遑论索解偈的奥义深旨了。所以，面对罗什之偈，我们只能"叹为

---

① 见汤用彤《汉魏两晋南北朝佛教史》第十章。

观止"，以不了了之。不过，大体可以确定的是，罗什此偈，主要是阐发大乘实相无相之义。

可能在罗什答慧远书不久，慧远又致书罗什。信中说："去月法识道人至，闻君欲还本国，情以怅然。"慧远先前听说罗什将要大出诸经，便打算向他请教经中的疑问。现在风闻罗什欲还龟兹，感到莫大遗憾。乘罗什还在长安，写下经中疑问数十条，请其闲暇时解释之，并赠偈一章："本端竟何起，起灭有无际。一微涉动境，成此颓山势。惑想更相乘，触理自生滞。因缘虽无主，开途非一世。时无悟宗匠，谁将握玄契。来问尚悠悠，相与期暮岁。"此偈大致阐述对法身的看法，以为法身起灭于有无之际，非起非灭，若有若无。虽一微而涉动境，即成颓山势。惑想相乘，触理生滞。慧远的法身观念，是与罗什之学有距离的——比如罗什就否认一微的存在。

罗什对慧远的数十条疑问一一作了回答，后人辑成《大乘大义章》三卷，保存在刘宋时的中书侍郎陆澄撰写的《法论目录》中。以下是慧远、罗什问答的内容目录：

《问如法性真际》《问实法有》《问分破空》《问法身》《重问法身》《问真法身像类》《问真法身寿》《问法身非色》《问法身感应》《问修十二相》、《问法身佛尽本习》《问念佛三昧》《问遍学》《重问遍学》《问罗汉受》《问住寿》《问后识追忆前识》《问四相》。（见《出三藏记集·杂录》卷一）

多么抽象，多么玄之又玄的问题。这是哲学之上的哲学，高入云霄的哲学，无上的哲学。嗅不到烟火味，没有杂质，像是来自别一世界的透剔空明的结晶。我们惊叹，人类的思维可以抵达如此奥妙的境地。迄今为止，还没有看到佛学研究家深入细致地解析这些问答，以便让一般读者理解。笔者也无力解析问答的具体内容，只能大体把握两位高僧的各自立场，以及对话的基本意义。

他们的对话，主要集中在菩萨的法身问题上。法身（与法性同义）是可见还是不可见？慧远以为可见。他问道：佛于法身中为菩萨说经，说明菩萨能见到法身。既然可见，则法身与眼识所见的诸色没有差别。但佛经说，法身无来无去，无有起灭，泥洹同相。这是说法身不可见。怎么解释呢？

罗什回答说：法身是"非色之物"，因为触不到（不能触摸到它的存在），"如镜中像、水中月"，好像存在，但无触，那就说明不存在。法身也是如此。"佛法身者，出于三界，不依身口心行，无量无漏诸净功德本行所感，而能久住，似若泥洹。真法身者，犹如日现。"意思是法身出于三界（欲界、色界、无色界）之外，不依傍身口心行，但它永恒不变，同泥洹一样。罗什又说：法身虽永恒不变，但终归空无，其性空寂，法身实相无来无去。佛虽以法身说经，但其性不生不灭。①

这一条问答，可大致概括他们之间的分歧：慧远以为法身是可形的，罗什却认为法身无形，久住如泥洹，无来无去，无生无灭。

罗什的解答，并不能消除慧远的疑惑，于是重问法身。他质疑罗什所谓"法身无去无来，无有起灭"的说法，以为既然说"法性生身"，那么受生之际，必资余垢以成化，换言之，生必有所由生之因，才有所生之果。如果因果已断，生便无由得起。由此可见，慧远以为法身有形，而有形物质所生，是因之果，如四大所化。

为此，罗什又详细解答，称慧远之说为"戏论"。他说："大乘法中幻化水月，但诳心眼，无有定法。又小乘经说，化人为何界所摄，答无处所。今以大乘法，论说法身。无有四大五根幻化之事，肉眼所见，尚无所摄，何况法身微妙耶？是故但无三界粗四大五根耳，为度众生，因缘故现，缘尽则灭。"认为法身无定法，肉眼所见的四大五根，是为度众生，故显现因缘。这实际上否定慧远所说的生之所以为生，是因果形成的实有之相。罗什不承认四大之化为实有，也不承认因缘和合为实有，"如一有为法，皆虚妄不实。有为法者，即是五阴。五阴中最粗者，所谓色阴。若然者，虚妄之相。"总之，世间一切有形物质，皆虚妄不实。至于眼睛看到的色阴，那是最粗鄙的虚妄之相。

法身之外的其他问答，太过专门，只能从略了。罗什与慧远对话的分歧，在于大乘中观学与小乘经典的不一致。自汉以来，精灵起灭、因果报应是佛教的基本理论。魏晋以来的义学僧演说《般若》，也多言色空及神存形

①　以上《初问答真法身》，《鸠摩罗什法师大义》卷上。

灭之说。而罗什以非有非无的中道实相,破小乘生灭无常诸义。以慧远为代表的中土僧人闻所未闻大乘中观学,他们关于法身、因果、因缘、四大、五根等一系列解释物质与精神世界的看法,仍然是因果相寻的传统思维套路,所以对于罗什所说的法身"无去无来,无有起灭"的中观学说,终究难以理解。因不解,慧远不断问;因对方仍不懂,罗什反复答。结果,慧远依旧固执地认为法身可见。罗什曾感叹:"今在秦地深识者寡,折翮于此,将何所论。"虽然不是为慧远而发,但从他与慧远之间的问答看来,确实"深识者寡"。岂止秦地,南方高僧中,同样不见深识者。

除慧远外,南方还有一个著名的佛教居士王谧,也不断写信给罗什,请其解惑释疑。东晋的王氏是首屈一指的望族,王谧的先辈王导、王珣、王珉、王劭,都与佛教有密切关系。史称王谧钦慕释道安,遥致师敬。据此,王谧可能是慧远的在家弟子。他深研佛理,得知罗什至长安,致书请教。据《出三藏记集》卷一二陆澄《法论目录》,王谧问,罗什答的目录有二十多项:

《问实相》、《问涅槃有神不》、《问灭度权实》、《问清净国》、《问佛道成时无有》、《问般若法》、《问般若称》、《问般若知》、《问般若是实相智非》、《问般若萨婆若同异》、《问礼事般若》、《问佛慧》、《问权智同异》、《问菩萨发意成佛》、《问成佛时断何累》、《问得三乘》、《问三归》、《问辟支佛》、《问七佛》、《问不见弥勒不见千佛》、《问佛法不老》、《问精神心意识》、《问十数法》。

可惜王谧与罗什的对话的具体内容早已散佚。从这些目录不难发现王谧关注和感兴趣的佛学问题相当广泛,特别对般若兴趣尤浓。这与当时般若经典的翻译和般若学说的流行有关。中国南方盛行玄学,而般若学说与玄学所讲的"空无"相似,王谧一再问般若,或许正是意识到般若与玄学的相似,反而去追求般若的确解。

慧远、王谧分别与罗什的对话,充分显示了罗什的巨大影响。甚至连慧远也把罗什看作解疑祛惑的佛学大师。保存在《大乘大义章》中的罗什的解答,是他佛学思想的代表作。深邃玄妙,是中国佛教经论中的巅峰之作。

罗什虽称慧远关于法身的理解为"戏论",但当后者撰成《法性论》,罗什读后叹曰:"边国人未有经,便暗与理合,岂不妙哉!"为什么罗什称赞《法性论》暗与佛经相契？原因是中土未有泥洹常住之说，仅言寿命长远而已。慧远在从未接触大乘中观学的情况下，却得出了"至极以不变为性，得性以体极为宗"的结论，这与罗什的思想一致——罗什以为法身不生不灭，永恒不变，与泥洹一样。罗什称赞《法性论》，盖在于此。

再说姚兴读完《法性论》后，也十分佩服慧远的名德与才思，殷勤致书，馈赠不断。赠以龟兹国细缕杂变佛像，又令姚嵩献其珠像。弘治七年（405），罗什译毕《大智度论》、《释论》。大概是《大智度论》太重要了，罗什的高足弟子无人敢动手作序。姚兴派人将新译的《大智度论》送至庐山，并附一信。信中说："《大智度论》新译讫，此既龙树所作，又是方等旨归，宜为一序以申作者之意。然此诸道士，咸相推谢，无敢动手。法师可为作序，以贻后之学者。"姚兴的信，最能体现长安僧团对庐山慧远的无比尊敬和信赖。

慧远读信，深感姚兴托付之重，开始认真披览《大智度论》。这部龙树的代表经论，据僧叡说，有三百二十万言。罗什考虑到秦人尚简略，"裁而略之"，仅译出三分之一，得一百卷。若全部译出，有一千多卷。即使一百卷经论，也够慧远费时数月了。老和尚精力好，读完经卷，作《大智度论序》，复函姚兴，自谦"怀大非小褚所容，汲深非短绠所测"，"缘来告之重，辄粗缀所怀，至于研究之美，当复期诸明德"。意思自己浅陋，不测经论之深，研究尚须期待高明。慧远的序文早佚，无法见其见解；姚兴及罗什弟子对慧远序文的反应，也一无所知。唯一确知的是：慧远以为《大智度论》"文句繁广，初学难寻"，便抄录其中的精要，编为二十卷，又作了序，目的使学者事半功倍。慧远编《大智度论抄》，是认识到天竺佛教经典的文繁意广的特质而采取符合中国读者的删繁就简的方法，与罗什译出时的"裁而略之"同样的思路，都体现佛教如何中国化的意图和手段。《大智度论》的译出与传播，是长安和庐山共同工作的结果，南北僧团的相互尊重，真诚对话，精诚合作，谱写了中国佛教史上的一段佳话。

罗什入关，在当时是佛教界的大事。四方沙门络绎不绝奔向长安，投于西域高僧门下受业。这股潮流也影响到庐山的僧团。大约在弘始七年（405），幽栖庐山七年的竺道生与同学慧叡、慧严、慧观等来到长安，从罗什受业。道生原来在庐山修习僧伽提婆小乘一切有部之学，一接触到罗什译出的《百论》、《大智度论》、《释论》所代表的中观学，眼前顿时呈现一片理论新境，简直目眩神迷。

在什门弟子中，竺道生、僧肇年纪较轻，两人早年都从《庄》《老》进入学问的殿堂，后皈依佛教，而且都沉迷哲思，慧解超人一等，相似之处甚多，常常切磋佛理。罗什重译《维摩诘经》后，僧肇开始注解此经。他的注解既能深切证知佛理，文体又优美，关中诸僧无不称道玩味。道生对僧肇注很佩服，不过，他以为还能进一层的开掘。后来，竺道生再注《维摩诘经》，在僧肇注外"更发深旨，显畅新异，讲学之匠，咸共宪章其所述"。（《出三藏记集》卷七《竺道生传》）道生日后有大成就，这与南北佛学熏陶有关，也是佛学与玄学交融合流的结果。竺道生是南方义学僧理论品格的典型代表，玄学的得意忘言，清谈家"辞清珠玉"的口辩才能，再融合外来的中观般若学说。

大约在弘始十年（408）夏天，竺道生从长安南归，于庐山停留了一段时间。他带来了僧肇的《般若无知论》给隐于庐山的刘遗民看。道生把僧肇著作带到庐山的目的，一是欣赏这篇论文的新理和文采，二是有意让庐山的僧人了解长安的佛学进展。刘遗民读了《般若无知论》，非常欣赏，把僧肇比作魏末的著名玄学大家何晏，然后迫不及待把论文送给慧远看。慧远边读边拍案叫好，说是从未见过此等高论。读毕，刘遗民、慧远探寻此论的义理，列出数条质疑，于这年底由刘遗民致书僧肇说："……去年夏末，见生上人《般若无知论》，才运清俊，旨中沉允，推步圣文，婉然有归。披味殷勤，不能释手，真可谓浴心方等之渊，悟怀绝冥之肆，穷尽精巧，无所间然。但暗者难晓，犹有余疑。今辄条之如左，愿从容之暇，粗为释之。"

这封信由慧明道人带到长安，时间已是弘始十一年（409）了。到了这年的八月十五日，僧肇致书刘遗民，并送去回应后者质疑的解释。僧肇、刘遗民的书信往返，再现了当时长安、庐山僧团活动的历史画面，可以看到南北佛教的交流以及佛学差距。刘遗民写道："古人不以形疏致淡，悟涉则亲。是以虽复江山悠邈，不面当年，至于企怀风味，镜心像迹，仁悦之勤，良以深矣。缅然无因，瞻霞永叹，顺时爱敬。冀因行李，数有承问。伏愿彼大众康和,外国法师休纳。"(见《肇论》)僧肇答刘遗民书,一样的相思和祝愿:"服像虽殊,妙期不二;江山虽邈,理契则邻。所以望途致想,虚襟有寄。"刘遗民在信中还介绍庐山僧人和慧远修习精进不息:"此山僧清常,道戒弥励。禅隐之余,则惟研惟讲。恂恂穆穆,故可乐也。……远法师顷恒履宜,思业精诣,乾乾宵夕,自非道用潜流,理为神御,孰以过顺之年,湛气若兹之勤?"僧肇则称美慧远"胜常",表达敬意之后,叙述长安佛教高僧云集,大兴佛法的盛况:"什法师于大石寺出新至诸经,法藏渊旷,日有异闻。禅师于瓦官寺教习禅道,门徒数百,夙夜匪懈,邕邕肃肃,致可乐也。三藏法师于中寺出律藏,本末精悉,若睹初制。毗婆娑法师于石羊寺出《舍利弗阿毗昙》胡本,虽未及译,时问中事,发言新奇。①贫道一生,猥逢嘉运,遇兹盛化。"毫无疑问,长安、庐山的僧团,都很清楚对方的佛教活动。

从僧肇《致刘遗民信》又可知道,刘致书僧肇至肇回信这段时间里,有一个威道人从庐山到长安,带来了刘遗民的《念佛三昧咏》及慧远的《三昧咏》及序。所谓念佛三昧,这是属于禅定修习的方法,即以内视之定力,观想佛身。《大智度论》卷七说:"念佛三昧有二种:一者声闻法中,于一佛身,心眼见满十方。二者菩萨道于无量佛土中,念三世十方诸佛。"②因见诸佛,故名念佛三昧。慧远带领僧俗弟子修习念佛三昧,并形之于咏唱,结集为《念佛三昧咏》,又亲自作序。僧肇读了慧远《三昧咏》及序,评论道:"此作兴寄既高,辞致清婉,能文之士,率称其美。可谓游涉圣门,扣玄关之唱也。"可见长安"能文之士"欢迎并称赞慧远及门徒的《念佛三昧咏》的创作。

僧肇信中还问刘遗民:"君与法师当数有文集,因来何少?"诧异庐山僧团的文集为什么很少传至长安,表现出他对庐山的极大关注。因为关注,所以把自己的《维摩诘经注》托庐山信使交付刘遗民:"君闲详,试可取看。"

长安与庐山的对话,主角是姚兴、罗什、慧远。僧肇、刘遗民也是重要角色。上面这些从历史的死海中打捞出来的文献,大致可以再现当年南北两

---

① 据汤用彤说:此中所谓禅师者,当指佛陀跋多罗。三藏法师者,佛陀耶舍。毗婆娑法师,乃昙摩耶舍及昙摩崛多二法师。

② 鸠摩罗什《大乘大义章》谓有三种念佛三昧。

大僧团交流的历史图景。

　　长安、庐山虽江山邈远，人隔形疏，但隔不断相互思念，相互爱敬，还有衷心的祝愿。读姚兴、罗什与慧远之间的通信，读刘遗民致僧肇书，相信后人无法不感动，并遐想当年的信使击楫江流、翻山越岭，往返长安与庐山的艰辛。世俗政权之间，唯利是图，各自强调所谓的"核心利益"，不可能开诚布公，相反，常常有算计和阴谋。而文化无疆域，友谊无国界。文化价值高于世俗政权，它的生命要远长于国家的兴衰始末。佛教自传入中国二千年来，至今仍转法轮；相反，多少国家灰飞烟灭。长安与庐山的僧团，都是佛弟子，同怀探讨佛理的激情，共有弘扬大法的精神，交流切磋，真诚对话，思念为劳。共同的宗教信仰，能使人心息息相通，战胜任何政治偏见，突破一切人为的阻隔。为天下公器——学术而献身者，必定不为地域和国界所囿。慧远曾说："我佛法中情无取舍。"意思是佛法唯真理是从。学术至上，即真理至上。唯有真理无价，真理常住。世俗政权与真理相比，不过云烟过眼，转瞬成虚无。罗什时代长安与庐山对话的终极意义，在于表明文化至上，学术至上，信仰和真理超越一切。

第十九章　佛驮跋陀罗事件

> 佛告阿难："……以如是等诸恶因缘故，乃于师长不生恭敬尊重等心，亦复不能承事供养；由不尊敬彼师长故，即不见法；以不见法故，即于苾刍众中不正观察；由不正观察故，乃兴斗诤。"
>
> ——《佛说息诤因缘经》

长安与庐山的对话殷勤款诚，长安僧团内部却因宗派不同而发生冲突。这就是影响一时的佛驮跋陀罗事件，长安佛教鼎盛之时的一件憾事。

佛驮跋陀罗，华言觉贤。据《高僧传》，佛驮跋陀罗生于北天竺，迦维罗卫人，甘露饭王之苗裔。祖父达摩提婆，华言法天，曾在北天竺经商而家于此。父达摩修耶，华言法日，早亡。觉贤三岁而孤，由母亲抚养。五岁，又丧母，为外氏所养。从祖鸠婆利，闻其聪敏，并怜悯其孤露，接走觉贤，度为沙弥。十七岁时，与几个同学习诵佛经，别人一月，他一日诵毕。老师称叹道："觉贤一日敌三十人也。"觉贤受具足戒后，博学群经，以禅律驰名，与同学僧伽达多共游罽宾，受业于大禅师佛大先。达多与觉贤同处多年，虽佩服其才明，却不测其底细。后来达多在密室中闭门坐禅，忽然看到觉贤来，惊问从何而来。觉贤回答："暂至兜率，致敬弥勒。"[1] 说完，隐没不见。达多知是圣人，更难测其深浅。之后屡见觉贤神灭，便恭敬地询问，方知已得不还果。[2]

---

[1] 弥勒：菩萨名，华译为慈氏，现住在兜率天内院，是一生补处菩萨，将来当于住劫中的第十小劫，人寿减至八万岁时，下生此界，继释迦牟尼佛之后，为贤劫之第五尊佛。

[2] 不还果：声闻乘四果之一。梵名阿那含，断尽欲界九品之修惑，不再还生于欲界之圣者之位。此不还果之圣者，有五种七种九种之差别。

佛驮跋陀罗常想游方弘化大法,观瞻各国风俗。行游诸国以弘佛法,是佛的遗意,佛教最重要的宗教实践,也是高僧的普遍品格之一。何况,罽宾是诞生高僧的地方,佛教史上最早来到东土传法者,不少是罽宾僧人。

佛驮跋陀罗东至长安的机缘是中国僧人智严的诚恳邀请。智严,西凉州人,弱冠出家,以精勤著称。常以为本地荒僻,志欲博学名师,广求佛经,加入了西去求法的行列,来到罽宾,入摩天陀罗精舍,从佛大先比丘咨受禅法。智严学了三年,而所得超过十年。佛大先见智严禅思有绪,十分器重。本来,罽宾轻视秦地沙门,由于智严学业优异,从此尊敬东方远来的沙门。

觉贤、智严同是佛大先的弟子,实是师兄师弟。当然觉贤受业在先,已得不还果,是罽宾著名禅匠。一天,智严问佛大先:"师父,弟子欲求一禅匠,随弟子回长安弘法。师父以为罽宾何人可以教习禅法?"佛大先不假思索,"可以振维僧德,宣授禅法者,佛驮跋陀罗其人也。"

智严大喜,谒见觉贤。

"觉贤大师,东土禅法罕闻,大师志在游方,弘化大法,贫道诚邀大师往东土教习禅法。"

"游方弘法确是贫道之志,但贫道门下弟子不愿我离去。"

"秦地弟子更多,更迫切希望大师教授禅法。罽宾禅师不少,可让弟子改换门庭,不废修习。"

"容我深长思之。"

"窃以为不必多虑,佛大先师父亦以为唯有大师您能振维僧德。"

智严苦苦相邀,诚意感人。佛大先也当面勉励觉贤,以为弘法东土,比在罽宾有意义得多。希望能看到佛祖一脉相承的真禅法,在东土发扬光大。

佛大先的勉励与期望,坚定了他往东土宣授禅法的决心。确实,再没有一件事比让佛祖的真禅法弘扬东土更重要、更有意义。佛涅槃后,佛弟子宣讲佛法,化及众生,充满了责任感和使命感。佛教在东土不断壮大的原始动力,正是源于弘法高僧的责任和使命。

西域高僧来华多数走陆路,走海路的比较少。后者的艰险丝毫不亚于前者。跋涉在高山之上,苦度于流沙之中,不管怎么说,总是脚踏大地,有一种踏实的感觉。漂泊万顷波涛之上，不辨东西，茫无涯际，随时可能葬身鱼腹，尸骨无收。还有风急浪高，杀人越货的海盗。每一个来华的高僧，都有一段坎坷难忘的故事。觉贤的故事，极有传奇性，每一步跋涉，都惊心动魄。

且说觉贤辞别佛大先，负粮东往，路上足足三年。先是翻越葱岭，层峦叠嶂，雪峰连绵千里。度悬崖，仰之高入云霄；过深谷，俯之若不见底。上山飞梯悬蹬，下山援绳挂索。度越葱岭后，又经六国，得到国主的资助。至交趾，附商船海行。①传至一岛下，觉贤举手指山，"可泊于此"。船主不同意，说是顺风难遇，应抓紧时间前行，不可停也。船行了二百余里，突然顺风变为逆风，将船吹到觉贤原来所指的山下。船上人这才悟出觉贤神奇，把他看作老师，船停船开，一切听其指挥。后来遇顺风，同行的别的船都扬帆启航，只有觉贤说不可动。船主上次吃了亏，这回听从觉贤不走了，而先发者全部沉没。一次半夜时，觉贤忽然命令众船俱发，可是无人肯听。觉贤独自收起缆绳，一船独发。一会儿来了海盗，不走者全遭海盗抢劫。

三年的陆路、海路的艰苦跋涉，终于达到青州东莱郡。

觉贤听说罗什在长安弘法，欣然而至。此时是后秦弘始十年（408）四月。

觉贤来到长安，罗什十分高兴。数十年前在罽宾时，佛大先之名如雷灌耳。现在，佛大先的高足抵达长安，带来了大禅师的消息，罗什特别觉得亲切，留学罽宾的情景重又出现在眼前。他端详觉贤：五十左右，脸色黝黑，那是海水、海风和阳光染成。眼神平静，那是内心澄静的表征。言辞不多，往往三言二语，学问的深博便在其中。

---

① 《高僧传》三《智严传》谓佛驮跋陀罗"踰沙越险，达自关中"。《高僧传》二《佛驮跋陀罗传》记载不同，谓既度葱岭，路经六国，至交趾乃附舶至青州，再至长安。汤用彤以为由海路而至"殊不可信"。然《佛驮跋陀罗传》记其语弟子云："我昨见本乡有五舶俱发。"则觉贤来华经海路未必虚诳。又《华严经传记》亦云觉贤由海路至长安。吉藏《三论玄义》卷上亦云："秦弘始七年，天竺有刹利浮海至长安，闻罗什作大乘学"云云。刹利，刹帝利之略，印度四种姓之一。此指佛驮跋陀罗。故本书从《高僧传》二《佛驮跋陀罗传》。觉贤海上跋涉之情况，与法显《佛国记》记海上返程同样生动，可以并观。

　　在大寺,罗什曾与觉贤共论法相。

　　法相,泛指一切事物的相状、性质、名词、概念及其含义等等。[①]两人共论法相的具体内容及各自的见解,均不可考。《高僧传》只是说:"振发玄微,多所悟益。"何人"振发玄微"? 何人"多所悟益"? 不得而知。隋吉藏《三论玄义》卷上里面,有一段记觉贤和罗什谈论大乘学。吉藏说:"秦弘始七年,天竺有刹利浮海至长安,闻罗什作大乘学,以《正观论》等咨而验之,什公为其敷析,为顶受绝叹不能已已。白什公曰:'当以此明震晖天竺,何由蕴此摩尼乃在边地? 我在天竺闻诸论师深怪罽宾小乘学者鸠摩罗陀自称朗月之照,偏智小才,非此喻也。'。"这位浮海至长安的天竺刹利,就是佛驮跋陀罗。他以《正观论》(即《中论》)咨问并验证罗什是否传播大乘学。罗什为其讲析大乘学,觉贤佩服得不得了,对罗什说,应当用《中论》等大乘佛教照亮天竺,为什么把这样的摩尼(珍宝)蕴藏在边远的中国? 我在天竺听说诸多论师都深怪罽宾小乘学者鸠摩罗陀自比朗月之照,这样偏智小才,怎能以朗月自比? 假若吉藏的话可信,那么,"振发玄微"的是罗什,而"多所悟益"的是觉贤。

　　但细读《高僧传》卷二《佛驮跋陀罗传》,吉藏的话可能与事实不符。传云:"共论法相,振发玄微,多所悟益。因谓什曰:'君所释不出人意,而致高名何耶?' 什曰:'吾年老故尔,何必能称美谈。' 什每有疑义必共咨决。"假若罗什"振发玄微",使觉贤"多所悟益",或者如吉藏所说,觉贤听罗什敷析大乘学后,"为顶受绝叹不能已已",对罗什佩服至极,那就很难理解觉贤轻视罗什,说什么"君所谈不出人意,而致高名何耶"? 觉贤并不买罗什的账,当面说罗什浪得虚名。

　　罗什名满天下,长安僧众奉之若神,可觉贤居然以为罗什所释并未新意,可见觉贤义学水平不在罗什之下。面对觉贤不饶人的词锋,罗什表现出笃性仁厚的个性,谦虚回答:"我年老故尔,何必能称美谈。"而且每有疑义,必与觉贤共同探讨。

---

① 《大乘义章》卷二:"一切世谛有为无为,通名法相。"

当时，太子姚泓想听觉贤说法，便邀群僧集于东宫共论精义。觉贤与罗什为主客，数番往复。

罗什问："佛法所谓空指什么？"

觉贤答："众微成色，[①] 色无自性，故唯色常空。"

罗什又问："既以极微破色空，那么以何破一微？"[②]

觉贤答："群师或破析一微，我意谓不应如此。"

罗什又问："微是常耶？"[③]

觉贤答："因一微故众微空，以众微故一微空。"

当时，从觉贤受业的宝云译出以上二句，不解其意。道俗都说觉贤所说的微尘是常住无灭的。过了一段时间，长安义学僧再请觉贤解释。觉贤说："夫法不自生，因缘和合而生。缘一微之故，以成众微。微无自性，则为空矣。怎么能说不破析一微，常住不空乎？"罗什与觉贤所论，实质乃是一微是住还是空的问题。罗什问："微是常耶？"其意是微亦是空，不是常住不灭。觉贤"因一微故众微空，以众微故一微空"二句，长安道俗误解为微尘是常。其实觉贤的解释很清楚：法不自生，缘会故生，微无自性，为空。故一微缘会而生成的众微亦空。道俗却误解觉贤主张微尘是常。不过，觉贤说空，毕竟与罗什说空有区别。前者以为有极微，后者否认有极微。罗什是彻底空。[④] 由罗什与觉贤往复辩论极微，说明大乘空宗内部也有分歧。

自罗什抄录众家禅法，译出《禅要》三卷及《禅法要解》后，长安坐禅者常有千数。觉贤是西域有名的禅匠，至长安后，大授禅法，僧众慕名而从之，门徒数百。他所传递的禅法，传承有绪，上承小乘佛教的一切有部，可以说

---

① 微，微尘。色，唯有形之万物。众微成色，众多微尘构成可见之外物。

② 一微：同"一微尘"。极微分子，为物质之最小者。《首楞严经》三曰："反观父母所生之身，犹彼十方虚空之中，吹一微尘，若存若亡。"极微虽不可见，然毕竟是有，故曰"极微破色空"。复云"以何破一微"，意谓一微尘又如何破析。

③ 常，此谓常住，无生无灭。

④ 《大般若波罗蜜多经》卷五七七说："如来说极微聚即为非聚，故名极微聚。"意思极微是空，极微是名为极微，是假名。罗什学问主大乘空宗，以为极微为非有，极微不过是假名。

是正宗禅法。慧观《修行地不净观经序》简述佛涅槃后禅法的流传：阿难奉佛旨诵出禅经，传至摩田地，次传含那婆斯。佛涅槃百年后，禅法有五部之异，深浅殊风，支流各别。后来，佛所传的禅法传至罽宾，有禅师富若蜜罗，再至弟子富若罗。此二人是罽宾的第一教首。富若罗去世二十余年，传至昙摩多罗、佛陀斯那（一译佛大先）。佛陀斯那化禅法于罽宾，是第三训首。佛驮跋陀罗为佛陀斯那弟子。佛陀斯那考虑到震旦无纯正的禅法，故遣弟子佛驮跋陀罗携禅经至东土，使东方沙门能辨别禅法之真伪。[①] 如果我们相信慧远所说，那么，觉贤来东土传授禅法，主要应当出于佛大先的旨意：东土无纯正的禅经和禅匠，觉贤肩负着阐扬佛祖真传禅法的重任，伟大的使命必须由你觉贤完成。于是，我们也恍然有悟：与觉贤的禅法相比，罗什抄撰的《禅要》，简直像是一种拼盘杂脍。不信来读慧远《庐山出修行方便禅经统序》："顷鸠摩耆婆宣马鸣所述，乃有此业。虽其道未融，盖是为山于一篑。"说罗什所述的禅法来自马鸣，并称"其道未融"，"为山一篑"。是否有明显的轻视之意？

弘始十一年（409），罗什在大寺译《中论》四卷。姚兴率领奉佛的群僚，以及数千沙门，大集译场。又命僧䂮往逍遥园，邀觉贤至大寺相助译事。

当僧䂮来到逍遥园的僧舍，觉贤弟子宝云正处于禅定状态。僧䂮不敢打扰，在僧舍外静等。约半个时辰，宝云结束禅定，问僧䂮何事来逍遥园。僧䂮告明来意，问："觉贤法师何在？"宝云答："法师在竹林坐禅。"并带僧䂮谒见觉贤。离僧舍百步开外的密密的竹林深处，此刻，觉贤盘腿坐于蒲团上，双目微闭。僧䂮、宝云蹑手蹑脚地走进竹林，一丛幽篁里传来爽朗的问语：

"䂮法师，贫道有礼。贫道坐禅，恐怕不能随法师至大寺。"

僧䂮大奇，"觉贤法师，怎知贫道邀法师至大寺？"

觉贤："禅境澄明，贫道于澄明之境中，已看到大寺热闹非凡的场面。"

僧䂮："皇帝陛下命贫道邀法师去大寺共助译经。"

---

① 见《出三藏记集》卷九。同卷慧远《庐山出修行方便经统序》所述与慧观《修行地不净观经序》略同。

觉贤："请翾法师禀告皇帝陛下，贫道不精《中论》，华言亦未娴，恐难以助译。再说禅法之要是照不离寂，寂不离照，贫道喜静喜寂，不堪人声鼎沸之地。请翾法师明鉴。"

说毕，双目微闭，又像入禅的样子。

僧翾见此，只能快快而归。

事后，觉贤与宝云说起不随僧翾去逍遥园的事，以为长安坐禅者虽多，但其中不少往来宫阙，盛修人事，未能做到心迹双绝，此最不利于习禅。觉贤的看法实际上指出了长安僧团存在的问题。姚兴大兴佛法，优厚供养三千余僧人，固然使长安成为北方首屈一指的佛教中心，无论译经和讲经都呈现空前繁荣的局面，但世俗权力的过分介入，供养过于优厚，也会影响僧人的修行，禅心被物质欲望所污染。姚兴逼罗什受十个妓女，别住廨舍，少数僧人效尤，便是佛教的清净受污染的典型例子。

觉贤显然仍旧保持着洁净。佛祖亲自传授下来的禅法和戒律，塑造了他守静的品格，完全不同于长安那些"往来宫阙，盛修人事"的僧人。

可以想像，作为罽宾最著名的禅师佛大先的弟子，姚兴必定也给予丰盛的供养。他却一概辞谢不受，或者散给年老的僧人，自己常常带着慧观、宝云等弟子外出乞食。当觉贤与弟子们穿着袈裟、托着瓦钵在城内穿街过巷时，民众肃然起敬，乐于供养，欢喜称赞，因为比丘乞食越来越少见了，而乞食的比丘才算是道行高尚的比丘。觉贤等乞食得足，便回逍遥园精进坐禅。

觉贤及其弟子和罗什及其弟子，虽然宗派不同，禅法有异，但起初相安无事。时间稍久，由于觉贤弟子言语不慎，引发了严重的冲突。

风波起于觉贤的一句话。觉贤曾对弟子说："我昨天看见本乡有五条船一齐出发。"本乡，指天竺。五条船出发往何处？觉贤当时没有说。据后来发生的故事，这五条船的目的地是中国。觉贤身在长安，岂能看见天竺五条船一齐出发？这当然是出于常识之外的事。不过，觉贤是能"暂至兜率"、屡次"神变"的高僧，已证得不还果。如果我们相信《高僧传》的记载，那么，能看见远在天竺的五舶，自然不算难事。问题出在他的弟子中有人将他的这句话讲给外人听,随之引起关中僧人的质疑和攻击,称觉贤"显异惑众"。

事情并不仅止于此。四方喜禅者听说罽宾的大禅师来到长安,纷纷跟随觉贤学禅,虽不如罗什有弟子三千,少说也有数百。任何一门学问或技艺,学习者因天分、功力的差异,所悟所得必定有深有浅,有多有少,方法有浓有淡。况且人多必杂,良莠不齐,即使守戒僧人,也不可能个个精进不殆,一心诵经坐禅。觉贤众多弟子中,难免有浇伪之徒。有个弟子仅仅学得禅法的一点皮毛,就不肯如禅理继续修习,大话称已得阿那含果。① 觉贤弟子多,忙于教授禅法,虽然听说有个弟子大言诳人,却未及时追查、制止,以致流言在外,引起长安僧众的一片哗然,呵斥之声沸反盈天。

僧䂮、道恒带着一百余个沙门找到逍遥园。觉贤正在给弟子讲授禅法。僧䂮、道恒一批人也不通报,直闯进来。法堂里一阵骚动。一些预先得到风声,晓得僧䂮要来逍遥园问责的机敏沙门,偷偷从后门溜出去。

僧䂮一脸严肃,问觉贤:"觉贤法师,那个声称已得阿那含果的沙门在哪儿?"

"昨天已为贫道驱逐出逍遥园。"觉贤平静地回答。

僧䂮看着觉贤:"长安僧主乃是贫道,不是你觉贤法师。从僧录除名是贫道的权力!"

"贫道有收门徒之权,亦应由除名之权。"觉贤仍旧平静应对。

"嘿嘿,觉贤法师,门下须除名者,恐怕不止那个得阿那含果之人吧?"僧䂮语带讥讽,面向法堂内的僧人:"你们之中,还有谁得阿那含果,贫道倒要见识见识。"

僧众噤若寒蝉。

又有一些人不声不响地溜出去。

僧䂮转过脸,"觉贤法师,恕贫道直言,法师门徒虽众,却少有观行,多诳言惑众者。法师难道不觉得有责任吗?"

觉贤默然。智严则愤愤不平,直面僧䂮:"䂮法师言之过重。觉贤师门

---

① 阿那含果:小乘四果中之第三果,梵语阿那含果,汉言不来,意谓得此果位者,不再来人间受生死。

徒数百，少有观行者毕竟少数，多数喜静乐禅，并非诳言惑众之流。觉贤师于个别浇伪之徒亦有觉察，只是……"

"智严，不必辩解，清者自清。"觉贤打断智严。

僧䂮也看着智严："你还辩解什么！听听长安城内的呵斥之声吧！贫道作为僧主，清理僧团乃我职责所在。凡大言不惭，诳言惑众，少有观行者，一律从僧录除名，还我长安佛教兢兢业业，光明正大！"

更多沙门惶恐地溜出去。

僧䂮看看法堂内已经稀稀拉拉的景象，丢下一句话："觉贤法师，三天之后贫道再来清理。"说罢，拂衣而去。

哪里用得到三天？仅仅半天之中，觉贤门下徒众纷纷悄然离去，有的甚至翻墙夜走，赶快逃离，免遭不测。往日济济洋洋，如今只存智严、宝云等数十沙门。宝云见离散殆尽，未免感叹。

觉贤颜色平和如常，对宝云说："云法师，你也走吧。不在长安，也能修禅。"宝云若有犹豫，觉贤催促道："赶快离开长安，择一幽静所在，以保闲寂。"宝云方才恋恋不舍与觉贤道别。

第三天，僧䂮、道恒等来到逍遥园，对觉贤说："世尊不许说自己所得法术。你先前说天竺五舶将至，此为虚而无实，显异惑众。又门徒诳言得阿那含果，浮夸油滑。师徒皆与戒律有违，依理而言，你我不可同止于长安。你应及时离开，不宜停留。"僧䂮、道恒下了驱逐令。

觉贤回答："贫道身若浮萍，去留太容易了。只是遗憾阐扬禅法的怀抱未申，不免感慨而已。"

僧䂮说："此中自有罗什法师所传禅法。你之禅法，还是去别处传授吧。"

觉贤带着弟子慧观等四十余人，收拾好行装，立时出发。师徒神志从容，若无其事。将出长安之际，道俗相送者千有余人。识得觉贤所传禅法为正宗的人们，无不叹惜。

姚兴听到觉贤已走的消息，怅恨不已，对道恒说："觉贤沙门，协道来游长安，欲宣佛祖遗教，胸中所藏禅经未诵，必定深为慨叹。岂可以一言之咎，令万夫无导？"也不容道恒辩解，敕令使者骑快马，由两个骑士护送，追回觉贤。

三匹快马，出长安南门，绝尘而去。

在终南山南麓，使者追及觉贤的队伍，下马宣告姚兴的旨意。觉贤回答："诚知恩旨，但难从命。谢使者回京禀告陛下。"说毕，率领徒众毅然而南，日夜兼程，直指庐山。

觉贤与弟子来到庐山，慧远高兴至极，好像见到睽隔多年的老朋友。觉贤十分感动，感动慧远的殷勤待客，促膝交谈。这种亲密、平等、坦诚相待的感觉，好像在长安不曾体验过。慧远对禅法表现出浓厚的兴趣，咨访不断，使觉贤实实在在感受到弘扬禅法于东土的夙愿从此将变为现实，而离开长安至庐山，证明是明智之举，因祸为福。还有那景色清幽，寂静的山林和寺院，实在太适宜自己喜爱宁静的性格。长安是烂漫的春花，过于热闹，过于鲜艳。庐山则似深沉的秋叶，远离世俗的污染，全是禅意。天下习禅的佳处，再无胜过庐山的了。

当慧远了解长安旧僧摒弃觉贤的起因及过程后，以为这件事的过错在罗什门人，至于觉贤远想天竺五舶之事，也并不触犯戒律。于是决定致书姚兴及关中诸僧，遣弟子昙邕出使长安，解其摈事。

昙邕是慧远最信赖的使者，凡有重要的使命，几乎都由他完成。昙邕俗姓杨，关中人，早年仕前秦，为卫将军。身高八尺，雄武过人。东晋太元八年（383），从苻坚伐晋，为晋军所败，回到长安，从道安出家。道安卒，南投庐山，事慧远为师。内外经书，多所综涉，志尚弘法，不惮劳苦。罗什入关，慧远致书通好，即命昙邕出使长安。凡为使者十有余年，"鼓击风流，摇动峰岫，强悍果敢，专对不辱。"（《高僧传》卷六《释昙邕传》）慧远以为调解觉贤摈事，既有关觉贤声名，也有关禅经的译出，不是无足轻重的小事，所以再次遣昙邕出使长安。

昙邕由寻阳出发，溯江而上至武昌，再沿汉水北上，一路备尝风波之苦，抵达长安，将慧远致姚兴书与致罗什书分别送达。姚兴读慧远书，对慧远所说的摈事乃"过由门人"的说法深表赞同。当初觉贤离开长安时，姚兴召见道恒，就批评僧䂮、道恒对待觉贤过于偏激，抓住"见天竺五舶俱发"一言不放，未必是佛家的宽容慈悲。再者纠集百余僧人，气势汹汹跑到逍遥园，差一点闹出不测之事，也太过分。姚兴决定先召罗什，再召僧䂮等商讨解摈事。

再说罗什得到慧远的信后也相当重视。慧远信中分析摈事起因，称觉贤远想天竺五舶齐发，不算犯戒；与弟子言及，亦非惑众。弟子中偶有浇伪之徒声称已得阿那含果，觉贤未及时觉察，固为疏忽，但仁者之用心，当以宽容为怀。即使犯戒，亦应劝勉为主，何况觉贤并未犯戒。罗什读至"即使犯戒"数句，不由心中震动：我二次破戒，犯僧律最重之淫罪，该如何处置？觉贤得佛祖传承之禅法，来东土弘法，诚千载一时也。觉贤怀抱未申，岂止其人深慨，亦是长安僧众之憾。若罽宾佛大先禅师知觉贤被摈，当亦恨弟子弘法之大愿落空，而深怪长安何以难容一西域高僧也……岂有为师者见僧䂮等门人所过，却若无所睹，不指示正道？我罗什难道无过乎？罗什读毕慧远之书，觉得庐山老和尚所言句句在理。不过，我自己又能做什么呢？自从逼受十妓女之后，有几人以师礼尊我敬我服我听我？"唉——"罗什一声长叹，把信丢在几案上，闭上了眼睛。

罗什以为自己无能为力，确是实情。管理长安僧众事务的是僧䂮、僧迁、道恒等人，罗什只管译经、讲经。慧远以为觉贤被摈是罗什门人之过，这也是实情，并不是为尊者罗什讳。僧䂮以严肃僧律为己任，行为一时偏激，罗什不会不知，但知道也难于干涉。为师者破戒，自己立身已经不正，却要长安僧主不管僧人的犯戒，试想这有何说服力？

最后，摈事得以解决，还是靠姚兴的权威。姚兴召集罗什、僧䂮、僧迁、道恒、法钦、僧叡、道融等有名僧人，商讨觉贤摈事。既然皇帝陛下主张解摈，罗什也一再附和，僧䂮、道恒等也就无话可说。觉贤"恢复名誉"，受教其禅法的坐禅者零零星星潜而复出，但毕竟大不如从前。随着觉贤来到江南，他的正宗禅法不久在庐山译出。

至于觉贤摈事的主要祸因——"见天竺五舶齐发"这句话，在他南投庐山一年之后，居然得到证实：在西去江陵的江中，遇见五艘天竺的船只，一问，果然是觉贤见到的天竺五舶；再问出发时间，与觉贤所言若合符契。

觉贤被摈，是长安佛教进程中很不和谐的事件。论其起因，慧远称是"过由门人"。汤用彤探幽抉微，以为觉贤与关中僧众的冲突，在于宗派不同："总之觉贤之被摈，必非仅过在门人，而其与罗什学问不同，以致双方徒众不和，则为根本之原因也。"（见汤用彤《汉魏两晋南北朝佛教史》第十章）汤先生从宗派各异来揭示这场冲突的主因，无疑是深刻的。不过，据现有史料，罗什与觉贤谈空确有不同，但毕竟两人没有直接冲突。再者，罗什性格"笃性仁厚，汎爱为心"，仁爱且包容，不会因佛学派别的不同而有固执的门户之见，引起不和。行为偏激的毕竟是僧䂮道恒等罗什弟子。这几人过分看重自己担当的责任，缺乏宽容，直接挑起冲突。慧远称是"过由门人"，道出了当时实情。

觉贤后来至京师道场寺，译出支法领在于阗得到的《法华经》。这部佛经在后世产生极大的影响，觉贤成为中古时期最著名的几个翻译家之一。

第二十章　弘法大师

敬受佛教，于如来灭后，当广令流布是经典者，普令
一切受持、读诵、书写、供养，惟愿世尊，勿垂忧虑。我等
当以愿力，普令一切众生，使得见闻、读诵、书写、供养，
得是经法威神之力。

——《无量义经·十功德品》第三

鸠摩罗什是中国佛教史上最负盛名、影响最巨的弘法大师。

什么叫大师？

大师是本领域内万众宗仰的高峰，众山都匍匐在它的脚下。

大师是指引方向的灯塔，它的光辉照亮黑暗，照亮现在、照亮未来，在历史的长河中熠熠发光，让众生有所依归。

大师承前启后，是旧传统的终结者，新世界的开创者。

大师不是自诩为大师，也不是权势者钦定或赐封。大师的本质是超凡脱俗的学术（或技艺），绝不是让大众恐惧的政治权威。

大师的评定者是公正无私的历史。因此，大师是超越时代的，大师是永恒的。

物以稀为贵，何况大师？大师数不过来的时代，这时代没有大师。

故大师不世出。

鸠摩罗什就是这样的大师。

凡是佛弟子，报答佛恩的无上之法，也是无量功德，便是遵守佛的教诲，弘扬佛法。据说世尊涅槃之前为大庄严菩萨及八万菩萨说《无量义经》，最后告诫听者对于此经应起敬心，如法修行，并且广化一切，守护之，流布之，

"令一切众生,使得见闻、读诵、书写、供养"。大庄严菩萨及八万菩萨来到佛所,头面礼足,绕百千匝,跪着同声表决心:世尊,我等恭敬地接受您的敕令,在如来灭后,广令流布这部经典,请世尊勿忧,"我等当以愿力,普令一切众生,使得见闻、读诵、书写、供养,得是经法威神之力"。这时,佛称赞道:"善哉!善哉!诸善男子!汝等今者真是佛子,大慈大悲,深能拔苦救厄者矣。一切众生之良福田,广为一切作大良导,一切众生大依止处,一切众生之大施主,常以法利广施一切。"(以上见《无量义经》)

罗什是真正敬爱佛敕的佛子,大慈大悲,流布佛典之广,令一切众生,使受持、读诵、书写、供养,一代一代,绵绵不绝,作众生的良福田、大良导、大依止处、大施主,以法利广施一切,实现了他早年立下的使大化流传,度无数人的宏愿。在历代高僧中,流布佛经如此广远,无出其右。他的弘法事业,一是译经,一是讲经,无论广度和深度,都达到无人企及的高峰。

罗什建立的无量功德,首先是译经。

我们先简略回顾一下罗什之前译经的历史。只有在历史的长河中,才能清楚显示大师的开创意义。据可靠的说法,中土最早的译经始于东汉桓、灵(汉桓帝与汉灵帝)之间,代表人物安清(安世高)和支谶(支娄迦谶)。汉桓帝初,安清来到洛阳,从建和二年(148)至汉灵帝建宁(168—171)中,前后二十余年,译出《安般守意经》等三十余部。道安以为"先后传译,多所谬滥,唯世高出经,为群译之首"。月氏人支谶,以汉桓帝末游于洛阳,灵帝光和、中平之间,译出《般若道行》、《首楞严》、《般若三昧》等三部经典。又有《阿阇世王》、《宝积》等十部经。安清所译以小乘经典居多,支谶所译以大乘经典居多。

安清、支谶之后,重要的佛经翻译家是支谦(又名支越)。支谦祖先是月氏人,其父于汉灵帝时移居中土,故谦实为中国人。汉献帝末,支谦避乱来到江南,前后三十年间译出佛经四十九部。自东汉明帝时佛教东传中土,主要在中国北方传播,至支谦渡江并大出佛经,佛教开始流布于江南。在支谦稍后,康僧会也来到江南,译出佛经七部二十卷。(见《开元释教录》)

西晋时期,佛经译出的速度远快于东汉、三国,译者也多起来。最著名者是竺法护。竺法护，名竺昙摩罗刹，其先月氏人，本姓支，世居敦煌郡。年八岁出家，事外国沙门竺高座为师，过目则能。有感于方等蕴在葱岭之外，于是慨然发愤，志弘大道，随师至西域，游历诸国，通晓三十六国语言，带回大量梵经。自朱士行之后，竺法护是又一位西行求法者，早于法显一百余年。归国时从敦煌至长安，沿路传译，以后终生译写，不知劳倦，译出《光赞》《正法华经》等一百六十五部。①内容齐全，有般若类、华严类、法华类、大乘经、小乘经、大乘论、小乘论。佛典传译东土，竺法护作出了杰出贡献，是鸠摩罗什之前最有成就的佛经翻译家。

竺法护晚年，遭西晋王室内乱，仓皇离开长安。随着西晋灭亡和竺法护的离开，原是译经重镇的长安化为一片瓦砾，译事中断了数十年。至四世纪后半叶，在前秦主符坚的支持下，由于道安的到来，长安再度成为译经的中心，以国家之力支持的译场由此创立。道安是长安译经出色的组织者和主持者，与西域高僧僧伽跋澄、鸠摩罗佛提、僧伽提婆、竺法念、昙摩难提等一起，先后译出《婆须蜜》《中阿含经》《增壹阿含经》《阿毗昙婆沙经》《阿毗昙八犍度论》等佛典十余部，约一百八十卷。

随着道安辞世，前秦亡，著名译师僧伽提婆由北入南，长安译场消歇一时。

但长安注定要再次成为北中国译经的重镇，因为佛教东传的脚步此时正不可阻挡，特别坚定而有力。它从西域走来，跨过流沙，越过阳关，渡过黄河，必定要在长安留下最深刻的脚印。况且，长安翘首企盼龟兹佛学大师的到来已经持续了许多年。虽然前秦已经灭亡，但后秦企盼的热忱，更甚于前秦。天时、地利、人和，决定长安的译经事业，必定会迎来繁花似锦的一天。

这一天终于来临。不世出的天才鸠摩罗什一到长安，已经持续了二个半世纪的佛经传译，迅速出现全新的局面。犹如涓涓细流，一路汇集百川，在峡谷间回旋进退，终于来到广阔的平原，滔滔巨流，奔腾千里。僧祐《胡汉译经音义同异记》曾高度评价罗什的译经："逮乎罗什法师，俊神金照；秦僧

---

① 见《高僧传》卷一《竺昙摩罗刹传》。

融、肇,慧机水镜,故能表发挥翰,克明经奥。大乘微言,于斯炳焕。"(《出三藏记集》卷一)

佛经旧译时代画上了句号,新译时代吹响了号角——这就是大师出现的意义。

首先是译场规模宏大、法化之广,皆前所未见。据罗什弟子所作的出经序,译《大品般若》,名僧五百人。译《大智度论》,集五百人。译《法华经》,门徒八百余人,四方义学僧二千余人。译《思益经》,集二千余人。译《维摩诘经》,集千二百人。译《梵网经》,集三千余僧。译《十诵律》,集三千余僧……有时,后秦国主姚兴亲自到场,手执旧经,验其得失。道安之前,译经多为私人事业,至多得到信仰佛教的官员的资助。规模小,说不上大影响。道安在长安时期,译场得到国家财力的资助,与以前小作坊式相比,有了质的变化。罗什主持的译场,比道安时代规模更大,国主、大臣也参与其中,千百僧人济济一堂,参校异文,比对新旧,考论义旨,译场成为译经、讲经的学术论坛。僧叡《大品经序》描述了长安弘法的盛况:"渭滨流祇洹之化,西明启如来之心,逍遥集德义之僧,京城溢道咏之音。"僧祐《出三藏记集》卷三末尾论佛经传译,略述东土的译经历史,于罗什时代着墨尤多,称罗什"硕学钩深,神鉴奥远";称罗什弟子"时有生、融、影、叡、严、观、恒、肇,皆领悟言前,词润珠玉,执笔承旨,任在伊人,故长安所译,郁为称首";称姚兴信佛的影响"是时姚兴窃号,跨有皇畿,崇爱三宝,城堑遗法,使夫慕道来仪,遐迩烟萃。三藏法门,有缘必睹。自像运东迁,在兹为胜"。一个不世出的大师,一群硕学弟子,一个狂热信佛的皇帝,一座具有深厚佛教文化的名城,恰值千载一遇,共同描绘出佛教东传进程中最壮阔、最灿烂、最激动人心的画面。

其次,罗什译经卷帙浩繁,范围广泛。僧祐《出三藏记集》卷一四《鸠摩罗什传》,谓什译出佛经三十三部,三百余卷。《历代三宝记》卷八谓罗什出经九十七部,四百二十五卷。中国佛教史上最伟大的翻译家前有罗什,后有玄奘。玄奘译经数量超过罗什,罗什译经范围之广则胜于玄奘。华严部有《十住经》,方等部有《弥勒成佛经》、《首楞严三昧经》、《维摩诘所说经》、《思益梵天所问经》,般若部有《摩诃般若波罗蜜经》、《小品般若波罗蜜经》、

《金刚般若波罗蜜经》、《放光经》,宝积部有《大宝积经》,法华部有《妙法莲华经》,大乘论有《十住毗婆沙论》、《大智度论》、《十二门论》、《百论》、《中论》、《大庄严论》,小乘论有《成实论》,律部有《梵网经》、《十诵律》,菩萨传记有《马鸣菩萨传》、《龙树菩萨传》、《提婆菩萨传》。罗什译出了许多大乘经论,如《大智度论》、《十二门论》、《百论》、《中论》,成为后世佛教开宗立派的原典,如《大智度论》、《法华经》形成天台宗,《成实论》形成成实宗,《中》、《百》、《十二门论》形成三论宗,影响中国佛学十分深远,无论怎样评价也不为过。后世广为传诵的《维摩诘经》、《法华经》、《金刚经》,皆为罗什所译。因此,若从译经的不朽影响而言,罗什是真正的风流教主,玄奘瞠乎其后。

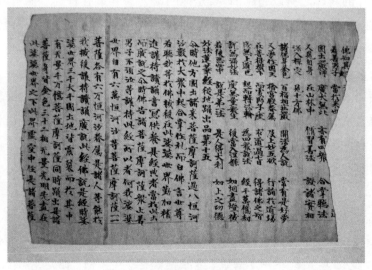

《妙法莲华经》卷五

罗什译作称为"新译",新在旨意、语言、音乐及文学色彩和旧译不同。即尽可能还原梵本、胡本佛经的原旨,又能传达出西域佛典的音乐及文学色彩。

大凡翻译最重要的原则即是"信"——忠实于原旨。佛经翻译要做到忠实原旨并不容易。佛教东传初期的翻译家刚来东土,多不娴华言,助译的一二信士,又不明梵音和胡语。两相不谙对方的语言,自然不可能体会异质文化的各自特点,势必很难准确把握佛经的原始意义,也很难用确切的华言传达。道安《大十二门经序》评汉末安世高的译经说:"世高出经,贵本不饰,天竺古文,文通尚质,仓卒寻之,时有不达。"(《出三藏记集》卷六)以为安世高译文时有不达佛经原旨的情况。东晋支敏度《合维摩诘经序》评支恭明、竺法护、竺叔兰先后所译的三种译本,说是"或辞句出入,先后不同;或有无离合,多少各异;或方言训诂,字乖趣同;或其文胡越,其趣亦乖;或文义混杂,在疑似之间。若此之比,其塗非一"。(《出三藏记集》卷八)无论辞句出入或文义混杂,问题的根源还是在于梵文、胡语及华言之间的正确对应和转换。

罗什的新译之所以超越旧译,是他的语言修养远胜昔贤。他精通梵语、胡言,在凉州的十余年间,学习华言和中国典籍,渐至娴熟。尤其到长安之后,得到僧肇、僧叡、道融一批高足弟子的帮助,在审定佛典原旨、梵华二种语言的正确转换、东西方辞体的差异把握诸方面,都达到精诣的境界。古代佛经翻译大家中,能精通梵、华语言,最杰出的当推罗什及后来的玄奘。论中国语言文化的修养,罗什肯定逊于玄奘。但罗什周围有众多的语言文化修养极高的弟子,这足以弥补罗什的欠缺。至于罗什对梵文及西域佛教文化的精熟和亲切体认,当然比玄奘强。罗什译作在整体上胜于玄奘,也就不难理解。

追求译经原旨的正确和表达的完美,罗什是精益求精,毫不松懈。僧肇《百论序》说罗什"考校正本,陶练覆疏,务存论旨,使质而不野,简而必诣"。(《出三藏记集》卷一一)僧肇《维摩诘经序》说罗什"既尽环中,又善方言","道俗虔虔,一言三复。陶冶精求,务存圣意。其文约而诣,其旨婉而彰。微远之言,于兹显然"。(《出三藏记集》卷八)僧叡《大品经序》说罗什"两释异音,交辩文旨。秦王躬揽旧经,验其得失,咨其通途,坦其宗旨",宿旧义业沙门五百余人,"详其义旨,审其文中,然后书之","胡音失者,正之以天竺,秦名谬者,定之以字义,不可变者,即而书之"。(《出三藏记集》卷八)从《大品般若》的翻译过程,最能看出罗什译经以"陶冶精求,务存圣意"为根本目标的不懈追求,以及僧众、包括姚兴在内的通力协作。

罗什译作之"新",又新在语言雅丽,富有文学意味。之前的译经大体有两派:一派语言质直,一派语言华丽。汉末译经多语言质朴,西晋开始,"或文过其意,或理胜其辞"。(慧远《三法度论序》)由此隐然有"直译""意译"两派。前者如安世高、支娄迦谶、竺佛朔等人,后者如支谦、竺法护。罗什既非"直译",也非"意译",而是在务存本旨的基础上,注重文辞流利,表现为通俗易懂,流利上口,便于吟诵,富有音乐美和文学意味的新的美学风貌。

罗什译作美学新风貌的形成,与他对于梵文、华言两种语言的特质的深刻认识有关。他曾与僧叡论西方辞体,谓天竺国俗,甚重文藻,改梵为秦,失其藻绘,虽得大意,殊隔文体,有似嚼饭与人,非徒失味,乃令呕秽。在他看来,梵经译为秦言,要保持原汁原味是不可能的。这种意见并不错。但翻译终究不可废,总得嚼饭与人。于是,尽可能保留西方文体的文藻、音乐感和故事性,便于东土的众生读诵、书写、供养,必然成为罗什译作追求的审美风貌。罗什以他对于西域母体文化以及汉文化的高度修养,最后达到了这种美学境界。梁启超高度评价罗什的译作:"什公秦、梵两娴,诵写自在,信而后达,达而后雅。非有天才,不易学步耶!"又说:"罗什非惟能操汉语,且善属文,其《赠法和诗》及与慧远往复书,虽颜、鲍、沈、任,不是过也。故所译文质斐亹,传诵不衰。"(梁启超《佛典之翻译》,见《佛学研究十八篇》)

如果将罗什新译与之前的旧译相对照,就能一目了然罗什译作的通俗、顺畅、文质彬彬。例如《佛说维摩诘经》,竺法护、罗什都译过,前者语意时有滞涩,后者语意显豁,文字通俗且有文采。我们随便选取此经中一段:竺法护译文为:"蚑行喘息人物之土,则是菩萨佛国。"这二句十分晦涩费解。罗什译文则是:"众生之类是菩萨净土。"显然,罗什译文通俗得多。后面竺法护译文为:"譬如有人欲度空中,造立宫室,终不能成。"罗什译文是:"譬如有人,欲于空地,造立宫室,随意无碍;若于虚空,终不能成。"竺法护译文仅一层意思:空中造立宫室终不能成。罗什译文则二层意思:空地造立宫室随意无碍,虚空则终不能成。后者更易读诵,语意更完备,更接近佛经原旨。

罗什译作读诵之下若有音乐节奏感,且有文学色彩。前者当与罗什有意识地保留佛经中的梵文音乐特质有关。他曾与弟子谈及天竺甚重文藻，以入弦为善，歌叹为尊。经中的颂偈就是能歌叹的诗歌。罗什学习过中国的《诗经》、汉魏五七言诗歌，当不成疑问。他的译作中的颂偈，虽然不像中国诗歌整首押韵，而局部的押韵仍随处可见。即使是经文，读来抑扬顿挫，颇堪吟诵。我们来读罗什所译的著名的《金刚般若波罗蜜经》：

> 佛言：如是，如是。须菩提，我于阿耨多罗三藐三菩提。乃至无有少法可得，是名阿耨多罗三藐三菩提。复次，须菩提，是法平等，无有高下，是名阿耨多罗三藐三菩提。以无我、无人、无众生、无寿者。修一切善法，则得阿耨多罗三藐三菩提。须菩提，所言善法者。如来说即非善法。是名善法。

其中，"阿耨多罗三藐三菩提"重复四次，尽其唱叹之致，读来很有诗的味道。梁启超非常欣赏罗什译作的文学性，称为"翻译文学"。梁氏说："赞宁云：'童寿译《法华》，可谓折中，有天然西域之语趣。'（《宋高僧传》卷三）'天然语趣'四字，洵乃精评。自罗什诸经论出，然后我国之翻译文学，完全成立。盖有外来'语趣'输入，则文学内容之扩大，而其素质乃起一大变化也。"梁氏并详细罗列了所谓翻译文学的文章构造形式的特点，以为这种文体的确立，"则罗什与门下诸彦实尸其功。若专从文学方面较量，后此译家，亦竟未能过什门者也"。（梁启超《翻译与佛典》，见《佛学研究一八篇》）盛赞罗什及弟子是翻译文学空前绝后的代表。

　　在中国佛经翻译史上，鸠摩罗什的出现具有划时代的意义，标志着佛经翻译的完全成熟，开创出一个全新的境界，后人难以为继。罗什的译作通俗、简洁、流畅，具有吟唱韵味和文学美感，达到了翻译文学的顶峰。

　　佛经难读，一般人谈读佛经而头痛色变。其实，读罗什的一些不朽之作，例如《佛说维摩诘经》、《金刚经》、《妙法莲华经》、《十庄严论》，只要能平静其心，沉潜得时间长一些，费点心思，自会慢慢生出趣味来。

罗什常叹曰："吾若著笔作大乘《阿毗昙》，非迦旃延子比也。^①今在秦地，深识者寡，折翮于此，将何所论。"乃凄而止，唯为姚兴作《实相论》二卷。因深识者寡，便不作论，这种态度大概是效法世尊。《长阿含经》卷一记梵天王右膝着地，双手合掌请佛说法，拯救众生。佛却回头回答不愿说法，原因是"所得正法甚深微妙，若为彼说，彼必不解，更生触扰，故我默然不欲说法"。后来梵天王再三恳请，佛终于怜悯，开演甘露法门。迦旃延子擅长议论，曾撰《发智论》，所传为一切有部之学。罗什所谓大乘《阿毗昙》，是指大乘有部之学。罗什学问属于龙树、提婆所传的大乘中观学，但据其能作大乘《阿毗昙》云云，说明他对大乘有宗也有精深造诣，不输于迦旃延子。

罗什自幼神悟非凡，在西域讲经、辩论，舌锋摧折天下无敌手。他仅仅写了《实相论》二卷，姚兴就已经奉之若神。可以想见，罗什义学如海，深广不可测。假若将胸中所蕴，发为议论，真不知道姚兴及关中诸僧如何对他顶礼膜拜。

如前面所说，罗什译经讲经密不可分。译经抉发经典义旨，所谓"并畅显神源，挥发幽致"。(《高僧传》本传)集于译场的千百僧众专心谛听，欣然领受。可以肯定，当时一定有人记录罗什的讲经内容，可惜这些记录早荡然无存，仅有僧肇《维摩诘经注》中保存少许罗什的解释。窥斑见豹，罗什的这些解释包含了大乘空宗的新资讯，曾经给予关中僧人强烈的新奇感和义理上的满足。慧观说，罗什"超爽俊迈，奇悟天拔。量与海深，辩流玉散"，"虽复霄云披翳，阳景俱辉，未足喻也"。(慧观《法华宗要序》，《出三藏记集》卷八)僧叡说，什法师指《法华经》之大归，"真若披重霄而高蹈，等昆仑而俯眄"。(僧叡《法华经后序》，《出三藏记集》卷八)僧肇说，罗什"器量渊弘，俊神超邈，钻仰累年，转不可测"。(僧肇《百论序》，《出三藏记集》卷一一)……高足弟子这些热情的赞语，并不言过其实。"奇悟"、"渊弘"、"俊神"、"超邈"等语，既是罗什智慧和人格精神的写照，也是他的思想、理论深弘莫测的贴切评价。

---

① 迦旃延子乃佛十大弟子之一，南天竺波罗门姓，善解议论，故称论议第一。

自汉末以降,般若类的经典不断翻译过来,《道行经》《放光》《光赞》,在罗什之前也已流行。魏晋时玄学流行,以玄学解释般若学成为一时风气。道安《鼻乃耶序》说:"以斯邦人《庄》《老》教行,与方等经兼忘相似,故因风易行也。"《庄》《老》讲本无,方等经说性空,二者有相通处,故西来的般若学依傍本土的玄学而盛行。又由于本无与性空相似,中土讲经解经便用"格义"的方法——即以玄学比附或解释般若学。道安时代出现的"六家七宗",是"格义"方法的典型代表。"格义"虽方便初学者理解外来的佛经,但毕竟不能正确理解印度文化,不能得到般若学的真义。僧叡《毘摩罗诘提经义疏序》就批评"格义迂而乖本,六家偏而不即"。(《出三藏记集》卷八)"格义"乖本,在于用中土的哲学理解印度的佛教哲学;六家虽各有论说,有的肯定本体,有的肯定现象,仍旧是中国传统的思维方法。只有等到罗什东来,译出般若空宗一系列的经典,诸如《大品般若》《大智度论》《中论》《百论》《十二门论》《金刚经》等,中土僧人才逐渐正确理解天竺大乘般若学的原义。突出的标志是僧肇《不真空论》,呵斥三家——"心无宗""即色宗""本无宗"。僧肇的思想,来自罗什讲说的大乘空宗,不过以本土语言表达罢了。

罗什大乘中观学的重点是关于诸法实相的解释,或称之为中道实相。宇宙万物,一切众生,包括心灵、精神、思维,本质是什么?是否真实?有还是无?诸法实相是回答哲学的根本问题,即万物是否存在与存在的形式。这实在是很棘手的问题,多少哲学家为之心力交瘁。

大乘中观学对诸法实相作了独特的回答:

　　不生亦不灭,不常亦不断。不一亦不异,不来亦不去。
　　众因缘生法,我说即是空,亦为是假名,亦是中道义。未曾有一法,不从因缘生,是故一切法,无不是空者。
　　诸佛依二谛,为众生说法。一以世俗谛,二第一义谛。若人不能知,分别于二谛,则于深佛法,不知真实义。若不依俗谛,不得第一义。不得第一义,则不得涅槃。(以上皆见《中论》)

以上是龙树大乘学说的代表作《中论》中的几个有名的偈。当然需要解释它们的意义，否则不可能理解龙树般若学的高度抽象的思维。

"不生亦不灭"四句是《中论》的第一个偈，破除八个常见的概念，即生、灭、常、断、一、异、来、去。这八个概念可以囊括世间一切法的运动形式，但龙树统统称之为"戏论"，加以破除。这就意味着对所有的概念，对一切物质与精神的存在和运动形式，一律否定。青目注解说，万物生灭常断等说法皆是"邪见"，而一切法不生不灭不一不异等，毕竟空无所有。又说佛灭度后五百年，人变得愚笨了，执著诸法，求十二因缘、五阴、十二入、十八界等决定相，不知佛意但著文字，闻大乘法中说毕竟空。总之，龙树以为世界万物无有生灭，毕竟是空，用双边否定的双遣法，即对两边相互对立的概念都否定，来个折中，这就是诸法实相，就是"中道"。

那么，诸法为什么是空？空的规定性是什么？这就得解释上面的第二个偈。"众因缘生法，我说即是空"二句回答诸法因缘所生即是空。据说佛成道前七日于菩提树下悟出"十二因缘观"，即"无明缘行，行缘识，识缘名色，名色缘六入，六入缘触，触缘受，受缘爱，爱缘取，取缘有，有缘生，生缘老死"。"十二因缘观"揭示了万物之间相互依存关系，证明世间一切法的变迁生灭皆是因缘和合的结果。然而，进一步要追问的是：因缘而生的诸法，究竟是有还是空？小乘佛教以为有，大乘空宗以为"毕竟空"，称呈现在人们眼前的一切，不过是镜中花、水中月，诓骗你的心，你的眼。一切法无自性，即自身无固定的属性，本质上不存在。

一切法皆空，超出了人们的经验与知识，以至连须菩提也困惑不解。佛层层解释，得出最终结论：

> 佛告须菩提："如是，如是！如汝所言，众生不可得故，当知是内空、外空、内外空、空空、大空、第一义空、有为空、无为空、毕竟空、无始空、散空、诸法空、自相空、性空、不可得空、无法空、有法空、无法有法空。众生不可得故，当知五阴空，十二入、十八界空，十二因缘空，四谛空，我空、寿者、命者、生者、养育者、众数者、人

者、作者使作者、起者使起者、受者使受者、知者见者皆空。众生不
可得故，当知四禅空，四无量心空、四无色定空；当知四念处空，乃
至八圣道分空，空空、无相空、无作空，八解脱空、九次第定空。众
生不可得故，当知佛十力空、四无所畏空、四无碍智空、十八不共法
空；当知须陀洹果空、斯陀含果空、阿那含果空、阿罗汉果空、辟支
佛道空；当知菩萨地空、阿耨多罗三藐三菩提空。（《摩诃般若波
罗蜜经》卷二四《四摄品》第七八）

世间一切法空，有也空，无也空，空也空，连菩萨也空，佛也空，无上智慧也
空。真正是彻底的虚无。

但彻底虚无毕竟会陷入难以证明的理论困境，更严重的必然会摧毁宗
教实践。既然阿罗汉果空，菩萨也空，那么修习就毫无价值。为了避免理论
和实践的双重困境，大乘中观学说采用一切法是“假名”的策略。“亦为是
假名”一句，在主张因缘所生的诸法是空之后，又指出诸法不过是假名，并非
实有。换言之，因缘所生的一切事物无自性，非真实有，只是假名的有。正
如须菩提说：“如来所说三千大千世界，则非世界，是名世界。”（《金刚经》）
三千大千世界是空，只是假名三千大千世界。

“亦是中道义”一句，是说诸法实相离两边，不执著于有，也不执著于无。
《中论》第一个偈“八不”就是中道义。龙树说：“若法从因缘和合生，是法无
有定性；若法无定性，即是毕竟空寂灭性，离两边故假名为中道。”（《大智
度论》卷六七）因此，中道是非有非无。非有是无，一切法由因缘生，故无；
非无是有，一切法是假名，故有。诸法实相，便是非有非无。

第三个偈是解释二谛义。众生钝根，为了使众生领悟第一义谛，就得用
世俗谛解释。青目注释道：“第一义皆因言说。言说是世俗。是故若不依世
俗，第一义则不可说。若不得第一义，云何得至涅槃。是故诸法虽无生，而
有二谛。”第一义是指一切法皆空。世俗谛则颠倒过来，圣人说空说无，世俗
则以感知的事物是有是实。所以不依俗谛，世俗就无法领悟第一义。罗什
说：“若以空无则无所有，若以空法破微尘者，则不信受。”（《大乘大义章》

卷下）意思说，如果只讲空无，那么世间万物只是一无所有的空；如果只以性空之说破斥物质世界的最小单位微尘，那么无人信从佛法。所谓中道，是第一义谛和世俗谛的统一。前者讲空，后者讲有。当然，有是假有，是假名。中道并不是不偏不倚，本质是一切法空，空才是"圣意"，才是世界的本来面目，有不过是到达"圣意"的工具或手段。"二谛"说是为核心理论"性空"说服务的，使"性空"说圆融而被人接受。

罗什在长安译经讲经，将龙树的大乘中观学传至中土，中国的佛学由此注入外来的新思想，产生惊人的知识和思想爆炸。姚兴对罗什的《实相论》奉之若神，最能反映出东土僧人和佛教居士对罗什学说的惊叹和钦佩。当然有的僧人（如慧远）不能跳出一切有部的传统，不能理解罗什的学说，但总有像僧肇那样的悟解超绝的年轻僧人，能够接受新学说。僧肇的《般若无知论》、《不真空论》、《物不迁论》，就得到罗什的真传，正确解释了诸法实相的非空非有。

罗什曾称慧远的问难为"戏论"。那么，他从龙树那边接受并传播的大乘中道实相理论，是否也是"戏论"？诚然，世间一切法是众因缘和合而成，万物之间相互依存，变化是绝对的。但极端强调其变化和依存，说一切事物无自性，毕竟空，是假有，否认客观物质世界的真实存在，这岂不是堕入大而无当、言而无征的虚无主义？

尽管如此，大乘中观学还是有它合理的部分，这就是它的辩证法因素。从时间的无限长度看，世间一切法确实皆空。宇宙中没有不毁灭的事物，甚至包括宇宙本身。但在一切法存在时，诸法即是有——大乘中观学称只为假名。既看到空，也看到非空，这就多少包含了辩证法的因子。

罗什继承和传授龙树的大乘中观学，对中国佛教的影响巨大而深远，三论宗、天台宗、禅宗皆导源于此。罗什的佛学论著虽不多，但最具影响的佛学大师仍非他莫属。无论是译经还是学问，无人能超越罗什的地位。

第二十一章　形碎舌存

是时，世尊即于彼处，而说偈言："一切诸众生，皆随有生死。我今亦生死，而不随于有。一切造作行，我今欲弃舍。"

——《大般涅槃经》卷上

后秦弘始十年（408），西行的求法者相继返回东土。犹如播种，由长安出发的求法者，冒险过流沙，翻越峻极于天的葱岭，在罽宾、天竺等佛国瞻仰佛迹，寻求佛经，然后再跋涉万里，回到长安，欣喜地检点积年艰辛后的收获：一夹一夹的梵本和胡经，光芒奇特的佛舍利、精美的佛像，还有关于圣迹的传说。

这一年，西行的智严、宝云返回长安。不久，支法领接踵而至。

法领是由庐山慧远遣其西行的。慧远慨叹大法流行中土后，经藏不少，律藏罕见，于是在东晋孝武帝太元十七年（392），派遣弟子法领西行求法。法领在西域前后长达十七年，比法显停留的时间（共15年）还要长。

也是朔风凛冽的季节，法领、辩慧等五六人抵达长安。两匹骆驼背负着几只毡布口袋，袋口用粗麻绳扎紧。这才是十七年来最可宝贵的收获，二百余部方等新经。僧䂮、道恒等迎接了法领一行。法领等人衣衫上沾满了雪花和泥土，也来不及更衣，匆匆进宫谒见国主姚兴。

凡是西行的求法者返回，或是胡僧东来长安，姚兴总是盛情接待。他饶有兴味地询问法领的行程，及所记所闻，尤其详细询问法领带回的佛典的种类。最后问法领：这二百余部新经，准备送到南方还是留在长安？法领的意见是等待慧远的指示。

　　法领一行被安置在逍遥园，边整理所得的佛经，边等待慧远那边的消息。

　　姚兴则遣使者驰书慧远。

　　慧远得知法领已至长安，带回方等新经二百余部，极感欣慰，立即致书姚兴，派昙邕出使长安。慧远在信中说：当年遣法领西行求法，盖中土律藏欠缺之故。法领既已入长安，则于长安传译为便。南北同为佛弟子，不分彼此也。若什法师精力尚佳，可请其择精译出。至于法领，或留止长安，或南来，唯其意愿是从。姚兴读信后深深感动，赞叹不已："远公器局宏大，固非我等凡庸可及。"

　　在大寺，姚兴与罗什谈论法领所得的新经，并转告慧远请罗什译出这些佛经的意思。罗什满口答应，不过须等到译完《中论》后再进行。

　　如前章所述，《中论》是印度龙树中观学派的代表作，奠定了大乘中观学说的理论基础。罗什十四五岁从莎车王子须耶利苏摩学习大乘经论，就已接触到《中论》。自此之后五十年，常暗诵这部经论。他的学问，与《中论》一脉相承。

　　可是，这样一部与罗什学问有莫大关系的经典，为什么不在进逍遥园之初就译出，非迟至弘始十一年（409）才决定译出？其中原因不得而知。或许是罗什顾虑秦地"深识者寡"，难于理解龙树的中观学说，若一开始就译出《中论》，必定会在长安僧众中引发思想地震。从弘始四年到十一年，罗什通过《大品般若》《大智度论》《维摩诘经》等大乘经典的翻译和讲解，弟子及长安义学沙门对诸法实相已有大致的理解，这时再译出《中论》，就容易多了，不至于产生强烈的思想冲突。笔者猜度：罗什以为秦地"深识者寡"，是《中论》迟至弘始十一年才译出的主要原因。这样的解释是否合理？

　　《中论》终于开译了。

　　长安大寺盛况空前，二千多僧众，挤满了草堂寺。姚兴、太子姚泓、姚嵩、姚显，信奉大法的群僚毕至。罗什弟子、长安义学僧对《中论》这部经典之名其实并不陌生。先前译出的《大智度论》，有些地方就是解释《中论》的。但当将要看到《中论》的全貌时，就像对着将要打开的宝藏，每人都充满了好奇和期待。龙树菩萨将给中土的沙门,展示怎样的思想盛宴?

罗什当然是译场的中心人物,僧叡、昙影笔受。

罗什手执梵本。一双手已经日渐枯瘦,皮肤松弛,失去了光泽。毕竟将近七十岁的人了,一年比一年衰损,腹中常有不适之感。困顿凉州,空耗了十七年的生命,失去的时光须追回来。到了长安,时不我待,几乎天天译经讲经。暗诵及有文本的佛经,虽然译出了几十部,也不过占胸中所藏十分之一还不到。罗什深知,想译出所知所藏的全部佛典,已无可能。但一定要把最重要的佛典译出来。一息尚存,就一刻也不能懈怠。

罗什容貌衰老,精神尚佳,目光流盼不无神采。每当译经、讲经,升上高座的时候,他总是精神旺盛。这时,僧叡端上一杯水,罗什喝了一口,开始译经:"龙树菩萨所造《中论》,天竺及西域诸国敢自称学者之流者,无不耽玩之,以为要领。申释《中论》者,据说有七十多家。今所出者,是天竺梵志名宾伽罗,秦言青目所释也。①青目所释,或有与理相乖,或有语言繁琐重复处,译出时与僧叡、昙影、僧肇诸法师斟酌商定,亦祈皇帝陛下、太子及在座诸大臣、诸大德、善男子,共纠谬为正。"随即口译为华言:

> 不生亦不灭,不常亦不断。不一亦不异,不来亦不去。能说是因缘,善灭诸戏论。我稽首礼佛,诸说中第一。

接着,罗什根据青目的注释讲解:"八不"即是中道。世间万物由因缘生,于是就以为万物由有而生。这是邪见,是戏论。世间一切法不生不灭不常不断不一不异不来不去,此即是因中道而发生的正观,也就是一切法皆空。万法皆是因缘所生,不自生,也不从他生,也不共生,故不生亦不灭。既不生,自亦不灭、不常、不断、不异、不来、不去。涅槃实相,亦应作如是观……

《中论》给草堂寺内的僧众展示了大乘空宗学说的思想新境,与小乘有部迥异,也与大乘有宗有别。众人议论纷纷:

---

① 青目:pingala,音译宾伽罗,约三世纪初期人,婆罗门种姓,龙树之学由青目传给莎车王子须利耶苏摩,再传给鸠摩罗什。

"一切诸法,本性空寂,故云本无,诸法由无而生。《中论》所云'八不',而诸法本无之说,难道也是戏论?"

"归根结蒂,诸法由积微尘而生。若说一切法不来不去,则无由而生,微尘亦无。这似乎与经文矛盾。"

"谷由芽生长而来,为何说'不来'?芽出后谷坏,为何说'不去'?"

从小乘一切有部,或从中国传统的哲学看待《中论》,确实很难理解"八不"以及"三是偈"——"众因缘生法,我说即是空,亦为是假名,亦是中道义。"草堂寺里的议论非常正

《中论》卷一

常,反映出这部经典对于小乘佛教以及中国传统哲学的冲击,说明对龙树系统的中观学说难于接受。后世的"三论宗"影响终究比不上禅宗,证明印度的大乘空宗毕竟很难同中国传统思维融为一体。外来的异质文化必须经过改造,才能为本土的一般民众接受。

罗什译出《中论》后,又在大寺译出龙树的《十二门论》。加上弘始六年(404)译出的龙树弟子提婆的《百论》、弘始七年译出的《大智度论》,以上大乘空宗的最重要的四部经典,成为后世"三论宗"的理论基础。至此,罗什的学问基本上已经表达,他感到一种如释重负的轻松。

弘始十二年(410),罗什在大寺开始翻译法领带来的新经。究竟译出哪些经典,史无记载,仅仅在僧肇致刘遗民的信中有二句:"法藏渊旷,日有异闻。"由此推知,译出的经典不止一部,有些是以前未知的。

也在弘始十二年,佛陀耶舍始译《四分律》。耶舍想译《四分律》是受罗什译经的影响。两人常常走动,商讨经中的疑难问题。前罗什译《十住经》,就与耶舍共相商讨。罗什译《中论》时,也与耶舍讨论过。

罗什曾问耶舍："耶舍师于《四分律》讽诵流利,是否有意译出此经?"

耶舍说："看什法师译《中论》,济济数千人于一堂,颇令人羡慕。我亦有意出此经,不过……"耶舍心想,我没法跟你比,你有秦主资助。

"不过什么?"罗什见耶舍吞吐迟疑,晓得他心里所想,"有何困难,在下禀告姚天王,请其资助。"

耶舍马上说:"这当然求之不得。"

"有了,先请尚书令姚显同耶舍师商量。姚尚书深信大法,必大力襄助无疑。"

数天之后,姚显果然来到耶舍驻锡的中寺。

"赤髭毗婆沙法师,从罗什法师处闻知,法师欲译《四分律》,可有此事?"

"贫道是有此意。"

"《四分律》究竟有多少卷数?"

"有六十卷,近百万言。"

"据说此经无梵本,不知法师讽诵流利否?"姚显疑心耶舍讽诵滞涩,甚至有违原经。

耶舍一听,姚显明明是怀疑自己的记诵之功,脸顿时变得通红,又是红红的髭须,整个脸容很是滑稽。姚显看着,几乎忍不住要笑出来。

"姚尚书,贫道讽诵经中第八卷,请细听。"耶舍说完,高声诵出:"尔时佛在舍卫国祇树给孤独园,时六群比丘以纯白羊毛作新卧具。诸居士见皆讥嫌,言沙门释子不知惭愧,无有厌足,外自称言我修正法。如是何有正法?作新白羊毛卧具似王若王大臣。时诸比丘闻,中有少欲知足行头陀乐学戒知惭愧者,嫌责六群比丘:云何作此纯白羊毛卧具……"

耶舍足足讽诵了一个时辰,流利非凡。

"姚尚书,还须讽诵第九卷吗?"

"不,不!足够了!赤髭毗婆沙法师记性非凡,生平未见。"姚显看了一眼耶舍的赤髭和脸,觉得红颜色好像变淡了一点,便双手作揖,"法师,告辞,容下官禀告陛下。"

姚显将耶舍讽诵《四分律》的情况禀告姚兴。姚兴仍不很放心,说是六十卷经典近百万言,讽诵一字不漏不误,谈何容易。为慎重起见,须再测试耶舍记功。如何测试？姚兴想出一个绝招：命耶舍于二天之内，背出五万字的羌籍药方。真有"民族特色"，羌族首领，让人背羌籍药方，而且只有二天。这样的测试，应当是古今最难的考试，很稀奇，也很促狭。

当姚显拿着五万字的羌籍药方来到罗什的廨舍，说起皇上的绝招时，罗什根本不看药方，鼻子里哼了二声："多此一举！别说五万字羌籍药方，就是十万字氐籍药方，十万字鲜卑籍药方，耶舍师于二天之内，一样倒背如流。贫道当年从耶舍师受学，亲见其讽诵五明诸论整整十天，一字不漏，一字不谬。讽诵五万字羌籍药方，如烹小鲜。"

姚显面露尴尬，"这……这是皇上的意思。"

"那就让耶舍师显显身手吧。"

果不其然，姚显手持羌籍药方，看着耶舍讽诵流利，如秋风扫落叶，五万字一字不误。姚显及在场者啧啧赞叹，佩服至极。至此，姚兴欣然，以为大法渊深，修道悟证，必由戒律。遣三百持律沙门，于长安中寺译出《四分律》，一切供养全由朝廷负担。

耶舍诵出梵言，凉州沙门竺佛念译为秦言，道含笔受，法领弟子慧辩校定文字。至弘始十四年（412），耶舍译完《四分律》共六十卷。这部重要戒律的译出，使中土僧人对原先译出的戒律的差互不同有所了解，僧众持节守戒也有了根本的依据。佛陀耶舍本人也因译出这部著名的律藏经典，在中国佛教史上享有重要的地位。追根溯源，耶舍所以能成名，罗什起了相当的作用。是罗什劝姚兴迎耶舍至长安，这才有后来《四分律》的译出。

《四分律》

弘始十三年(411)九月八日,尚书令姚显请罗什译出《成实论》。[①] 罗什手执胡本,口自传译。昙晷笔受,昙影正写。

《成实论》作者诃梨跋摩,中天竺人,罽宾小乘学者鸠摩罗陀的高足弟子,生活年代大约在公元三世纪中期。《成实论》是一部小乘论书,而罗什学问本在大乘般若学。为什么要译这部小乘论书? 汤用彤说有二个原因:"一则此论名相分析,条理井然,可为初研佛学者之一助。二则什公向斥《毗昙》,[②] 此论常破《毗昙》,其持义复受般若影响,可与研《毗昙》者作一对比。以此二因,故为译出,实则什公固未尝特重此书也。"(见汤用彤《汉魏两晋南北朝佛教史》第一八章)上述二因之外,恐怕还与姚显的请求有关。所以虽然不特重此书,但考虑到姚显的请求,而此经又受大乘般若的影响,高龄的罗什仍不惮精力衰弱,花了整整一年时间,译完这部十六卷的经典。完工后,罗什命僧叡讲解此经。罗什亡后,僧叡记录罗什的遗言,作《成实论序》,指出此经的性质是"小乘内之实耳,比于大乘,虽复龙烛之于萤耀,未足喻其悬矣",与大乘相去太远。又说:"或有人言,此论明于灭谛,与大乘均致。罗什闻而叹曰:'秦人无深识,何乃至此乎! 吾每疑其普信大乘者,当知悟不由中,而迷可识矣。'"(吉藏《三论玄义》)长安有人只看到此经"明于灭谛",就说与大乘旨归相同。对此,罗什不由慨叹秦人无识到了这等地步,并每每怀疑许多信从大乘的人,悟不到关键处,迷惑无疑矣。罗什先前曾伤感"秦地深识者寡",如今再次感叹"秦人之无识"。罗什虽有弟子三千,但几人有智照深识? 秦人无深识,几乎成了他晚年的挥之不去的遗憾。可是,尽管他本人并不看重《成实论》,但数十年之后,由他的再传弟子的大力弘扬,形成"成实宗",影响遍及于大江南北,至梁代《成实》极盛,甚至著名的般若三论亦相形见绌。这是罗什生前完全意料不到的。

据已知的资料,《成实论》是罗什译出的最后一部佛经。大师老了。虽

---

① 此据《出三藏记集》卷八《成实论记》及《开元释教录》。《大唐内典录》据《二秦录》记载,谓《成实论》于弘始八年(406)译出。

② 毗昙,论藏之总名,常指小乘萨多部之论藏,如《发智》、《六足》、《婆沙》、《俱舍》之论。

有壮心,却力不从心。胸中所蕴的佛经还有许多,他当然想全部译出来。但今世已不可能,只能等来世——他相信有来世,这是无疑的。在长安十余年,几乎无日不译经、不讲经。译出的三百余卷佛经,不论是数量还是质量,以前的翻译家都无法与他相比。他确信,这些经典必将流传后世,后人会一代一代的诵读、供养、研究。想到这里,他不无欣慰。

近来,母亲的影子经常浮现在眼前,她的叮嘱也常在耳边:"方等深教,应大阐真丹,传之东土,唯尔之力!"母亲啊,儿子终生记住你的教诲,方等深教正在震旦流传。母亲可以放心,儿亦可以无恨。

转眼到了弘始十五年(413)的春天,罗什不能再去大寺听僧叡讲《成实论》了。他在廨舍闲居静养,十个妓女前前后后侍候。她们严格执行皇帝的圣谕:罗什大师永远是大秦的国宝,悉心照料,不可有任何差错!廨舍旁边的柳树光秃秃的,苦苦等待春天的来临。可是这年春天的脚步特别迟缓,已经是三月中旬了,枝头上的嫩芽仍冷得不愿透出来。罗什看见停留在寒条上的寒风,叹了口气,心想不知能不能看到今年的春色满园。随后,阖上眼,想像佛涅槃前的情景。

正在这时,通报昙摩流支和卑摩罗叉来访。

"于大堂茶水侍候。"罗什吩咐管家的沙门。老朋友来访,精神似乎好了许多。也不用人扶,慢慢走到大堂。流支、罗叉两人已先到了。

三人坐定,寒暄毕。先谈起耶舍正在翻译的《四分律》,再说毗婆沙法师于石羊寺准备译出《舍利弗阿毗昙》胡本的进展,最后,谈起《十诵律》。

罗什:"《十诵律》共译出五十八卷,贫道嫌其文烦未善,常想删治简略之。"

流支:"什法师所言极是。中土人喜简,庐山远公以为《大智度论》过于冗长,删繁就简成《大智度论抄》,方便僧众,事半功倍,殊可效法。"

罗什:"极是,极是。远公虽不懂梵文、胡语,但善以小气力搏大象。《大智度论抄》诚为创新之举,深受中土僧人之欢迎。可惜贫道有心无力,《十诵律》删治之事,恐怕要由流支法师来完成了。"

流支:"罗叉法师身体强健,又是当今律藏大师,对《十诵律》深有研究,删治此经最合适。"

　　罗叉连连摆手："贫道岂有本事删治此经？什法师译至五十八卷，若由贫道治此经，恐怕不仅不删治，反而卷数更多。"

　　罗什、流支同时看着罗叉，不解罗叉的意思。

　　"不过有此种想法而已。"罗叉不作详细说明。

　　流支、罗叉二人见罗什精神萎靡，谈吐大不如从前，坐了个把时辰即告辞。

　　罗什身体确实不妙。他越来越感觉浑身沉重，支节皆痛，饮食不消，气喘得厉害。于是口出三番神咒，令外国弟子诵之。可惜，这种自救方法不仅不见效，反而病情更显危殆。罗什自知灭度的时刻将至，他不愿意死在廨舍。廨舍终究是姚兴强加给他的所在，致使他在这里犯戒多年。倘若死在廨舍，那将是他的耻辱。正如战士死在疆场，他要死在大寺，死在译经、讲经多年的草堂寺。那里才是他告别尘世最合适的地方，能听到佛祖的声音，听到忉利天的美妙音乐。

　　一辆豪华的马车载着时而昏迷、时而清醒的罗什，由弟子们护送到草堂寺。讲经说法的高座已经移放到了平地，罗什被搀扶着坐在高座上。从十几岁就升高座，在高座上坐了一生。他的生命、事业、学问、成就，都与高座连在一起，不可分离。僧肇、僧叡、道融、僧䂮、道恒等高足弟子团团围在高座周围，还有三千徒众挤满了草堂寺。他们知道很快会痛失导师，悲情难抑。

　　罗什眼前出现了佛涅槃时的景象：大地十八相动，天鼓自鸣，以佛力故空中唱言："如来不久当涅槃。"罗什听见了世尊所说的偈言："一切诸众生，皆随有生死。我今亦生死，而不随于有。一切造作行，我今欲弃舍。"（《大般涅槃经》卷上）罗什没有佛那样的力量，因此无法对弟子唱言。

　　时间似乎停止了流动。

　　但愿时间永远静止。

　　草堂寺里数千僧众，如空无一人，鸦雀无声。

　　僧肇、僧叡见罗什一动不动，心中痛苦，流泪不止。

　　过了一会，弟子们见罗什睁开了浑浊的眼睛。将死的导师积聚最后的

力量,为了与弟子作最后的告别。非常微弱的声音断断续续地落在高足弟子们的耳边,似易碎的珠宝:

"因法与汝等相遇,未曧尔等之心。一切诸法,皆悉无常,恩爱合会,无不别离。何必恻怆,期于后世。自以暗昧,谬充传译。凡所出经三百余卷,唯《十诵》一部未及删烦。存其本旨,必无差失。愿凡所宣译,传流后世,咸共弘通。今于众前发诚实誓:若所传无谬者,当使焚身之后,舌不焦烂。"

僧肇、僧叡等倾耳谛听,泪水如雨,湿透了罗什的僧衣。导师的临终遗言,既有俗谛的情之依恋,又有真谛的理之超脱。导师总结了自己的一生,总结了一生的成就和遗憾,表达出一个伟大弘法者的期望、真诚和自信。

罗什告别了弟子,告别了高座,告别了长安,告别了常常挂怀的龟兹,告别了非有非无的世界。

他永远闭上了双眼。一个伟大的天才从此消失。

草堂寺内哭声如天鼓自鸣,声震四方。

罗什的遗体由皇宫的禁卫军运到逍遥园,依佛教的葬法火化。西明阁前面的空地上,积薪三丈。真像盛大的节日,逍遥园里集合着罗什的三千弟子。长安的民众及远近的信徒不断涌进逍遥园,都想瞻仰大师的遗容,与这位改变了长安文化面貌的胡僧告别,看着他如何进入西天的佛国。

姚兴亲自主持罗什的葬礼。

"太山坏矣,梁柱摧矣,明灯灭矣,哲人萎矣,导师亡矣,秦之大宝丧矣!"姚兴说着,涕泗齐下。

积薪点火。火焰升天而起,吞噬了罗什的遗体。火堆旁边的罗什弟子痛苦、紧张、半信半疑地看着熊熊大火。不消半个时辰,薪尽火灭,罗什的遗体成为空无。灰烬中,唯有一片完整的舌头,很大,红色如莲花。

罗什的弟子看着这片舌头,个个惊奇得目瞪口呆。

还是僧肇机敏,对众人说:"什师发诚实誓,若所传无谬者,但使焚身后,舌不焦烂。什师所出三百卷佛典,乃无上正觉,可信从无疑!"说完,他从怀中抽出一块白布,小心翼翼地将灰烬中的红莲一般的舌头放在白布上,双手托着,犹如托着一件无价的珍宝。

三千弟子轰动了。逍遥园里的民众轰动了。

这时,僧叡高声喊肃静。鼎沸的人声渐渐沉寂。

"众皆肃静。今日我等会葬罗什法师,亲见法师形碎舌存。可证法师所译、所讲皆发无上正真道意。我等当诵佛经,以送别法师进西天佛国。"说完,僧叡带头诵《放光般若经》:

> 尔时世尊出广长舌,遍三千大千国土。遍已,从其舌根复放无央数亿百千光明。——光明化为千叶宝华,其色如金。——华者上皆有坐佛,——诸佛皆说六度无极。一切众生闻说法者,皆发无上正真道意。其舌光明,——华像,复照十方恒边沙国土;一切众生见其光明、闻说法者,亦发无上正真道意。

逍遥园内,万众齐诵,声彻天外:

"……一切众生见其光明,闻说法者,亦发无上正真道意。"

第二十二章　梵轮摧轴与再转

> 阿难,我般泥洹后,族姓男女念佛生时,功德如是。
> 佛得道时,神力如是。转法轮时,度人如是。临灭度时,
> 遗法如是。
>
> ——《佛说长阿含经》卷四

僧所以为佛教三宝之一,[①] 在于僧能弘道。所谓人能弘道,非道弘人。人能弘道,人至法随;非道弘人,人无法灭。

一代高僧鸠摩罗什的辞世,确如姚兴所叹:秦之大宝丧矣。长安的佛光顿时暗淡,草堂寺冷冷清清,高座寂然无人,梵轮不再转动。数千弟子,感觉犹如太阳消失,长夜漫漫。

人亡道消,群龙无首,无尽悲哀。

僧肇尤其悲伤,十年来追随师父的情景一幕幕难忘:凉州初见什师,黄河边师徒俩夜谈中国诗歌,逍遥园的译经岁月,什师对《般若无知论》的赞赏……此生得遇什师,是最大的幸事。一位不世出的天才,誉满天下的佛学大师,我有幸做其门徒,咨禀义学,悟解幽妙,躬逢难遇之盛事,若非前世所积善缘,能相遇什师吗?又回顾什师弘法之伟业,开创佛法东传以来简直不可思议之繁盛局面,更深切感到什师之亡,如朝阳陨落,山岳崩颓,六合昼昏,迷驾九衢。谁再能像什师那样,巍巍乎,荡荡乎,具无边之高韵,难测之义学,为我等指点迷津? 无人了,再无什师那样的伟人了。我等全都成了盲子! 悲哀啊,无边无际的悲哀!

僧肇泪眼模糊,看着几案上的《中论》、《百论》、《十二门论》,再也难抑悲

---

① 三宝:剃发染衣为僧宝,黄卷赤轴为法宝,泥木素像为佛宝。见《天台菩萨戒疏》上。

伤,挥笔作《鸠摩罗什法师诔》。这篇诔感情真挚,文采斐然,是中古时期最佳诔文之一。因篇幅稍长,故略其序,仅录诔文:

乃为诔曰:

先觉登遐,灵风缅邈。通仙潜凝,应真冲漠。

丛丛九流,是非竞作。悠悠盲子,神根沈溺。

时无指南,谁识冥度。大人远觉,幽怀独悟。

恬冲静默,抱此玄素。应期乘运,翔翼天路。

既曰应运,宜当时望。受生乘利,形标奇相。

禠襟俊远,髫龀逸量。思不再经,悟不待匠。

投足八道,游神三向。玄根挺秀,宏音远唱。

又以抗节,忽弃荣俗。从容道门,尊尚素朴。

有典斯寻,有妙斯录。弘无自替,宗无拟族。

霜结如冰,神安如岳。外疏弥高,内朗弥足。

恢恢高韵,可模可因。愔愔冲德,惟妙惟真。

静以通玄,动以应人。言为世宝,默为时珍。

华风既立,二教亦宾。谁谓道消,玄化方新。

自公之觉,道无不弘。灵风退扇,逸响高腾。

廓兹大方,然斯惠灯。道音始唱,俗网以崩。

痴根弥拔,上善弥增。人之寓俗,其途无方。

统斯群有,纽兹颓纲。顺以四恩,降以慧霜。

如彼维摩,迹参城坊。形虽圆应,神冲帝乡。

来教虽妙,何足以臧。伟哉大人,振隆圆德。

标此名相,显彼冲默。通以众妙,约以玄则。

方隆般若,以应天北。如何运遭,幽里冥克。

天路谁通,三涂谁塞。呜呼哀哉!

至人无为,而无不为。权网退笼,长罗远羁。

纯恩下钓,客旅上摘。恂恂善诱,肃肃风驰。

道能易俗,化能移时。奈何昊天,摧此灵规。

至真既往，一道莫施。天人哀泣，悲恸灵祇。

呜呼哀哉！

公之云亡，时唯百六。道匠韬斤，梵轮摧轴。

朝阳颓景，琼岳颠覆。宇宙昼昏，时丧道目。

哀哀苍生，谁抚谁育。普天悲感，我增摧轴。

呜呼哀哉！

昔吾一时，曾游仁川。遵其余波，纂承虚玄。

用之无穷，钻之弥坚。曜日绝尘，思加数年。

微情末叙，已随化迁。如可赎兮，贸之以千。

时无可待，命无可延。惟身惟人，靡凭靡缘。

驰怀罔极，情悲昊天。呜呼哀哉！

　　僧肇的诔文道出了罗什弟子的普遍感受，弟子们读后，无不涕泗横流。

　　也许悲伤过度，罗什死后的次年，年轻的僧肇也离开了这个世界。哲人易萎，大宝难久。从此，佛教史上既难遇罗什这样的大师，也罕见僧肇这样的智者。

　　罗什的弟子慧观，离开长安，南至荆州。

　　道融也告别长安，去了彭城（今徐州）。

　　昙影走进深山栖隐，从此远离人事，与寂寞为伴。

　　卑摩罗叉先前闻罗什在长安弘法，弘始中也来长安。罗什弃世，罗叉离开长安，最后驻锡于寿春石涧寺，讲授律藏。罗叉所译的《十诵律》有五十八卷，在石涧寺续译，成为六十一卷，最后一诵改为《毗尼诵》。罗什生前欲删治《十诵律》的宿愿无人替他完成。

　　昙摩流支在罗什亡后住在长安大寺，也未做删治《十诵律》的工作。慧观想请他南下京师建康，流支以为建康有人在弘法，他要去无人教授律藏的地方。于是四处游化，不知所终。

　　罗什的老师佛陀耶舍，在罗什亡后的次年，译完《四分律》后，便离开长安回到故国罽宾，得《虚空藏经》一卷，由商人传至凉州诸僧。后不知所终。

　　弟子散了，老朋友走了。

罗什死后的第三年，即东晋义熙十二年（416），姚兴死了。

姚兴死后的明年，即东晋义熙十三年（417），后秦国也亡了。

如姹紫嫣红的鲜花，突遇狂风暴雨，一夜之间统统凋零。盛极而衰，历史经常上演这样的悲喜剧，让人们惊悚，难以忘怀。往昔逍遥园、大寺、中寺的诵经声消歇，树下林间，坐禅者不知去向。西明阁前神佛相遇的绝技，从此失传。永贵里浮图顶部金光闪闪的宝刹，再也不能照亮天上的白云。塔上的金玲，在风中叮叮当当，不知是哀怨，还是叹息，无人能听懂了。长安城内，也不再漂浮神奇的安息香味，经久不灭。街巷与乡村，也看不到持钵乞食的僧人。佛像蒙上了灰尘，冷漠地看着人世的变化……

有盛必衰，天下没有不散的宴席——无言的历史总是这样叙述。

梵轮摧轴。岂止摧轴，甚至是彻底瓦解。

然而，西北的梵轮摧轴，东南的梵轮仍在转动。人能弘道，非道弘人，其实不可绝对而论。道犹如种子，裹着不可思议的潜能，即使在时空的重压下依然保存强大的生命力，遇到一定条件仍然能发芽、开花、结果。所以，道也弘人。罗什译出的几百卷优秀佛典，由长安传至庐山，传至建康，传至一切众生。这些佛典播下了数量巨大的文化种子，由罗什弟子浇灌培育，终于在南朝形成中国佛学的几个生命力强大的宗派。僧肇哀叹罗什之死说："道匠西倾，灵轴东摧。"道匠固然西倾，灵轴却并未东摧。罗什传播的大乘中观学，在东方弘扬光大，成为中国文化的重要部分。

鸠摩罗什是中华文化的骄傲，在中国文化史上留下了深刻印记。他的传奇人生、译出的不朽佛典、精深的佛学思想，为一代一代的佛教信徒和学者言说了一千六百年。

鸠摩罗什是永恒的。

慧灯虽然时暗时明，但不会熄灭。

梵轮摧轴，劫难过后，还会再转。

2011 年 11 月 9 日至 2012 年 3 月 29 日初稿

2012 年 3 月 30 日至 2012 年 6 月 12 日改定

慧皎《高僧传·鸠摩罗什传》

鸠摩罗什,此云童寿,天竺人也。家世国相。什祖父达多,倜傥不群,名重于国。父鸠摩炎,聪明有懿节。将嗣相位,乃辞避出家,东度葱岭。

龟兹王闻其弃荣,甚敬慕之,自出郊迎,请为国师。王有妹年始二十,识悟明敏,过目必能,一闻则诵。且体有赤黶,法生智子。诸国娉之,并不肯行。及见摩炎,心欲当之。乃逼以妻焉。

既而怀什。什在胎时,其母自觉神悟超解,有倍常日。闻雀梨大寺名德既多,又有得道之僧,即与王族贵女德行诸尼,弥日设供,请斋听法。什母忽自通天竺语,难问之辞必穷渊致。众咸叹之。有罗汉达摩瞿沙曰:"此必怀智子。"为说舍利弗在胎之证。及什生之后,还忘前言。

顷之,什母乐欲出家。夫未之许。遂更产一男,名弗沙提婆。后因出城游观,见冢间枯骨异处纵横,于是深惟苦本,定誓出家,若不落发,不咽饮食。至六日夜,气力绵乏,疑不达旦。夫乃惧而许焉。以未剃发故,犹不尝进。即敕人除发,乃下饮食。次旦受戒,仍乐禅法。专精匪懈,学得初果。

什年七岁亦俱出家。从师受经,日诵千偈。偈有三十二字,凡三万二千言。诵毘昙既过,师授其义。即自通达,无幽不畅。时龟兹国人以其母王妹,利养甚多。乃携什避之。

什年九岁,随母渡辛头河至罽宾,遇名德法师槃头达多,即罽宾王之从弟也。渊粹有大量,才明博识,独步当时,三藏九部,莫不该练。从旦至中,手写千偈。从中至暮,亦诵千偈。名播诸国,远近师之。什至,即崇以师礼,从受杂藏、中、长二含凡四百万言。达多每称什神俊,遂声彻于王。王即请入宫。集外道论师,共相攻难。言气始交,外道轻其年幼,言颇不逊。什乘隙而挫之。外道折伏，愧惋无言。王益敬异，给鹅腊一双，粳米面各三斗，酥六升。此外国之上供也。所住寺僧乃差大僧五人，沙弥十人，营视扫洒，有若弟子。其见尊崇如此。

至年十二，其母携还龟兹。诸国皆聘以重爵，什并不顾。时什母将什至月氏北山，有一罗汉，见而异之，谓其母曰："常当守护此沙弥，若至三十五不破戒者，当大兴佛法，度无数人，与优波掘多无异。若戒不全，无能为也，正可才明，携诣法师而已。"

什进到沙勒国，顶戴佛钵。心自念言："钵形甚大，何其轻耶？"即重不可胜，失声下之。母问其故。答云："儿心有分别，故钵有轻重耳。"遂停沙勒一年。其冬诵阿毗昙，于十门、修智诸品，无所谘受，而备达其妙。又于《六足》诸问，无所滞碍。沙勒国有三藏沙门名喜见，谓其王曰："此沙弥不可轻。王宜请令初开法门，凡有二益：一，国内沙门耻其不逮，必见勉强。二，龟兹王必谓什出我国，而彼尊之是尊我也，必来交好。"王许焉，即设大会，请什升座说《转法轮经》。龟兹王果遣重使酬其亲好。什以说法之暇。乃寻访外道经书。善学《围陀含多论》，多明文辞制作问答等事。又博览《四围陀典》及《五明》诸论，阴阳星算，莫不必尽，妙达吉凶，言若符契。为性率达，不厉小检。修行者颇共疑之。然什自得于心，未尝介意。

时有莎车王子、参军王子兄弟二人，委国请从而为沙门。兄字须利耶跋陀，弟字须利耶苏摩。苏摩才伎绝伦，专以大乘为化。其兄及诸学者皆共师焉。什亦宗而奉之，亲好弥至。苏摩后为什说《阿耨达经》。什闻阴界诸入皆空无相，怪而问曰："此经更有何义，而皆破坏诸法？"答曰："眼等诸法，非真实有。"什既执有眼根，彼据因成无实，于是研核大小，往复移时。什方知理有所归，遂专务方等，乃叹曰："吾昔学小乘，如人不识金，以鍮石为妙。"因广求义要，受诵《中》《百》二论及《十二门》等。

顷之，随母进到温宿国，即龟兹之北界。时温宿有一道士，神辩英秀，振名诸国，手击王鼓，而自誓言："论胜我者，斩首谢之。"什既至，以二义相检。即迷闷自失，稽首归依。于是声满葱左，誉宣河外。

龟兹王躬往温宿，迎什还国。广说诸经，四远宗仰，莫之能抗。时王子为尼,字阿竭耶末帝,博览群经,特深禅要,云已证二果,闻法喜踊。乃更设大集,请开方等经奥。什为推辩诸法,皆空无我,分别阴界,假名非实。时会听者,莫不悲感追悼,恨悟之晚矣。

至年二十,受戒于王宫,从卑摩罗叉学《十诵律》。

有顷,什母辞往天竺,谓龟兹王白纯曰:"汝国寻衰,吾其去矣。"行至天竺,进登三果。什母临去,谓什曰:"方等深教,应大阐真丹。传之东土,唯尔之力。但于自身无利,其可如何?"什曰:"大士之道,利彼忘躯。若必使大化流传,能洗悟蒙俗,虽复身当炉镬,苦而无恨!"于是留住龟兹,止于新寺。后于寺侧故宫中,初得《放光经》,始就披读。魔来蔽文,唯见空牒。什知魔所为,誓心逾固。魔去字显,仍习诵之。复闻空中声曰:"汝是智人,何用读此!"什曰:"汝是小魔,宜时速去。我心如地不可转也!"停住二年,广诵大乘经论,洞其秘奥。

龟兹王为造金师子座,以大秦锦褥铺之,令什升而说法。什曰:"家师犹未悟大乘,欲躬往仰化,不得停此。"俄而大师槃头达多不远而至。王曰:"大师何能远顾?"达多曰:"一闻弟子所悟非常,二闻大王弘赞佛道,故冒涉艰危,远奔神国。"什得师至,欣遂本怀。为说《德女问经》,多明因缘空假。昔与师俱所不信,故先说也。师谓什曰:"汝于大乘,见何异相,而欲尚之?"什曰:"大乘深净,明有法皆空。小乘偏局,多诸漏失。"师曰:"汝说一切皆空,甚可畏也。安舍有法而爱空乎?如昔狂人,令绩师绩线,极令细好。绩师加意,细若微尘。狂人犹恨其粗,绩师大怒,乃指空示曰:'此是细缕。'狂人曰:'何以不见?'师曰:'此缕极细,我工之良匠,犹且不见,况他人耶。'狂人大喜,以付织师。师亦效焉,皆蒙上赏,而实无物。汝之空法,亦由此也。"什乃连类而陈之。往复苦至,经一月余日,方乃信服。师叹曰:"师不能达,反启其志,验于今矣。"于是礼什为师,言:"和上是我大乘师。我是和上小乘师矣。"西域诸国,咸伏什神俊。每年讲说,诸王皆长跪座侧,令什践而登焉。其见重如此。什既道流西域,名被东川。

时符坚僭号关中,有外国前部王及龟兹王弟,并来朝坚。坚引见,二王说坚云:"西域多产珍奇,请兵往定,以求内附。"至符坚建元十三年岁次丁丑,正月,太史奏云:"有星见于外国分野,当有大德智人入辅中国。"坚曰:"朕闻西域有鸠摩罗什,襄阳有沙门释道安,将非此耶?"即遣使求之。至十七年二月,善善王、前部王等,又说坚,请兵西伐。十八年九月,坚遣骁骑将军吕光、陵江将军姜飞,将前部王及车师王等,率兵七万,西伐龟兹及乌耆诸国。临发,坚饯光于建章宫,谓光曰:"夫帝王应天而治,以子爱苍生为本。岂贪其地而伐之乎?正以怀道之人故也。朕闻西国有鸠摩罗什,深解法相,善闲阴阳,为后学之宗,朕甚思之。贤哲者国之大宝,若克龟兹,即驰驿送什。"

　　光军未至,什谓龟兹王白纯曰:"国运衰矣!当有勍敌。日下人从东方来,宜恭承之,勿抗其锋。"纯不从而战。光遂破龟兹杀纯,立纯弟震为主。光既获什,未测其智量,见年齿尚少,乃凡人戏之,强妻以龟兹王女。什距而不受,辞甚苦到。光曰:"道士之操不踰先父,何可固辞?"乃饮以醇酒,同闭密室。什被逼既至,遂亏其节。或令骑牛及乘恶马,欲使堕落。什常怀忍辱,曾无异色。光惭愧而止。光还中路,置军于山下,将士已休。什曰:"不可在此,必见狼狈,宜徙军陇上。"光不纳。至夜果大雨,洪潦暴起,水深数丈,死者数千。光始密而异之。什谓光曰:"此凶亡之地,不宜淹留。推运揆数,应速言归。中路必有福地可居。"光从之。

　　至凉州,闻苻坚已为姚苌所害。光三军缟素,大临城南。于是窃号关外,称年太安。太安元年正月,姑臧大风。什曰:"不祥之风,当有奸叛。然不劳自定也。"俄而梁谦、彭晃,相继而叛,寻皆殄灭。至光龙飞二年,张掖、临松卢水胡沮渠男成及从弟蒙逊反,推建康太守段业为主。光遣庶子秦州刺史太原公纂,率众五万讨之。时论谓业等乌合,纂有威声,势必全克。光以访什。什曰:"观察此行,未见其利。"既而纂败绩于合梨,俄又郭黁作乱。纂委大军轻还,复为黁所败,仅以身免。光中书监张资文翰温雅,光甚器之。资病,光博营救疗。有外国道人罗叉,云能差资疾。光喜,给赐甚重。什知叉诳诈,告资曰:"叉不能为益,徒烦费耳。冥运虽隐,可以事试也。"乃以五色丝作绳结之,烧为灰末投水中。灰若出水还成绳者,病不可愈。须臾,灰聚浮出,复绳本形。既而又治,无效,少日资亡。

顷之，光又卒，子绍袭位。数日，光庶子纂杀绍自立，称元咸宁。咸宁二年，有猪生子，一身三头。龙出东厢井中，到殿前蟠卧，比旦失之。纂以为美瑞，号大殿为龙翔殿。俄而有黑龙升于当阳九宫门，纂改九宫门为龙兴门。什奏曰："皆潜龙出游，豕妖表异。龙者阴类，出入有时，而今屡见，则为灾眚，必有下人谋上之变。宜克己修德，以答天戒。"纂不纳。与什博戏，杀棋曰："斫胡奴头！"什曰："不能斫胡奴头，胡奴将斫人头。"此言有旨，而纂终不悟。光弟保有子名超，超小字胡奴，后果杀纂斩首，立其兄隆为主，时人方验什之言也。什停凉积年，吕光父子既不弘道，故蕴其深解，无所宣化。苻坚已亡，竟不相见。

及姚苌僭有关中，亦挹其高名，虚心要请。诸吕以什智计多解，恐为姚谋，不许东入。及苌卒，子兴袭位，复遣敦请。兴弘始三年三月，有树连理生于广庭，逍遥园葱变为茝。以为美瑞，谓智人应入。至五月，兴遣陇西公硕德西伐吕隆，隆军大破。至九月，隆上表归降，方得迎什入关，以其年十二月二十日至于长安。兴待以国师之礼，甚见优宠。晤言相对，则淹留终日。研微造尽，则穷年忘倦。自大法东被，始于汉明。涉历魏晋，经论渐多。而支竺所出，多滞文格义。兴少达崇三宝，锐志讲集。什既至止，仍请入西明阁及逍遥园，译出众经。什既率多谙诵，无不究尽，转能汉言，音译流便。既览旧经，义多纰僻。皆由先译失旨，不与梵本相应。于是兴使沙门僧䂮、僧迁、法钦、道流、道恒、道标、僧叡、僧肇等八百余人谘受什旨。更令出《大品》，什持梵本，兴执旧经，以相雠校。其新文异旧者，义皆圆通。众心恢伏，莫不欣赞。兴以佛道冲邃，其行唯善。信为出苦之良津，御世之洪则。故托意九经，游心十二，乃著《通三世论》以勖示因果。王公已下，并钦赞厥风。大将军常山公显、左军将军安城侯嵩，并笃信缘业，屡请什于长安大寺讲说新经。续出《小品》、《金刚波若》、《十住》、《法华》、《维摩》、《思益》、《首楞严》、《持世》、《佛藏》、《菩萨藏》、《遗教》、《菩提》《无行呵欲》、《自在王》、《因缘观》、《小无量寿》、《新贤劫》、《禅经》、《禅法要》、《禅要解》、《弥勒成佛》、《弥勒下生》、《十诵律》、《十诵戒本》、《菩萨戒本》、《释论》、《成实》、《十住》、《中》、《百》、《十二门论》，凡三百余卷，并畅显神源，挥发幽致。于时四方义士，万里必集。盛业久大，于今咸仰。龙光释道生，慧解入微，玄构文外，每恐言舛，入关请决。庐山释慧远学贯群经，栋梁遗化，而时去圣久，远疑义莫决，乃封以谘什，语见《远传》。

初，沙门僧叡才识高明，常随什传写。什每为叡论西方辞体，商略同异云："天竺国俗，甚重文制，其宫商体韵，以入弦为善。凡觐国王，必有赞德，见佛之仪，以歌叹为贵，经中偈颂，皆其式也。但改梵为秦，失其藻蔚，虽得大意，殊隔文体，有似嚼饭与人，非徒失味，乃令呕哕也。"什尝作颂赠沙门法和云："心山育明德，流熏万由延。哀鸾孤桐上，清音彻九天。"凡为十偈，辞喻皆尔。什雅好大乘，志存敷广，常叹曰："吾若着笔作大乘阿毗昙，非迦旃延子比也。今在秦地，深识者寡，折翮于此，将何所论。"乃凄然而止。唯为姚兴著《实相论》二卷，并注《维摩》。出言成章，无所删改。辞喻婉约，莫非玄奥。

什为人神情朗彻，傲岸出群，应机领会，鲜有伦匹者。笃性仁厚，泛爱为心，虚己善诱，终日无倦。姚主常谓什曰："大师聪明超悟，天下莫二，若一旦后世，何可使法种无嗣。"遂以妓女十人，逼令受之。自尔以来，不住僧坊，别立廨舍，供给丰盈。每至讲说，常先自说："譬喻如臭泥，中生莲花，但采莲花，勿取臭泥也。"

初，什在龟兹，从卑摩罗叉律师受律。卑摩后入关中，什闻至欣然，师敬尽礼。卑摩未知被逼之事，因问什曰："汝于汉地大有重缘，受法弟子可有几人？"什答云："汉境经律未备，新经及诸论等，多是什所传出。三千徒众，皆从什受法。但什累业障深，故不受师教耳。"

又杯渡比丘在彭城，闻什在长安，乃叹曰："吾与此子戏别三百余年，杳然未期，迟有遇于来生耳。"什未终日。少觉四大不愈，乃口出三番神咒，令外国弟子诵之以自救。未及致力，转觉危殆，于是力疾与众僧告别曰："因法相遇，殊未尽伊心，方复后世，恻怆何言！自以暗昧，谬充传译。凡所出经论三百余卷，唯《十诵》一部未及删烦，存其本旨，必无差失。愿凡所宣译，传流后世，咸共弘通。今于众前发诚实誓：若所传无谬者，当使焚身之后，舌不燋烂。"以伪秦弘始十一年八月二十日，卒于长安，是岁晋义熙五年也。即于逍遥园依外国法以火焚尸，薪灭形碎，唯舌不灰。后外国沙门来云："罗什所谙，十不出一。"初，什一名鸠摩罗耆婆。外国制名，多以父母为本。什父鸠摩炎，母字耆婆，故兼取为名。然什死年月，诸记不同。或云弘始七年，或云八年，或云十一年。寻七与十一字或讹误。而译经录传中犹有一年者，恐雷同三家，无以正焉。

鸠摩罗什年谱简编

晋康帝建元二年后赵石虎建武十年甲辰（344） 一岁

鸠摩罗什生。

《出三藏记集》一四《鸠摩罗什传》（以下省作《出三藏记集》）："鸠摩罗什，齐言童寿，天竺人也。家世国相，什祖父达多，倜傥不群，名重于国。父鸠摩炎，聪明有懿节，将嗣相位，乃辞避出家，东度葱岭。龟兹王闻其弃荣，甚敬慕之，自出郊迎请为国师。王有妹，年始十二，才悟明敏，过目必能，一闻则诵，且体有赤黡，法生智子。诸国聘之并不行。及见炎，心欲当之。王闻大喜，逼炎为妻，遂生什。什之在胎，其母慧解倍常，往雀梨大寺听经，忽自通天竺语。众咸惊异。有罗汉达摩瞿沙曰：'此必怀智子。'为说舍利佛在胎之证。既而生什，岐嶷若神。"

《广弘明集》二三僧肇《鸠摩罗什法师诔》并序谓罗什"癸丑之年，年七十，四月十三日薨于大寺"。僧肇为罗什高足，所言不容置疑。由此上推，罗什当生于本年。日本有些佛教研究者谓罗什卒时约六十岁，本年谱不从其说。

晋穆帝永和元年后赵石虎建武十一年乙巳（345） 二岁

罗什母出家修道，学得初果。（《出三藏记集》）

慧远游学许、洛。

《世说新语·文学》注引张野《远法师铭》云："远世为冠族。年十二随舅游学许、洛。"

晋穆帝永和二年后赵石虎建武十二年丙午（346） 三岁

晋穆帝永和三年后赵石虎建武十三年丁未（347） 四岁

释昙顺生。（《高僧传》六《道祖传》、《佛祖统纪》二六引《十八贤传》）

晋穆帝永和四年后赵石虎建武十四年戊申（348） 五岁

十二月，佛图澄卒于邺。（《高僧传》九《佛图澄传》）

晋穆帝永和五年后赵石虎太宁元年己酉（349） 六岁

道安应石遵之请，入华林园。不久，西适牵口山。（《高僧传》五《道安传》）

据《晋书》八《穆帝纪》，石遵废石世自立在太宁元年（349）五月。十一月，石鉴杀石尊自立。则石遵请道安入华林园当在此年五月后。而十一月石鉴杀石遵，国运将危，道安西适牵口山，或即在此时也。

晋穆帝永和六年后赵石祗永宁元年庚戌（350） 七岁

罗什出家，从师受经。（《出三藏记集》、《高僧传》二《鸠摩罗什传》，以下省称《高僧传》）。

道安约于本年避难濩泽，注解《阴持入经》。不久，与同学竺法汰、释僧先、道护居飞龙山。（《高僧传》五《道安传》，道安《阴持入经序》）

道安约于本年应武邑太守之邀，於郡讲经。（《高僧传》五《道安传》、《佛祖统纪》卷三六）

晋穆帝永和七年前秦苻健皇始元年辛亥（351）　八岁

晋穆帝永和八年前秦苻健皇始二年壬子（352）　九岁

罗什至罽宾，师从槃头达多。与外道论师共相攻难，外道折服，王敬异之。（《出三藏记集》《高僧传》）

道安约于本年复率众入王屋、女休山。（《高僧传》五《道安传》）

晋穆帝永和九年前秦苻健皇始三年癸丑（353）　十岁

罗什在罽宾。

道安约于本年在太行恒山创立寺塔。（《高僧传》五《道安传》）

按，《道安传》叙安于太行恒山创立寺塔之事，在避难濩泽与居飞龙山之后，故暂定于本年。

晋穆帝永和十年前秦苻健皇始四年甲寅（354）　十一岁

罗什在罽宾。

慧远欲渡江东就范宣子，不果，遂归道安出家。（《高僧传》六《慧远传》）

晋穆帝永和十一年前秦苻生寿光元年乙卯（355）　十二岁

罗什随母还龟兹，至月氏北山。（《出三藏记集》）

佛陀耶舍约于本年或之前至沙勒国，罗什从之受学《十诵律》。（《高僧传》二《佛陀耶舍传》、《出三藏记集》）

据《高僧传》，罗什十二岁，其母携还龟兹，则至迟在罗什还龟兹之前，耶舍已在沙勒国。罗什由罽宾还龟兹，路经沙勒，而耶舍先已止此，故得以相遇也。

慧远随道安在恒山。

晋穆帝永和十二年前秦苻生寿光二年丙辰（356）　十三岁

罗什约于本年或稍前至沙勒国，博览经书，备达其妙。沙勒国王设大会，请什升座说《转法轮经》。

> 《高僧传》叙罗什年十二，其母携还龟兹，诸国皆聘以重爵，什并不顾，时至月氏北山，一罗汉见而异之。后进到沙勒国，遂停沙勒一年云云。则罗什还至龟兹之前，曾在沙勒停留一年，非是还龟兹后再至沙勒也。

慧远以佛法为己任，精思讽持，以夜继昼，为师道安赞许。（《高僧传》六《慧远传》）

晋穆帝升平元年前秦苻坚永兴元年丁巳（357）　十四岁

罗什与莎车王子须耶利苏摩亲好，从苏摩学大乘经论。

> 《高僧传》谓苏摩与罗什辩论诸法实相，"什既执有眼根，彼据因成无实，于是研覈大小，往复移时，什方知理有所归，遂专务《方等》。乃叹曰：'吾昔学小乘，如人不识金，以鍮石为妙。'"罗什由小乘转而研覈大乘当在沙勒国时。

罗什约于本年或稍后至温宿国。

> 《高僧传》叙毕罗什研覈大乘经纶，即云："顷之，随母进到温宿国。"可知罗什留止沙勒年余后，即至温宿国。

慧远始就道安讲经，曾引《庄子》义为连类，惑者晓然。（《高僧传》六《慧远传》）

晋穆帝升平二年前秦苻坚永兴二年戊午（358） 十五岁

罗什与温宿道士论辩，声满葱左，誉宣河外。龟兹王亲往温宿，迎什还国。（《高僧传》）

佛陀耶舍留止沙勒国。（《高僧传》二《佛陀耶舍传》）

道安因慕容儁之逼，停留南阳，再至新野，分张徒众。竺法汰往京师传教，因疾停阳口，慧远奉道安之命，下荆州问疾。（《高僧传》五《道安传》、《世说新语·赏誉》注引车频《秦书》、《世说新语·雅量》注引《安和上传》）

法汰在荆州大集名僧，令弟子驳道恒心无义。慧远就席，难道恒，破心无义。（《高僧传》五《竺法汰传》）

佛驮跋陀罗生。

《出三藏记集》一四《佛驮跋陀罗传》："以元嘉六年卒，春秋七十有一。"由元嘉六年（429）上推，当知佛驮跋陀罗生于本年。

晋穆帝升平三年前秦苻坚甘露元年己未（359） 十六岁

慧远随道安先后至陆浑、南阳等地。

按，《高僧传》卷五《道安传》叙道安于石氏乱后避难，至晋哀帝兴宁三年（365）之襄阳经历，极其混乱，诸如入王屋、女休山以及居陆浑之时间，俱不能明。据襄阳名士习凿齿致道安书云："又闻三千弟子，俱见南阳。"则道安率弟子曾停留南阳，然确切年月不知。

晋穆帝升平四年前秦苻坚甘露二年庚申（360） 十七岁

支遁约于本年还剡，谢安致书。遁还剡经会稽，讲《庄子·逍遥游》，标揭新理。不久，於剡山沃洲小岭立寺行道。（《高僧传》四《支遁传》）

晋穆帝升平五年前秦苻坚甘露三年辛酉（361） 十八岁

于法开为穆宗视疾。(《高僧传》四《于法开传》)

晋哀帝隆和元年前秦苻坚甘露四年壬戌(362) 十九岁

支遁至京师讲经。(《高僧传》四《支遁传》)

竺法深亦约于本年至京师讲经。(《高僧传》四《竺道潜传》)

晋哀帝兴宁元年前秦苻坚甘露五年癸亥(363) 二十岁

罗什受戒於龟兹王宫,从卑摩罗叉学《十诵律》。(《高僧传》)

罗什母辞往天竺。罗什留住龟兹,止于新寺。(《高僧传》)

于法开约于本年前后至京师讲《放光经》。(《高僧传》四《于法开传》)

晋哀帝兴宁二年前秦苻坚甘露六年甲子(364) 二十一岁

罗什于龟兹新寺侧故宫中,初得《放光经》,始就披读。

《高僧传》及《出三藏记集》皆谓罗什读《放光经》,"魔来蔽文,惟见空牒。什知魔所为,仍习诵之"云云。此事不记年月,暂系于此。

慧远或于本年随道安居南阳。

支遁还东山。(《高僧传》四《支遁传》)

沙门慧力始建瓦官寺。(《高僧传》五《竺法汰传》、《高僧传》一三《释慧力传》)

晋哀帝兴宁三年前秦苻坚建元元年乙丑(365) 二十二岁

罗什在新寺广诵大乘经论,洞其奥秘。(《高僧传》)

道安始至襄阳,慧远与弟慧持随之南下樊沔。

《慧远传》:"后随安公南游樊沔。"慧远随道安至襄阳之年,可由《出三藏记集》八道安《摩诃钵罗若波罗蜜经抄序》推知。据此文"昔在汉阴十有五载"、"及至京师,渐四年矣"、"会建元十八年"等语,知道安在襄阳前后共十五年,后离襄阳至长安,又将涉四载,为建元十八年(384),则道安至襄阳,时在兴宁三年也。

本年四月五日,习凿齿致信道安。

　　习凿齿《与释道安书》:"兴宁三年四月,凿齿稽首和南。"(《弘明集》一二)

晋废帝太和元年前秦苻坚建元二年丙寅(366)　二十三岁
龟兹王为罗什造金狮子座,以大秦锦褥铺之,令什升而说法。(《高僧传》)

罗什师盘头达多不远而至,什与师具说大乘秘奥,往复苦至经一月余,达多方乃信服,即礼什为师,叹曰:"和上是我大乘师,我是和上小乘师。"(《出三藏记集》、《高僧传》)

道安、慧远在襄阳。

竺法深备受司马昱礼遇。(《高僧传》四《竺法潜传》)

支遁卒。(《高僧传》四《支遁传》)

晋废帝太和二年前秦苻坚建元三年丁卯(367)　二十四岁
道安、慧远在襄阳。

道安约于本年遣昙翼往江陵长沙寺。(《高僧传》卷五《昙翼传》)

　　《法苑珠林》一三"有长沙太守江陵滕(一云滕舍)以永和二年舍宅为寺,额表郡名。承道安法师襄州综领,请一监护。安谓弟子昙翼曰:'荆楚士庶,始欲信法,成其美者,非尔谁与?'据此,滕舍舍宅及昙翼往江陵皆在永和二年。

西域沙门昙摩持在长安始译《十诵戒本》等三部,竺佛念传语,慧常笔受。(《开元释教录》四)

晋废帝太和三年前秦苻坚建元四年戊辰(368)　二十五岁

道安、慧远在襄阳。

晋废帝太和四年前秦苻坚建元五年己巳(369)　二十六岁

道安、慧远在襄阳。

桓玄生。(《晋书·桓玄传》)

晋废帝太和五年前秦苻坚建元六年庚午(370)　二十七岁

道安、慧远在襄阳。

晋废帝太和六年简文帝咸安元年前秦苻坚建元七年辛未(371)　二十八岁

道安、慧远在襄阳。

晋简文帝咸安二年前秦苻坚建元八年壬申(372)　二十九岁

道安、慧远在襄阳。

竺法汰深为简文帝敬重,讲《放光经》。(《佛祖统纪》三六、《高僧传》五《竺法汰传》)

郗超或于本年遣使遗米道安,道安致书作答。(《高僧传》卷五《道安传》)

　　按,郗超遗米一事,《道安传》不载年月,考《晋书·郗超传》,简文帝即位后超迁中书侍郎,其人又好佛,或于此时遗米道安。今暂定于本年。

晋孝武帝宁康元年前秦苻坚建元九年癸酉(373)　三十岁

凉州刺史张天锡在州译出《首楞严经》。(《出三藏记集》七《首楞严后记》)

慧远约于本年随道安应桓豁之邀,暂住江陵。(《高僧传》五《道安传》)

　　按,考《晋书》九《孝武帝纪》,桓豁(字朗子)于去年七月桓温卒后以右将军进为征西将军。征西将军开府多在江陵,故桓豁要安暂住,当在去年七月之后。今暂定于本年。

晋孝武帝宁康二年前秦苻坚建元十年甲戌(374)　三十一岁

慧远随道安还襄阳。(《高僧传》五《道安传》)

　　考《晋书·朱序传》:宁康初,朱序镇襄阳。又《法苑珠林》一三载:宁康三年(375),襄阳沙门释道安铸就丈八金铜无量寿佛。可证宁康三年道安已在襄阳。故今暂依《朱序传》,定朱序西镇襄阳于本年,慧远随道安还襄阳亦在本年。

僧伽跋澄、昙摩难提、竺佛念等于长安译出《出曜经》十九卷。(《历代三宝记》八)

竺法深卒。(《高僧传》五《竺法潜传》)

晋孝武帝宁康三年前秦苻坚建元十一年乙亥(375)　三十二岁

道安建檀溪寺,并铸就释迦佛像,慧远因作《晋襄阳丈六金像赞序》。(《高僧传》五《道安传》、《广弘明集》一五慧远《晋襄阳丈六金像赞序并颂》、《法苑珠林》一三)

晋孝武帝太元元年前秦苻坚建元十二年丙子(376)　三十三岁

西天竺沙门涉公至长安,苻坚尊奉之,常咒龙致雨以济时旱。(《佛祖统纪》三六)

僧伽跋澄、昙摩难提、竺佛念等于长安译出《菩萨璎珞经》十四卷。(《历代三宝记》八)

慧远随道安在襄阳。

五月二十四日,《放光》、《光赞》二经送达襄阳,道安为之作《略解》。(《出三藏记集》七道安《合放光光赞略解序》)

十月三日,《渐备经》亦展转送达襄阳。(《出三藏记集》九佚名《渐备经十住梵名并书叙》)

本年冬,道安装饰襄阳佛像毕。(《法苑珠林》一三)

苻坚约于本年遣使送外国金箔倚像等。(《高僧传》五《道安传》)

慧永约于本年至庐山,住西林寺。(《高僧传》六《慧永传》、《佛祖统纪》三六)

晋孝武帝太元二年前秦苻坚建元十三年丁丑(377) 三十四岁

苻坚遣使西域求鸠摩罗什。(《高僧传》)

晋孝武帝太元三年前秦苻坚建元十四年戊寅(378) 三十五岁

道安、慧远在襄阳。

西域沙门鸠摩罗佛提于邺寺译出《四阿含暮抄经》二卷,佛提执梵本,竺佛念、佛护等译为秦文,沙门僧道、昙救、僧叡等笔受。(《历代三宝记》八)

晋孝武帝太元四年前秦苻坚建元十五年己卯(379) 三十六岁

道安分张徒众,慧远与弟慧持、昙徽等南适荆州,住上明寺。

《高僧传》六《慧远传》:"伪秦建元九年,秦将苻丕寇斥襄阳,道安为朱序所拘,不能得去,乃分张徒众,各随所之。"按,据《通鉴》一〇四,苻丕等会攻襄阳在建元十四年(378),《慧远传》记此事在建元九年(373),误。又《出三藏记集》一五《慧远传》:"晋太元初,襄阳失守,安公入关。远乃迁於寻阳,茸宇庐岳。"所记较

《高僧传》明确。今定慧远南适荆州在本年。

道安至长安。

道安至长安之年有异说。汤用彤《佛教史》第八章谓道安于太元四年入长安，并以为道安《比丘大戒序》云"岁在鹑火"及《关中近出尼坛文记》云"太岁己卯，鹑尾之岁"二文所记岁星均误。考道安《摩诃钵罗若波蜜经钞序》云："及至京师，渐四年矣。"又云："会建元十八年，正车师前部王名弥第来朝，其国师字鸠摩罗跋提，献梵天品一部。"由此可见，建元十八年道安来长安已近四年。逆推之，道安来长安，正是太元四年也。汤用彤说是。

苻坚出东苑，命道安同载。（《佛祖统纪》三六）

十一月十一日昙摩侍译《比丘尼大戒》，其月二十六日迄。（《出三藏记集》——《关中近出尼二种坛文夏坐杂十二事并杂事共卷前中后三记》）

晋孝武帝太元五年前秦苻坚建元十六年庚辰（380）　三十七岁

慧远在荆州上明寺。

晋孝武帝太元六年前秦苻坚建元十七年辛巳（381）　三十八岁

慧远与弟慧持等始至庐山，住龙泉精舍。（《高僧传》六《慧远传》）

僧伽跋澄来入长安，咸称法匠，与道安等译《婆须蜜》等三部。（《高僧传》一《僧伽跋澄传》、《开元释教录》四）

法遇约于本年致书慧远。（《高僧传》五《法遇传》）

苻丕会攻襄阳在太元三年，明年襄阳陷落。则法遇避地东下止江陵长沙寺，当在太元三四年间。道安于太元四年入关中，而慧远于太元三年至五年间在荆州上明寺。法遇致慧远书中既称"和上虽隔在异域",则道安此时已在关中,慧远在庐山。故定于本年。

晋孝武帝太元七年前秦苻坚建元十八年壬午(382) 三十九岁

车师前部王入秦,献《大品》经一部。(《出三藏记集》八道安《摩诃钵罗若波蜜经钞序》)

夏,鸠摩罗佛提、佛念、佛护等于邺城译出《阿毗昙经》;八月,又译《四阿含暮抄》,至十一月乃讫。(《出三藏记集》九佚名《四阿含暮抄序》、《开元释教录》四)

慧远在庐山龙泉精舍。

道安、佛护等译《摩诃钵罗若波罗蜜经》。(《出三藏记集》八道安《摩诃钵罗若波罗蜜经钞序》)

晋孝武帝太元八年前秦苻坚建元十九年癸未(383) 四十岁

正月,苻坚以骁骑将军吕光帅兵伐西域,以求罗什。(《高僧传》)

吕光军未至,罗什谓龟兹王勿抗其锋。(《高僧传》)

道安在长安与僧伽跋澄等译出《阿毗昙毗婆沙经》、《阿毗昙经》、《鞞婆沙经》(《出三藏记集》一三《僧伽跋澄传》、《出三藏记集》一〇道安《阿毗昙序》、《出三藏记集》一〇道安《鞞婆沙序》)

罽宾沙门僧伽提婆游于长安,沙门法和请令翻译《八犍度》等论二卷。(《开元释教录》四)

慧远在庐山龙泉精舍。

晋孝武帝太元九年前秦苻坚建元二十年甲申(384) 四十一岁

龟兹王求救于沙勒,沙勒王率兵赴之,使佛陀耶舍留辅太子,委以后事。(《高僧传》二《佛陀耶舍传》)

吕光逼罗什妻以龟兹王女。罗什距而不受,光乃饮以醇酒,同闭密室,什遂破戒。(《高僧传》)

耶舍闻罗什为吕光所执,乃叹曰:"我与罗什相遇虽久,未尽怀抱,共忽

羁虏,相见何期。"(《高僧传》二《佛陀耶舍传》)

正月,赵正请昙摩难提译出《增一阿含经》、《中阿含经》,于长安城内集义学沙门,竺佛念为译。(《高僧传》一《昙摩难提传》、《出三藏记集》九道安《增一阿含经序》)

十一月三十日,僧伽跋澄译讫《僧伽罗刹经》。(《出三藏记集》一〇道安《僧伽罗刹经序》)

僧伽跋澄、昙摩难提、僧伽提婆三人与沙门佛念、道安等译出《婆须蜜经》。(《高僧传》一《僧伽跋澄传》)

释僧肇生。(《高僧传》六《僧肇传》)

慧远在庐山龙泉精舍。

晋孝武帝太元十年前秦苻坚建元二十一年乙酉(385)　四十二岁

吕光以龟兹饶乐,欲留居之,罗什谓光曰:"此凶亡之地,不足留也,将军但东归,中道自有福地可居。"(《通鉴》一〇六《晋纪》二八)

道安卒於长安,葬五级寺中。(《高僧传》五《道安传》、《出三藏记集》)

四月一日,译出《中阿含经》五十九卷,昙摩难提口授梵本,竺佛念笔受。(《历代三宝记》八)

罗什至凉州。(《通鉴》一〇六《晋纪》二八)

赵正或于本年出家,更名道整。

　　《高僧传》一《昙摩难提传》叙长安译经,赵正出力尤多。"后因关中佛法之甚,乃欲出家,(苻)坚惜而未许。及坚死后,方遂其志,更名道整,因作偈云云。坚死于本年,故暂系赵正出家之年于此。

会稽王司马道子立简静寺,以尼妙音为寺主。(宝唱《比丘尼传》一《简静寺妙音尼传》)

昙无谶生。(《高僧传》二《昙无谶传》)

慧远约于本年收释昙邕为弟子。

《高僧传》六《昙邕传》："太元八年，从苻坚南征，为晋军所败，还至长安，因从安公出家。安公既往，乃南投庐山，事远公为师。"道安卒于本年，故昙邕南投庐山，以慧远为师，或亦在本年。

晋孝武帝太元十一年后秦姚苌建初元年丙戌（386）　四十三岁

吕光太安元年正月，姑臧大风，罗什曰："不祥之风，当有奸叛，然不劳自定也。"俄而梁谦、彭晃相继而叛。（《高僧传》）

僧伽提婆与冀州沙门法和约于本年俱适洛阳。

《高僧传》二《僧伽提婆传》言其至洛阳后，四五年间研讲《阿毗昙心经》。太元十六年（391）渡江至寻阳，慧远请其重译《阿毗昙心经》（《高僧传》六《慧远传》），则提婆至洛阳，当在本年前后。

桓伊为慧远立东林寺，迎阿育王文殊像於寺内神运殿。（《高僧传》六《慧远传》、陈圣俞《庐山记》引《十八贤传·慧远传》）

晋孝武帝太元十二年后秦姚苌建初二年丁亥（387）　四十四岁

罗什在凉州。

二月八日，于后秦安定城译出《阿育王太子坏目因缘经》一卷。（《历代三宝记》八）

竺法汰卒于京师瓦官寺。（《世说新语·赏誉》注引《泰元起居注》、《高僧传》五《竺法汰传》）

晋孝武帝太元十三年后秦姚苌建初三年戊子（388）　四十五岁

罗什在凉州。

晋孝武帝太元十四年后秦姚苌建初四年己丑（389）　四十六岁

罗什在凉州。

晋孝武帝太元十五年后秦姚苌建初五年庚寅（390）　四十七岁

罗什在凉州。

慧持约于本年应豫章太守范宁之请,讲《法华》《毗昙》。（《世说新语·言语》《高僧传》六《慧持传》）

晋孝武帝太元十六年后秦姚苌建初六年（391）　四十八岁

罗什在凉州。

僧伽提婆至寻阳,慧远请重译《阿毗昙心》及《三法度论》（《高僧传》六《慧远传》《出三藏记集》一〇慧远《阿毗昙心序》）

晋孝武帝太元十七年后秦姚苌建初七年壬辰（392）　四十九岁

罗什在凉州。

慧远令弟子法净、法领等西求众经。（《高僧传》六《慧远传》）

《四分律序》:"暨至壬辰之年,有晋国沙门支法领,感边土之乖圣,慨正化之未夷,乃亡身以阻险,庶弘道於无闻,西越流沙,远期天竺。"据此,法领西求众经在壬辰（392）。《佛祖统纪》三六谓义熙四年（408）支法领等往天竺,寻访梵本,记载有误。

晋孝武帝太元十八年后秦姚苌建初八年癸巳（393）　五十岁

罗什在凉州。

晋孝武帝太元十九年后秦姚兴皇初元年甲午（394）　五十一岁

罗什在凉州。

慧远、周续之与戴逵辩论佛教善恶报应说。

去年，戴逵作《释疑论》寄慧远，慧远将此文示周续之等。续之作《难释疑论》，慧远复书答戴，并将此论同寄之。戴又作《释疑论答周居士难》，连书寄慧远。周续之复书作答。后慧远作《明三报论》，并作书与戴逵，逵作《答远法师书》。

晋孝武帝太元二十年后秦姚兴皇初二年乙未(395)　五十二岁

罗什在凉州。

晋孝武帝太元二十一年后秦姚兴皇初三年丙申(396)　五十三岁

罗什在凉州。

晋安帝隆安元年后秦姚兴皇初四年丁酉(397)　五十四岁

吕纂将讨蒙逊、段业，吕光以访罗什，什曰："观察此行，未见其利。"既而纂败绩。(《高僧传》)

僧伽提婆适京师，大得王公及名士致敬。其本冬，提婆与慧持、僧伽罗叉等重译《中阿含经》。(《出三藏记集》一三《僧伽提婆传》、《出三藏记集》九道慈《中阿含经序》)

晋安帝隆安二年后秦姚兴皇初五年戊戌(398)　五十五岁

罗什在凉州。

六月二十五日，僧伽提婆、慧持等在京师译讫《中阿含经》六十卷。(《出三藏记集》九道慈《中阿含经序》)

秋，后秦太尉姚旻，请僧伽跋澄译出《出曜经》，澄执梵本，竺佛念宣译，道嶷笔受。(僧叡《出曜经序》)

竺道生约于本年至庐山。

北魏主拓跋珪下诏尊崇佛教，始造五级佛图。(《魏书·释老志》)

晋安帝隆安三年后秦姚兴弘始元年己亥(399)　五十六岁

春,僧伽跋澄等译毕《出曜经》。(僧叡《出曜经序》)

吕光中书监张资病,外国道人罗叉云能疗资疾。罗什告资,并以术试叉乃狂诈。

《高僧传》叙毕此事后曰:"少日资亡,顷之光又卒。"光死于本年十二月,则罗什试罗叉狂诈,亦在本年。

法显等往西域求经。

法显《佛国记》:"法显昔在长安,慨律藏残缺,于是遂以弘始二年岁在己亥,与慧景、道整、慧应、慧嵬等同契,至天竺寻求戒律。"按,"弘始二年"当是"弘始元年"之误。《出三藏记集》卷二:"晋安帝时,沙门释法显,以隆安三年游西域。"《高僧传》卷一一《释慧嵬传》:"后以晋隆安三年,与法显俱游西域。"《高僧传》卷三《法显传》同。隆安三年(399)正为己亥岁。

宝云亦于本年往西域广求经法。(《出三藏记集》一五《宝云法师传》)

法显《佛国记》:"法显等五人随使先发,复与宝云等别。"可知法显等五人与宝云在敦煌相聚,后分手各自西行。

僧肇或于本年至姑臧,从罗什为师。

《高僧传》六《僧肇传》:"后罗什至姑臧,肇自远从之。"不记年月。《僧肇传》谓罗什亡后,著《涅槃无名论》。论成之后,上表姚兴,自称在什公门下十有余年。罗什卒于弘始十五年(413),则僧肇至姑臧在本年,或本年前后。今暂系于此。

晋安帝隆安四年后秦姚兴弘始二年庚子（400） 五十七岁

凉州有猪生子，一身三头。龙出东厢，比旦失之，吕纂以为美瑞。罗什奏纂，以为灾异，必有下人谋上之变。纂不纳。（《高僧传》

耶舍约于本年至龟兹弘法。罗什在姑臧遣信邀之。

《耶舍传》谓耶舍于罗什被执后，在沙勒停十余年。乃东适龟兹弘法，罗什遣信邀之。裹粮欲去，国人留之，复停岁许。后密装夜发，行达姑臧，而罗什已入长安。以此可知罗什遣信邀耶舍，时在什至长安之去年。

晋安帝隆安五年后秦姚兴弘始三年辛丑（401） 五十八岁

吕纂与罗什围棋，杀罗什子，纂曰："斫胡奴头。"什曰："不能斫胡奴头，胡奴斫人头。"胡奴，吕超小字。不久，超果杀吕纂。（《高僧传》）

十二月，罗什至长安，僧肇随返。（《高僧传》六《僧肇传》）

佛陀耶舍寻罗什，行达姑臧，然什已入长安。（《高僧传》二《佛陀耶舍传》）

僧叡从罗什受禅法。（《出三藏记集》九僧叡《关中出禅经序》）

晋安帝元兴元年后秦姚兴弘始四年壬寅（402） 五十九岁

罗什与弟子于逍遥园内西明阁及译出众经。（《高僧传》）

二月八日，译《阿弥陀经》一卷。（《历代三宝记》八）

三月五日，译《贤劫经》七卷。（《历代三宝记》八）

译《弥勒成佛经》一卷。（《历代三宝记》八）

夏，于逍遥园始译《大智度论》。（《出三藏记集》一〇）

十二月一日于逍遥园译出《思益经》四卷，于时咨悟之僧二千余人。（《历代三宝记》八）

慧远约于本年初作《明报应论》。

慧远与刘遗民、周续之、毕颖之、雷次宗等集於庐山之阴般若云台阿弥

陀像前,建斋立誓,共期西方。(《高僧传》六《慧远传》)

桓玄与僚属沙汰僧众,并作书慧远,劝其罢道。慧远作《与桓太尉论料简沙门书》。(《高僧传》六《慧远传》)

桓玄与慧远议沙门敬王者。(《慧远传》、《弘明集》一二桓玄《为沙门不敬王者与远法师书》、慧远《答桓太尉书》)

慧远约于本年遣书鸠摩罗什通好。罗什答书致意,慧远重与罗什书。

　　　　慧远与罗什通好,《慧远传》不载年月。据《慧远传》称"闻罗什入关,即遣书通好",书云:"去岁得姚左军书,具承德问,仁者曩绝殊域,越自外境。"则罗什入关后,姚嵩致书告知慧远,远即遣书罗什。"去岁"谓弘始三年也。慧远重与罗什书,可能在此年深秋,盖由书中"日有凉气"一语推知也。

晋安帝元兴二年后秦弘始五年癸卯（403） 六十岁

四月二十三日,罗什于逍遥园始译《大品经》,至其年十二月十五日出尽。(《出三藏记集》八僧叡《大品经序》)

十二月,慧远作《沙门不敬王者论》。

晋安帝元兴三年后秦姚兴弘始六年甲辰（404） 六十一岁

四月,鸠摩罗什等检校《大品经》讫。(见元兴二年条引释僧叡《大品经序》)

后秦安成侯姚嵩请罗什更译《百论经》。(《出三藏记集》一一僧肇《百论序》)

十月十七日,后秦姚兴请弗若多罗译出《十诵律》三分之二。不久,多罗卒。(《高僧传》卷二《弗若多罗传》)

僧肇约于本年作《般若无知论》。罗什读之称善,谓肇曰:"吾解不谢子,辞当相挹。"

　　《高僧传》六《僧肇传》谓"因出《大品》之后,肇便著《波若无知论》凡二千余言,竟以呈什。什读之称善。"《大品经》于本年四月校讫,则《波若无知论》作于本年或稍后。

智猛与同志沙门十五人由长安出发往西域求经法。

　　《出三藏记集》一五《释智猛传》:"遂以伪秦弘始六年戊辰之岁,招结同志沙门十有五人,发迹长安。"按"戊辰"为"甲辰"之误。

慧远约于本年再游庐山,作《庐山记略》及五言《游庐山诗》。刘程之、王乔之、张野等皆为和诗。

晋安帝义熙元年后秦姚兴弘始七年乙巳(405) 六十二岁

　　六月十二日,罗什译讫《佛藏经》三卷。是年,又译出《菩萨藏经》三卷、《称扬诸佛功德经》二卷。(《历代三宝记》)
　　十月,罗什译出《杂譬喻经》一卷。(《历代三宝记》)
　　十二月二十七日,罗什译讫《大智度论》、《释论》。(《出三藏记集》一〇僧叡《大智释论序》)
　　竺道生、释慧观等或于本年由庐山入北至关中,从罗什受业。

　　《出三藏记集》一五《道生传》谓道生"于隆安中移入庐山精舍,幽栖七年以求其志。""遂与始兴慧睿、东安慧严、道场慧观,同往长安从罗什受业。"《高僧传》七《慧观传》:"闻什入关,乃自南徂北,访核异同,详辩新旧,风神秀雅,思入玄微。"若道生于隆安二年入庐山精舍,至本年入北,正合"幽栖七年"。本年七月,刘裕遣使求和于秦,南北不再如以前否隔,姚秦又奉罗什如神,故道生最可能于本年至长安。

慧远约于本年撰成《法性论》。罗什见论而叹曰:"边国人未有经,便闇与理合,岂不妙哉!"(《高僧传》六《慧远传》)

后秦主姚兴送《大智论》与慧远,请为之作序。远作《大智论序》(已佚)。(《高僧传》六《慧远传》)

本年或稍后,慧远撰《大智论抄》二十卷。(《高僧传》六《慧远传》)

昙摩流支于本年秋,自西域达自关中。(《高僧传》二《昙摩流支传》)

慧远遗书昙摩流支,请其续译《十诵律》。流支得远书,及姚兴敦请,与罗什译毕《十诵律》五十八卷。(《高僧传》二《昙摩流支传》)

智严于罽宾遇佛驮跋陀罗,竭诚邀其传法中国。多罗嘉智严其恳至,遂共东行。

(《出三藏记集》卷一五《智严传》)

> 按,《华严经传记》佛驮跋陀罗于弘始十年四月至长安,而前云"涉路三载"。则智严邀陀罗东来约在弘治七年。吉藏《三论玄义》卷上:"秦弘始七年,天竺有刹利浮海至长安,闻罗什作大乘学云云。"此刹利即佛驮跋陀罗。亦证弘始七年为觉贤自天竺动身之时。

晋安帝义熙二年后秦姚兴弘始八年丙午(406)　六十三岁
后秦主姚兴以妓女十人逼令罗什受之。(《高僧传》)

> 罗什第二次破戒,不记年月。卑摩罗叉入关中,与罗什晤,《高僧传》言卑摩"未知被逼之事"。罗什则自称"什累业障深,故不受师教耳"。卑摩所说之"被逼",罗什自云"累业障深",皆指什第二次破戒。故系于本年。

佛陀耶舍在姑臧,闻姚兴以妓女逼罗什受之,叹曰:"罗什如好绵,何可使入棘林中。"不久,耶舍入长安。

　　按，佛陀耶舍入长安之年，《出三藏记集》、《高僧传》等皆不记载，唯《历代三宝记》卷八云：耶舍"弘始八年行达姑臧，而什久已入长安。又闻姚兴逼什别室使为非法，乃感伤叹曰：'罗什如好绵，何可使入棘林中'"。今姑从之。

罗什与佛陀耶舍共译《十住经》。(《出三藏记集》)
僧肇于本年夏后或明年作《维摩经注》。(僧肇《答刘遗民书》)
卑摩罗叉于本年从龟兹至关中，罗什以师礼敬待。

　　《高僧传》："初，什在龟兹，从卑摩罗叉律师受律。卑摩后入关中，什闻至，欣然师敬尽礼。"《新修科分六学僧传》——谓卑摩罗叉"闻罗什在长安，欲使胜品妙味，复沾东土，弘始八年至关中。"

晋安帝义熙三年后秦姚兴弘始九年丁未（407）　六十四岁

　　闰月五日，罗什重订《禅法要经》，僧叡作序。(《出三藏记集》九僧叡《关中出禅经序》)。
　　罗什、僧叡等于后秦常山公姚显第译出《自在王经》二卷。(《出三藏记集》八僧叡《自在王经后序》、《历代三宝记》八)
　　昙摩耶舍与昙摩掘多始译《舍利弗阿毗昙经》。后至弘始十七年（415）方讫，道标作序。(《出三藏记集》一〇道标《舍利弗阿毗昙序》、《高僧传》一《昙摩耶舍传》)
　　慧远、刘遗民等约于本年或稍后作《念佛三昧诗》。

晋安帝义熙四年后秦姚兴弘始十年戊申（408）　六十五岁

　　二月六日，罗什重译《小品般若经》十卷，至四月三十日，校定毕。(《出三藏记记集》八僧叡《小品般若经序》)
　　罗什译《十二门论》一卷。(《开元释教录》卷四)
　　昙无谶於凉州译出《大涅槃经》。(《出三藏记集》八释道朗《大涅槃经

序》)

四月,佛驮跋陀罗至长安大寺,智严与其同来。佛驮跋陀罗教授禅法,门徒数百。

> 按,《高僧传》、《出三藏记集》皆不载佛驮跋陀罗至长安年月,今从《佛祖统纪》、《华严经传记》。

夏末,竺道生自长安南归经庐山,以僧肇《般若无知论》示慧远、刘遗民,大获赞赏。

支法领从西域求经还长安。(《四分律序》)

晋安帝义熙五年后秦姚兴弘始十一年己酉(409) 六十六岁

罗什在大寺译《中论》四卷,僧叡、昙影各有序。(《开元释教录》四)

道融讲剖《中论》、新《法华经》,为罗什赞叹。(《高僧传》六《释道融传》)

竺道生由庐山还京师建康。(《出三藏记集》一五《道生法师传》)

十二月,刘遗民作《与僧肇书》并问,由慧明道人赍至长安。

晋安帝义熙六年后秦姚兴弘始十二年庚戌(410) 六十七岁

慧远弟子支法领从西域还,得《方等》新经二百余部,罗什于长安大寺译出新至诸经。(僧肇《答刘遗民书》)

> 按,支法领于前年至长安,而僧肇《致刘遗民书》作于本年八月,则罗什译出支法领所得新经当在本年。

道融与外来狮子国婆罗门辩论,婆罗门辞理并屈,心愧悔伏,顶礼融足。(《高僧传》六《道融传》)

> 按,道融与婆罗门辩论胜负,《道融传》不记年月。然前云道

融讲剖《中论》始译之两卷，又云"俄而狮子国有一婆罗门"，闻什在关大行佛法，遂乘驼负书来入长安。道融于去年讲《中论》，则与婆罗门辩论当在讲剖《中论》不久。故暂系于本年。

佛陀耶舍在长安中寺译《四分律》四十四卷。(《高僧传》二《佛陀耶舍传》、《出三藏记集》九僧肇《长阿含经序》)

八月十五日，僧肇作《答刘遗民书》。

去年十二月刘遗民作《致僧肇书》，致以问候，并别疏所疑请肇释之。本年八月十五日，僧肇作书疏答。详见僧肇《答刘遗民书》(《肇论》)。

僧肇约于本年前后作《不真空论》、《物不迁论》。

《高僧传》六《僧肇传》谓僧肇著《般若无知论》后，又著《不真空论》、《物不迁论》。汤用彤《佛教史》第十章云："此二论中，均引及《中论》。是作于弘始十一年(409)之后。"按，汤说是。《中论》于弘始十一年由鸠摩罗什译出，故暂定僧肇二论作于本年前后。

晋安帝义熙七年后秦姚兴弘始十三年辛亥(411)　六十八岁

姚显请译出《成实论》，罗什手执胡本，口自传译，昙晷笔受。(《出三藏记集》一一)

佛驮跋陀罗约于本年率弟子慧观等四十余人，自长安至庐山。慧远闻至欣喜若旧，并遣弟子昙邕，致书姚兴及关中诸僧，解其摈事。远请佛驮跋陀罗译出《禅经修行方便》二卷。(《高僧传》二《佛驮跋陀罗传》、《出三藏记集》九慧远《庐山出修行方便禅经统序》)

《高僧传》二《佛驮跋陀罗传》：佛驮跋陀罗，此云觉贤，本姓释氏,迦维罗卫人,甘露饭王之苗裔。贤在长安,因宗派之异,遭人毁谤,率弟子慧观等四十余人南至庐山。慧远久闻其名,闻至欣喜若旧,乃遣弟子昙邕致书姚主及关中众僧,解其摈事,并请出禅数诸经。贤停止庐山岁许,复西适江陵。刘裕南讨刘毅,与贤相见,甚敬重之。后随刘裕至京师道场寺。考《通鉴》一一六,义熙八年九月,刘裕帅诸军发建康,征讨荆州刺史刘毅。十月,毅兵败自杀。十一月,裕至江陵。则裕在江陵与佛驮跋陀罗相见亦在此时,而还都在义熙九年。《佛驮跋陀罗传》称其在庐山"停止岁许",复西适江陵,则其至庐山之年,当在义熙六七年间。今暂定佛驮跋陀罗于本年至庐山。慧远遣昙邕解摈事,亦在本年。

晋安帝义熙八年后秦姚兴弘始十四年壬子（412） 六十九岁

五月,慧远在庐山建台立佛影。(《广弘明集》一五慧远《万佛影铭》)

九月十五日,罗什译讫《成实论》。(《出三藏记集》一一《成实论记》)

僧叡不咨罗什,而能发皇新译《成实论》之幽微,大为什所赞叹。(《高僧传》六《僧叡传》)

佛陀跋陀罗于本年西适荆州。(《出三藏记集》一四《佛驮跋陀罗传》)

佛陀耶舍译讫《四分律》。(《出三藏记集》九僧肇《长阿含经序》)

按,《开元释教录》四谓佛陀耶舍以弘始十年戊申（408）,与竺佛念、道含等译《四分律》并《长阿含经》等,至十五年癸丑（413）方讫,与僧肇《长阿含经序》略有不同。

佛陀耶舍于本年来庐山。(《佛祖统纪》二六《十八贤传》)

晋安帝义熙九年后秦姚兴弘始十五年癸丑（413） 七十岁

四月十三日,鸠摩罗什卒于长安大寺,时年七十。

　　《出三藏记集》云罗什"以晋中卒于长安,即于逍遥园。"《高僧传》云:"以伪秦弘始十一年八月二十日卒于长安,是岁晋义熙五年也。"又云:"然什死年月,诸记不同,或云弘始七年,或云八年,或云十一年。寻七与十一,字或讹误,而译经录传中,犹有一年者,恐雷同三家,无以正也。"可见,僧佑、慧皎已不能确知罗什卒年。《历代三宝记》谓罗什于弘始十一年八月二十日,卒于逍遥园。考《出三藏记集》——《成实论记》云:弘始十三年(411)姚显请出此论,至来年九月十五日讫,拘摩罗耆婆手执胡本,口自传译。可证弘始十四年(412)罗什尚在世。僧肇《鸠摩罗什法师诔并序》云:"癸丑之年,年七十,四月十三日薨于大寺。"癸丑为晋安帝义熙九年,后秦弘始十五年。僧肇乃罗什最著名弟子,所记不应有误。故罗什卒于本年当无容置疑。

　　凉州沙门佛念译出《长阿含经》,后秦道士道含笔受,僧肇作序。(《出三藏记集》九僧肇《长阿含经序》)

　　九月三日,慧远作《万佛影铭》,刻之於石。同时,江州刺史孟怀玉及王乔之、刘遗民等皆有铭赞。(《广弘明集》一五《万佛影铭后序》、陈圣俞《庐山记》)

　　本年或明年,慧远命弟子道秉东下建康,请谢灵运作《佛影铭》。

　　佛驮跋陀罗随刘裕自江陵至京师建康。(《高僧传》二《佛驮跋陀罗传》)

　　佛陀耶舍在长安译出《长阿含经》。(《出三藏记集》九僧肇《长阿含经序》)

　　僧肇约于本年稍后或明年初,作《涅槃无名论》。(《高僧传》二《卑摩罗叉传》)

主要参考文献

（汉）司马迁：《史记》，中华书局，1959年9月第1版。

（汉）班固：《汉书》，中华书局，1962年6月第1版。

（晋）陈寿：《三国志》，中华书局，1959年12月第1版。

（宋）范晔：《后汉书》，中华书局，1965年5月第1版。

（唐）房玄龄等：《晋书》，中华书局，1974年11月第1版。

（北齐）魏收：《魏书》，文渊阁《四库全书》本。

（宋）司马光：《资治通鉴》，上海古籍出版社缩影本，1987年5月第1版。

（梁）慧皎：《高僧传》，《佛藏要籍选刊》第12册，上海古籍出版社，1994年3月第1版。

（梁）僧祐：《出三藏记集》，苏晋仁　萧炼子点校，中华书局，1995年11月第1版。

（梁）僧祐：《弘明集》，上海古籍出版社，1991年8月第1版。

（唐）道宣：《广弘明集》，上海古籍出版社，1991年8月第1版。

《佛藏要籍选刊》，上海古籍出版社，1994年3月第1版。

《电子佛典集成》，中华电子佛典协会辑。

《佛学辞典集成》，美佛资讯功德会制，2005年4月增新简体版。

杜继文、黄明信主编：《佛教小词典》（修订版），上海辞书出版社，2006年9月第1版。

汤用彤：《汉魏两晋南北朝佛教史》，北京大学出版社，1997年9月第1版。

［荷兰］许里和：《佛教征服中国》，江苏人民出版社1998年3月第1版。

［日本］羽溪了谛：《西域之佛教》，贺昌群译，商务印书馆，1999年11月第

1 版。

梁启超:《佛学研究十八篇》,江苏人民出版社,2008 年第 1 版。

［英］奥里尔·斯坦因著:《沿着古代中亚的道路》(斯坦因哈佛大学讲座),
　　巫新华译,广西师范大学出版社,2008 年 8 月第 1 版。

季羡林等校注《大唐西域记》,中华书局,2000 年 4 月第 1 版。

(隋)吉藏著,韩廷杰校释:《三论玄义校释》,中华书局,1987 年 8 月第 1 版。

吕澂:《印度佛学源流略讲》,上海人民出版社,2005 年 4 月第 1 版。

吕澂:《中国佛学源流略讲》,中华书局,1979 年 8 月第 1 版。

蒋维乔:《中国佛教史》,上海古籍出版社,2004 年 4 月第 1 版。

吴平:《图说中国佛教史》,上海书店出版社,2009 年 5 月第 1 版。

王铁钧:《中国佛教翻译史》,中央编译出版社,2006 年 12 月第 1 版。

苏北海:《西域历史地理》,新疆大学出版社,1988 年 8 月第 1 版。

苏北海:《丝绸之路与龟兹历史文化》,新疆人民出版社,1996 年 8 月第 1 版。

周菁葆:《丝绸之路:佛教文化研究》,新疆人民出版社,2009 年 9 月第 1 版。

［日］长泽和俊著,钟美珠译:《丝绸之路史研究》,天津古籍出版社,1990 年
　　6 月第 1 版。

张国领、裴孝曾主编:《龟兹文化研究》(二)新疆人民出版社,2006 年 4 月
　　第 1 版。

李吟屏:《和田春秋》,新疆人民出版社,2006 年 6 月第 1 版。

韩翔、朱英荣:《龟兹石窟》,新疆大学出版社,1990 年 10 月第 1 版。

杨曾文、［日］镰田茂雄编:《中日佛教学术会议论文集》,中国社会科学出版
　　社,1997 年 5 月第 1 版。

张国领、裴孝曾编著:《佛教大师鸠摩罗什传》,新疆人民出版社,2008 年 12
　　月第 1 版。

尚永琪:《鸠摩罗什》,云南教育出版社,2009 年 10 月第 1 版。

后　记

　　写完《鸠摩罗什传》，搁笔沉思：我为什么对高僧如此感兴趣？十年前，写庐山高僧慧远；十年后，又倾心于西域来华的鸠摩罗什？

　　不仅止于此，我还钟情于名士和美人。比如陶潜，自唐宋之后，被视为魏晋时期超级名士；近代以来，更被誉为魏晋风度最杰出的代表。我至今仍在读陶诗，并深深仰慕渊明之为人，趣味不曾少减。又喜读"名士的教科书"——《世说新语》，目转神移江左名士的言行举止，风度神韵，以至杜门十年校释这部书。高僧名士之外，又遐想历史上的名妓，如何与名士情绵绵、意切切，在漫天风月中咏诗、作画、唱曲，催生出无数文学艺术之花。

　　我的兴趣，很能证明我不合时宜。不去谈论文艺明星、社会名流、政界新星、仕途秘诀、股票期货、香车豪宅，一概"觑得如无物"，反而钟情那些"冢中枯骨"：复活其形象，体验其情感，触摸其心灵。这究竟为什么？固然，学者有言："距离产生美。"然而，假若远处是虚空，无有美之人与物，则终究恍兮惚兮，不见并无法复原出美。近看当今之世，何处有名士如嵇康、陶渊明？有高僧如慧远、鸠摩罗什？有美人如马湘兰、柳如是？既然当世难觅，何不尚友千载！我常想像自己早生四百年，或许也会如明人高启所唱："岂惟名士集，亦有名僧俱。"如曹学佺所吟："座中只少如花妓，剩有名僧过虎溪。"经筵之旁，悟空有玄义；帘儿底下，听浅斟低唱；田间溪边，吟新苗野花……当然，我已作过声明，我不是名士，不过是对名士的趣味与审美有兴趣。我喜名士、高僧、美人，实在是喜欢诗歌、艺术、学问、哲思、情韵、雅趣和美。

　　我喜欢鸠摩罗什，出于更为正大甚至崇高的原因。此人是高僧中的高僧，千年不遇；是天才的思想者，妙悟难及；是坚定的弘法者，舍己利他；是伟大的忍辱者，度一切苦厄。为了实现心中的崇高目标，即便身当刀锯炉镬之苦也无怨无恨。一次又一次的精神磨难,不能击倒他,似海涛轰击岸边的礁石,礁石依然挺立一样。我是感佩鸠摩罗什不顾自身,勇敢担当文化重担的精神,并以为这种精神,实在有助于遏制当世中国知识者全面退化的趋势,希望重振"士志于道"的精神品格,所以才念念不忘这位中古时期的高僧,决定写他的传记。

去年三四月间,传记的初稿已成。这时,看到了北方有家出版社计划创作百部中国历史文化名人传记的消息,发现他们所列历史文化名人中竟无鸠摩罗什,亦无玄奘、慧能等历史上一流的高僧,颇感意外。鸠摩罗什、玄奘等伟大的佛经翻译家,对佛教文化与中国文化的贡献与影响,无与伦比。他们的人生经历,本身就是色彩瑰丽的传奇,空前而绝后。何以不入文化名人之列? 此家出版社开出的历史文化名人的名单,据说是经"学者专家"审定的。不列鸠摩罗什、玄奘等高僧,或许出于学术之外别的考虑。汲深非短绠所测,非我等浅识所知。

然而,鄙人亦忝冒"学者专家",却认为:鸠摩罗什是古印度文明与华夏文明相互冲突与融合的结晶,是两种异质文化共同塑造了旷世高僧。论佛经翻译、佛学造诣所产生的巨大深远的影响,鸠摩罗什是中国历史上超一流的文化巨匠,具有世界意义。而且,他的历经磨难的传奇人生,如璀璨的珍宝,从各个角度观察、欣赏,都呈现出人性的复杂与迷人。换言之,鸠摩罗什既有研究价值,亦具欣赏价值。

当代关于鸠摩罗什的传记已有数种,有的叙述简略,有的类似小说。前者失落了历史的许多细节,不用心刻画传主人生经历的波澜起伏,心路历程的复杂迷人,置生死于度外的弘法精神,结果成了粗浅的平面画像。后者忽略人物生存的深广的历史人文背景,热衷于虚构人物和情节,近于"戏说"。两者都不能深刻揭示佛教征服中国的无比艰难的进程,以及鸠摩罗什独特的人生魅力和深刻的文化意义。

有鉴于此,我考虑所写的这部传记应该有另外一种形态,即历史的文学化、文学的历史化。具体说来,一是不离历史真实,人物、地点、重大事件,皆有根有据;二是以文学语言叙述历史,描写人物,在忠实历史的原则下,展开合理的虚构与想像；三是再现中古时期佛教东传的艰难而辉煌的壮阔画面；四是尽可能还原历史人物活动的场景，诸如龟兹、罽宾、凉州、长安等地的历史风貌；五是不用网路语言，不阿世从俗。以上所言，其实是我关于历史人物传记创作的理念，《鸠摩罗什传》是这一理念的实践。我不敢说这部传记已完美达到以上境界，能够自信的是，书中的人物和重大事件的背后，绝大多数有历史材料作支撑。

写作过程中，得到年轻朋友哈磊的帮助。哈磊君是哲学博士，熟悉佛典。我向他请教慧皎《高僧传·鸠摩罗什传》中有关佛理的难解之处，身在四川的他特地写邮件，为我详细解释。至于这部传记得以出版，则要感谢上海古籍出版社。我非常明白，在现今许多出版社陷于经济效益的困境，以至不问书稿好歹，先问有无资金补贴出版的情况下，是不会轻易接受一部书稿的。

完成了《鸠摩罗什传》，我还有个愿望：在有生之年走完曾走过但未走完的丝绸之路。翻越峻极于天的葱岭恐怕不可能了，但可以感受玉门关外的苍茫，俯看废墟之下的交河，听着大漠中传来的驼铃，寻找龟兹雀离大寺的遗址，触摸千年前延城的颓圮城墙，在于阗河里捡一块石头，然后在疏勒河边遐想当年西去东来的大德高僧衣襟上的尘土、坚毅的目光……西域，多么神奇的土地啊！沙漠之下藏着多少历史的秘密？戈壁滩上、胡杨林中，又有多少灵感等待我去拾取？

写作《鸠摩罗什传》的过程，既是涉猎佛学，也是自我人格完善的过程——我总是把读写古贤当作人生的修炼。鸠摩罗什忍辱负重，在苦境中始终不忘道义的担当，为钟爱的事业贡献全部智慧的精神品格，我相信会激励我的余生。我觉得历史上的一流人物，都是一片特别诱人的风景。应该走近风景，触摸风景，融入其中，你就必然有感动有收获。

这本书的写作比较顺利和愉快。只是在涉及《中论》、《十二门论》、《金刚经》等罗什的一些著名的译作时，面对极其抽象的佛理，印度人繁复、冗长的论证方式，读得确实有点头痛。但一旦理解龙树中观学说的主要观点后，就有一种愉悦感。我的一位朋友说，读一部佛经须读八年，而且会越读越有兴味。我相信他的话。比如我读《金刚经》，就颇有趣味。不过，《金刚经》篇幅短，若《大智度论》《十诵律》等规模宏大的佛典，要读通读懂，或许真的要耗时八年呢。

可惜，我没有这么多的时间用来读佛经。以前写慧远，现在写鸠摩罗什，我总是实用主义，理解佛理的大旨即止，舍不得花时间深入理窟，探寻幽渺。对佛理有研究的读者，或者是细心的读者，是会发现我在这方面的粗疏和浅尝辄止。

长期做学术研究工作，严谨甚至刻板。写作《鸠摩罗什传》，则体验到别一种思维和文字的乐趣。这种乐趣在我早年学习写诗写小说时常有，以后消失了许多许多年。可是，在我内心深处，总难以忘怀。这次"技痒"，失而复得。这令我感到愉快。但自知"技疏"，是否真正做到了"历史的文学化"，殊无自信。我真诚期待读者对这部传记提出批评。

虽然来日苦短，但我还会读一点佛经。因为前人的阅读经验说，晚年宜读佛经。不过我读佛经，多半是为了写作，而不是穷理，更不是祈福得果报。至于上面所说的愿望是否能实现，那要靠机缘。机缘等不来，它是不期而遇的。将未来付之于机缘，不急不躁，我想那是最好的状态。

龚　斌
二〇一三年四月改定于沪上守拙斋